LA REINE MARGOT

DEUXIÈME PARTIE.

I

MAUREVEL.

Pendant que toute cette jeunesse joyeuse et insouciante, en apparence du moins, se répandait comme un tourbillon doré sur la route de Bondy, Catherine, roulant le parchemin précieux sur lequel le roi Charles venait d'apposer sa signature, faisait introduire dans son cabinet l'homme à qui son capitaine des gardes avait porté, quelques jours auparavant, une lettre rue de la Cerisaie, quartier de l'Arsenal.

Une large bande de taffetas, pareil à un sceau mortuaire, cachetait un des yeux de cet homme, découvrant seulement l'autre œil, et laissant voir entre deux pommettes saillantes la courbure d'un nez de vautour, tandis qu'une barbe grisonnante lui couvrait le bas du visage. Il était vêtu d'un manteau long et épais, sous lequel on devinait tout un arsenal. En outre, il portait au côté, quoique ce ne fût point l'habitude des gens appelés à la cour, une épée de campagne longue, large et à double coquille. Une de ses mains était cachée et ne quittait point sous son manteau le manche d'un long poignard.

— Ah! vous voici, monsieur, dit la reine en s'asseyant, vous savez que je vous ai promis après la Saint-Barthélemy, où vous nous avez rendu de si signalés services, de ne pas vous laisser dans l'inaction. L'occasion se présente, ou plutôt, non, je l'ai fait naître. Remerciez-moi donc.

— Madame, je remercie humblement Votre Majesté, répondit l'homme au bandeau noir, avec une réserve basse et insolente à la fois.

— Une belle occasion, monsieur, comme vous n'en trouverez pas deux dans votre vie, profitez-en donc.

— J'attends, madame; seulement je crains, d'après le préambule...

— Que la commission ne soit violente? N'est-ce pas de ces commissions-là que sont friands ceux qui veulent s'avancer? Celle dont je vous parle serait enviée par les Tavanne et par les Guise même.

— Ah! madame, reprit l'homme, croyez bien, quelle qu'elle soit, que je suis aux ordres de Votre Majesté.

— En ce cas, lisez, dit Catherine.

Et elle lui présenta le parchemin.

L'homme le parcourut et pâlit.

— Quoi! s'écria-t-il, l'ordre d'arrêter le roi de Navarre!

— Eh bien! qu'y a-t-il d'extraordinaire à cela?

— Mais un roi, madame! En vérité, je doute, je crains de n'être pas assez bon gentilhomme.

— Ma confiance vous fait le premier gentilhomme de ma cour, monsieur de Maurevel, dit Catherine.

— Grâces soient rendues à Votre Majesté, dit l'assassin si ému qu'il paraissait hésiter.

— Vous obéirez donc?

— Si Votre Majesté le commande, n'est-ce pas mon devoir?

— Oui, je le commande.

— Alors j'obéirai.

— Comment vous y prendrez-vous?

— Mais je ne sais pas trop, madame, et je désirerais fort être guidé par Votre Majesté.

— Vous redoutez le bruit?

— Je l'avoue.

— Prenez douze hommes sûrs, plus s'il le faut.

— Sans doute, je le comprends. Votre Majesté me permet de prendre mes avantages, et je lui en suis reconnaissant; mais où saisirai-je le roi de Navarre?

— Où vous plairait-il mieux de le saisir?

— Dans un lieu qui, par sa majesté même, me garantit, s'il était possible.

— Oui, je comprends, dans quelque palais royal; que diriez-vous du Louvre, par exemple?

— Oh! si Votre Majesté me le permettait, ce serait une grande faveur.

— Vous l'arrêterez donc dans le Louvre.

— Et dans quelle partie du Louvre?

— Dans sa chambre même.

Maurevel s'inclina.

— Et quand cela, madame?

— Ce soir, ou plutôt cette nuit.

— Bien, madame. Maintenant que Votre Majesté daigne me renseigner sur une seule chose.

— Sur laquelle?

— Sur les égards dus à sa qualité.

— Égards!... qualité!... dit Catherine. Mais vous ignorez donc, monsieur, que le roi de France ne doit des égards à qui que ce soit dans son royaume, ne reconnaissant personne dont la qualité soit égale à la sienne?

Maurevel fit une seconde révérence.

— J'insisterai sur ce point cependant, madame, dit-il, si toutefois Votre Majesté le permet.

— Je le permets, monsieur.

— Si le roi contestait l'authenticité de l'ordre, ce n'est pas probable, mais enfin...

— Au contraire, monsieur, c'est sûr.

— Il contestera?

— Sans aucun doute.

— Et, par conséquent, il refusera d'y obéir?

— Je le crains.

— Et il résistera!

— C'est probable.

— Ah! diable! dit Maurevel: et dans ce cas?...

— Dans quel cas? dit Catherine avec son regard fixe.

— Mais dans le cas où il résisterait, que faut-il faire?

— Que faites-vous quand vous êtes chargé d'un ordre du roi, c'est-à-dire quand vous représentez le roi, et qu'on vous résiste, monsieur de Maurevel?

— Mais, madame, dit le sbire, quand je suis honoré d'un pareil ordre, et qu'un ordre concerne un simple gentilhomme, je le tue.

— Je vous ai dit, monsieur, reprit Catherine, et je ne croyais pas qu'il y eût assez longtemps pour que vous l'eussiez déjà oublié, que le roi de France ne reconnaissait aucune qualité dans son royaume; c'est vous dire que le roi de France seul est roi, et qu'auprès de lui les plus grands sont de simples gentilshommes.

Maurevel pâlit, car il commençait à comprendre.

— Oh! dit-il, tuer le roi de Navarre!...

— Mais qui vous parle donc de le tuer? où est l'ordre de le tuer? Le roi veut qu'on le mène à la Bastille, et l'ordre ne porte que cela. Qu'il se laisse arrêter, très-bien; mais, comme il ne se laissera pas arrêter, comme il résistera, comme il essayera de vous tuer...

Maurevel pâlit.

— Vous vous défendrez, continua Catherine. On ne peut pas demander à un vaillant comme vous de se laisser tuer sans se défendre ; et, en vous défendant, que voulez-vous? arrive qu'arrive. Vous me comprenez, n'est-ce pas?

— Oui, madame, mais cependant...

— Allons, vous voulez qu'après ces mots : *Ordre d'arrêter,* j'écrive de ma main : *mort ou vif?*

— J'avoue, madame, que cela lèverait mes scrupules.

— Voyons, il le faut bien, puisque vous ne croyez pas la commission exécutable sans cela.

Et Catherine, en haussant les épaules, déroula le parchemin d'une main, et de l'autre écrivit : *mort ou vif.*

— Tenez, dit-elle, trouvez-vous l'ordre suffisamment en règle, maintenant?

— Oui, madame, répondit Maurevel : mais je prie Votre Majesté de me laisser l'entière disposition de l'entreprise.

— En quoi ce que j'ai dit nuit-il donc à son exécution?

— Votre Majesté m'a dit de prendre douze hommes?

— Oui ; pour être plus sûr...

— Eh bien! je demanderai la permission de n'en prendre que six.

— Pourquoi cela?

— Parce que, madame, s'il arrivait malheur au prince, comme la chose est probable, on excuserait facilement six hommes d'avoir eu peur de manquer un prisonnier, tandis que personne n'excuserait douze gardes de n'avoir pas laissé tuer la moitié de leurs camarades avant de porter la main sur une Majesté.

— Belle Majesté, ma foi! qui n'a pas de royaume.

— Madame, dit Maurevel, ce n'est pas le royaume qui fait le roi, c'est la naissance.

— Eh bien! donc, dit Catherine, faites comme il vous plaira. Seulement je dois vous prévenir que je désire que vous ne quittiez point le Louvre.

— Mais, madame, pour réunir mes hommes?...

— Vous avez bien une espèce de sergent que vous puissiez charger de ce soin?

— J'ai mon laquais, qui non-seulement est un garçon fidèle, mais qui même m'a quelquefois aidé dans ces sortes d'entreprises.

— Envoyez-le chercher et concertez-vous avec lui. Vous connaissez le cabinet des armes du roi, n'est-ce pas? eh bien! on va vous servir là à déjeuner; là vous donnerez vos ordres. Le lieu raffermira vos sens s'ils étaient ébranlés. Puis, quand mon fils reviendra de la chasse, vous passerez dans mon oratoire, où vous attendrez l'heure.

— Mais comment entrerons-nous dans la chambre? Le roi a sans doute quelque soupçon, et il s'enfermera en dedans.

— J'ai une double clef de toutes les portes, dit Catherine, et on a enlevé les verrous de celle de Henri. Adieu, monsieur de Maurevel; à tantôt. Je vais vous faire conduire dans le cabinet des armes du roi. Ah! à propos! rappelez-vous que ce qu'un roi ordonne doit, avant toute chose, être exécuté; qu'aucune excuse n'est admise; qu'une défaite, même un insuccès, compromettrait l'honneur du roi. C'est grave.

Et Catherine, sans laisser à Maurevel le temps de lui répondre, appela M. de Nancey, capitaine des gardes, et lui ordonna de conduire Maurevel dans le cabinet des armes du roi.

— Mordieu! disait Maurevel en suivant son guide, je m'élève dans la hiérarchie de l'assassinat : d'un simple gentilhomme à un capitaine; — d'un capitaine à un amiral; — d'un amiral à un roi sans couronne. Et qui sait si je n'arriverai pas un jour à un roi couronné!...

II

LA CHASSE A COURRE.

L e piqueur qui avait détourné le sanglier et qui avait affirmé au roi que l'animal n'avait pas quitté l'enceinte ne s'était pas trompé. A peine le limier fut-il mis sur la trace, qu'il s'enfonça dans le taillis et que d'un massif d'épines il fit sortir le sanglier, qui, ainsi que le piqueur l'avait reconnu à ses voies, était un solitaire, c'est-à-dire une bête de la plus forte taille.

L'animal piqua droit devant lui et traversa la route à cinquante pas du roi, suivi seulement du limier qui l'avait détourné. On découpla aussitôt un premier relais, et une vingtaine de chiens s'enfoncèrent à sa poursuite.

La chasse était la passion de Charles. A peine l'animal eut-il traversé la route qu'il s'élança derrière lui, sonnant la vue, suivi du duc d'Alençon et de Henri, à qui un signe de Marguerite avait indiqué qu'il ne devait point quitter Charles.

Tous les autres chasseurs suivirent le roi.

Les forêts royales étaient loin, à l'époque où se passe l'histoire que nous racontons, d'être, comme elles le sont aujourd'hui, de grands parcs coupés par des allées carrossables. Alors, l'exploitation était à peu près nulle. Les rois n'avaient pas encore eu l'idée de se faire commerçants et de diviser leurs bois en coupes, en taillis et en futaies. Les arbres, semés, non point par de savants forestiers, mais par la main de Dieu, qui jetait la graine au caprice du vent, n'étaient pas disposés en quinconces, mais poussaient à leur loisir, et comme ils font encore aujourd'hui dans une forêt vierge de l'Amérique. Bref, une forêt, à cette époque, était un repaire où il y avait à foison du sanglier, du cerf, du loup et des voleurs; et une douzaine de sentiers seulement, partant d'un point, étoilaient celle de Bondy, qu'une route circulaire enveloppait comme le cercle de la roue enveloppe les jantes.

En poussant la comparaison plus loin, le moyeu ne représenterait pas mal l'unique carrefour situé au centre du bois, et où les chasseurs égarés se ralliaient, pour s'élancer de là vers le point où la chasse perdue reparaissait.

Au bout d'un quart d'heure, il arriva ce qui arrivait toujours en pareil cas : c'est que des obstacles presque insurmontables s'étant opposés à la course des chasseurs, les voix des chiens s'étaient éteintes dans le lointain, et le roi lui-même était revenu au carrefour, jurant et sacrant, comme c'était son habitude.

— Eh bien! d'Alençon, eh bien! Henriot, ait-il, vous voilà, mordieu, calmes et tranquilles comme des religieuses qui suivent leur abbesse. Voyez-vous, ça ne s'appelle point chasser, cela. Vous, d'Alençon, vous avez l'air de sortir d'une boîte, et vous êtes tellement parfumé, que si vous passez entre la bête et mes chiens vous êtes capable de leur faire perdre la voie. Et vous, Henriot, où est votre épieu, où est votre arquebuse? voyons.

— Sire, dit Henri, à quoi bon une arquebuse? Je sais que Votre Majesté aime tirer l'animal quand il tient aux chiens. Quant à un épieu, je manie assez maladroitement cette arme, qui n'est point d'usage dans nos montagnes, où nous chassons l'ours avec le simple poignard.

— Par là mordieu, Henri, quand vous serez retourné dans vos Pyrénées, il faudra que vous m'envoyiez une pleine charretée d'ours, — car ce doit être une belle chasse que celle qui se fait ainsi corps à corps avec un animal qui peut nous étouffer. — Écoutez donc, je crois que j'entends les chiens. Non, je me trompais.

Le roi prit son cor et sonna une fanfare. Plusieurs fanfares lui répondirent. Tout à coup un piqueur parut qui fit entendre un autre air.

— La vue! la vue! cria le roi.

Et il s'élança au galop, suivi de tous les chasseurs qui s'étaient ralliés à lui.

Le piqueur ne s'était pas trompé. A mesure que le roi s'avançait, on commençait d'entendre les aboiements de la meute, composée alors de plus de soixante chiens, car on avait successivement lâché tous les relais placés dans les endroits que le sanglier avait déjà parcourus. Le roi le vit passer pour la seconde fois, et, profitant d'une haute futaie, il se jeta sous bois après lui, donnant du cor de toutes ses forces.

Les princes le suivirent quelque temps. Mais le roi avait un cheval si vigoureux, emporté par son ardeur il passait par des chemins tellement escarpés, par des taillis si épais, que d'abord les femmes, puis le duc de Guise et ses gentilshommes, puis les deux princes, furent forcés de l'abandonner. Tavannes tint encore quelque temps; mais enfin il y renonça à son tour.

Tout le monde, excepté Charles et quelques piqueurs qui, excités par une récompense promise, ne voulaient pas quitter le roi, se retrouva donc dans les environs du carrefour.

Les deux princes étaient l'un près de l'autre dans une longue allée. A cent pas d'eux, le duc de Guise et ses gentilshommes avaient fait halte. Au carrefour se tenaient les femmes.

— Ne semblerait-il pas, en vérité, dit le duc d'Alençon à Henri en lui montrant du coin de l'œil le duc de Guise, que cet homme avec son escorte bardée de fer est le véritable roi? Pauvres princes que nous sommes, il ne nous honore pas même d'un regard.

— Pourquoi nous traiterait-il mieux que ne nous traitent nos propres parents? répondit Henri. Eh! mon frère! ne sommes-nous pas, vous et moi, des prisonniers à la cour de France, des otages de notre parti?

Le duc François tressaillit à ces mots et regarda Henri comme pour provoquer une plus large explication; mais Henri s'était plus avancé qu'il n'avait coutume de le faire, et il garda le silence.

— Que voulez-vous dire, Henri? demanda le duc François, visiblement contrarié que son beau-frère, en ne continuant pas, le laissât entamer ces éclaircissements.

— Je dis, mon frère, reprit Henri, que ces hommes si bien armés, qui semblent avoir reçu pour tâche de ne point nous perdre de vue, ont tout l'aspect de gardes qui prétendraient empêcher deux personnes de s'échapper.

— S'échapper, pourquoi, comment? demanda d'Alençon en jouant admirablement la surprise et la naïveté.

— Vous avez là un magnifique genet, François, dit Henri poursuivant sa pensée tout en ayant l'air de changer de conversation; je suis sûr qu'il ferait sept lieues en une heure, et vingt lieues d'ici à midi. Il fait beau; cela invite, sur ma parole, à baisser la main. Voyez donc le joli chemin de traverse. Est-ce qu'il ne vous tente pas, François? Quant à moi, l'éperon me brûle.

François ne répondit rien. Seulement il rougit et pâlit successivement; puis il tendit l'oreille comme s'il écoutait la chasse.

— La nouvelle de Pologne fait son effet, dit Henri, et mon cher beau-frère a son plan, il voudrait bien que je me sauvasse, mais je ne me sauverai pas seul.

Il achevait à peine cette réflexion quand plusieurs nouveaux convertis, revenus à la cour depuis deux ou trois mois, arrivèrent au petit galop et saluèrent les deux princes avec un sourire des plus engageants.

Le duc d'Alençon, provoqué par les ouvertures de Henri, n'avait qu'un mot à dire, qu'un geste à faire, et il était évident que trente ou quarante cavaliers réunis en ce moment autour d'eux comme pour faire opposition à la troupe de M. de Guise favoriseraient sa fuite; mais il détourna la tête, et, portant son cor à sa bouche, il sonna le ralliement.

Cependant les nouveaux venus, comme s'ils eussent cru que l'hésitation du duc d'Alençon venait du voisinage et de la présence des Guisards, s'étaient peu à peu glissés entre eux et les deux princes, et s'étaient échelonnés avec une habileté stratégique qui annonçait l'habitude des dispositions militaires. En effet, pour arriver au duc d'Alençon et au roi de Navarre, il eût fallu leur passer sur le corps, tandis qu'à perte de vue s'étendait devant les deux frères une route parfaitement libre.

Tout à coup entre les arbres, à dix pas du roi de Navarre, apparut un autre gentilhomme que les deux princes n'avaient pas encore vu. Henri cherchait à deviner qui il était, quand ce gentilhomme, soulevant son chapeau, se fit reconnaître à Henri pour le vicomte de Turenne, un des chefs du parti protestant que l'on croyait en Poitou.

Le vicomte hasarda même un signe qui voulait clairement dire :

— Venez-vous ?

Mais Henri, après avoir bien consulté le visage impassible et l'œil terne du duc d'Alençon, tourna deux ou trois fois la tête sur son épaule comme si quelque chose le gênait dans le col de son pourpoint.

C'était une réponse négative. Le vicomte la comprit, piqua des deux et disparut dans le fourré.

Au même instant on entendit la meute se rapprocher, puis, à l'extrémité de l'allée où l'on se trouvait, on vit passer le sanglier, puis au même instant les chiens, puis, pareil au chasseur infernal, Charles IX sans chapeau, le cor à la bouche, sonnant à se briser les poumons; trois ou quatre piqueurs le suivaient. Tavannes avait disparu.

— Le roi! s'écria le duc d'Alençon. Et il s'élança sur la trace.

Henri, rassuré par la présence de ses bons amis, leur fit signe de ne pas s'éloigner et s'avança vers les dames.

— Eh bien! dit Marguerite en faisant quelques pas au-devant de lui.

— Eh bien! madame, dit Henri, nous chassons le sanglier.

— Voilà tout?

— Oui, le vent a tourné depuis hier matin; mais je crois vous avoir prédit que cela serait ainsi.

— Ces changements de vent sont mauvais pour la chasse, n'est-ce pas, monsieur? demanda Marguerite.

— Oui, dit Henri; cela bouleverse quelquefois toutes les dispositions arrêtées, et c'est un plan à refaire.

En ce moment les aboiements de la meute commencèrent à se faire entendre, se rapprochant rapidement, et une sorte de vapeur tumultueuse avertit les chasseurs de se tenir sur leurs gardes. Chacun leva la tête et tendit l'oreille.

Presque aussitôt, le sanglier déboucha, et, au lieu de se rejeter dans le bois, il suivit la route venant droit sur le carrefour où se trouvaient les dames, les gentilshommes qui leur faisaient la cour, et les chasseurs qui avaient perdu la chasse.

Derrière lui et lui soufflant au poil, venaient trente ou quarante chiens des plus robustes, puis derrière les chiens, à vingt pas à peine, le roi Charles sans toquet, sans manteau, avec ses habits tout déchirés par les épines, le visage et les mains en sang.

Un ou deux piqueurs restaient seuls avec lui.

Le roi ne quittait son cor que pour exciter ses chiens, ne cessait d'exciter ses chiens que pour reprendre son cor. Le monde tout entier avait disparu à ses yeux. Si son cheval eût manqué, il eût crié comme Richard III : Ma couronne pour un cheval!

Mais le cheval paraissait aussi ardent que le maître, ses pieds ne touchaient pas la terre et ses naseaux soufflaient le feu.

Le sanglier, les chiens, le roi, passèrent comme une vision.

— Hallali, hallali! cria le roi en passant; et il ramena son cor à ses lèvres sanglantes.

A quelques pas de lui venaient le duc d'Alençon et deux piqueurs; seulement les chevaux des autres avaient renoncé, ou ils s'étaient perdus.

Tout le monde partit sur la trace, car il était évident que le sanglier ne tarderait pas à tenir.

En effet, au bout de dix minutes à peine, le sanglier quitta le sentier qu'il suivait et se jeta dans le bois; mais, arrivé à une clairière, il s'accula à une roche et fit tête aux chiens.

Aux cris de Charles, qui l'avait suivi, tout le monde accourut.

On était arrivé au moment intéressant de la chasse. L'animal paraissait résolu à une défense désespérée. Les chiens, animés par une course de plus de trois heures, se ruaient sur lui avec un acharnement que redoublaient les cris et les jurons du roi.

Tous les chasseurs se rangèrent en cercle, le roi un peu en avant, ayant derrière lui le duc d'Alen-

çon armé d'une arquebuse, et Henri qui n'avait que son simple couteau de chasse.

Le duc d'Alençon détacha son arquebuse du crochet et en alluma la mèche. Henri, fit jouer son couteau de chasse dans le fourreau.

Quant au duc de Guise, assez dédaigneux de tous ces exercices de vénerie, il se tenait un peu à l'écart avec tous ses gentilshommes.

Les femmes réunies en groupe formaient une petite troupe qui faisait le pendant à celle du duc de Guise.

Tout ce qui était chasseur demeurait les yeux fixés sur l'animal, dans une attente pleine d'anxiété.

A l'écart se tenait un piqueur se roidissant pour résister aux deux molosses du roi, qui, couverts de leurs jaques de mailles, attendaient, en hurlant et en s'élançant de manière à faire croire à chaque instant qu'ils allaient briser leurs chaînes, le moment de coiffer le sanglier.

L'animal faisait merveille; attaqué à la fois par une quarantaine de chiens qui l'enveloppaient comme une marée hurlante, qui le recouvraient de leur tapis bigarré, qui, de tous côtés, essayaient d'entamer sa peau rugueuse aux poils hérissés, à chaque coup de boutoir il lançait à dix pieds de haut un chien, qui retombait éventré, et qui, les entrailles traînantes, se rejetait aussitôt dans la mêlée, tandis que Charles, les cheveux roidis, les yeux enflammés, les narines ouvertes, courbé sur le cou de son cheval ruisselant, sonnait un hallali furieux.

En moins de dix minutes, vingt chiens furent hors de combat.

— Les dogues! cria Charles, les dogues!...

A ce cri le piqueur ouvrit les porte-mousquetons des laisses, et les deux molosses se ruèrent au milieu du carnage, renversant tout, écartant tout, se frayant avec leurs cottes de fer un chemin jusqu'à l'animal, qu'ils saisirent chacun par une oreille.

Le sanglier, se sentant coiffé, fit claquer ses dents à la fois de rage et de douleur.

— Bravo, Duredent! bravo, Risquetout! cria Charles. Courage, les chiens! un épieu! un épieu!

— Vous ne voulez pas mon arquebuse? dit le duc d'Alençon.

— Non, cria le roi, non, on ne sent pas entrer la balle, il n'y a pas de plaisir; tandis qu'on sent entrer l'épieu. Un épieu! un épieu!

On présenta au roi un épieu de chasse durci au feu et armé d'une pointe de fer.

— Mon frère, prenez garde! cria Marguerite.

— Sus! sus! sire! cria la duchesse de Nevers. Ne le manquez pas, sire! Un bon coup à ce parpaillot!

— Soyez tranquille, duchesse! dit Charles.

Et, mettant son épieu en arrêt, il fondit sur le sanglier, qui, tenu par les deux chiens, ne put éviter le coup. Cependant, à la vue de l'épieu luisant, il fit un mouvement de côté, et l'arme, au lieu de pénétrer dans la poitrine, glissa sur l'épaule et alla s'émousser sur la roche contre laquelle l'animal était acculé.

— Mille nom d'un diable ! cria le roi, je l'ai manqué... Un épieu ! un épieu !

Et, se reculant, comme faisaient les chevaliers lorsqu'ils prenaient du champ, il jeta à dix pas de lui son épieu hors de service.

Un piqueur s'avança pour lui en offrir un autre.

Mais, au même instant, comme s'il eût prévu le sort qui l'attendait, et qu'il eût voulu s'y soustraire, le sanglier, par un violent effort, arracha aux dents des molosses ses deux oreilles déchirées, et, les yeux sanglants, hérissé, hideux, l'haleine bruyante comme un soufflet de forge, faisant claquer ses dents l'une contre l'autre, il s'élança, la tête basse, vers le cheval du roi.

Charles était trop bon chasseur pour ne pas avoir prévu cette attaque. Il enleva son cheval, qui se cabra ; mais il avait mal mesuré la pression : le cheval, trop serré par le mors ou peut-être même cédant à son épouvante, se renversa en arrière.

Tous les spectateurs jetèrent un cri terrible : le cheval était tombé, et le roi avait la cuisse engagée sous lui.

— La main, sire, rendez la main, dit Henri.

Le roi lâcha la bride de son cheval, saisit la selle de sa main gauche, essayant de tirer de la droite son couteau de chasse ; mais le couteau, pressé par le poids de son corps, ne voulut pas sortir de sa gaîne.

— Le sanglier, le sanglier ! cria Charles. A moi d'Alençon, à moi !

Cependant le cheval, rendu à lui-même, comme s'il eût compris le danger que courait son maître, tendit ses muscles et était parvenu déjà à se relever sur trois jambes, lorsqu'à l'appel de son frère, Henri vit le duc François pâlir affreusement et approcher l'arquebuse de son épaule : mais la balle, au lieu d'aller frapper le sanglier, qui n'était plus qu'à deux pas du roi, brisa le genou du cheval, qui retomba le nez contre terre.

Au même instant le sanglier déchira de son boutoir la botte de Charles.

— Oh ! murmura d'Alençon de ses lèvres blémissantes, je crois que le duc d'Anjou est roi de France et que, moi, je suis roi de Pologne.

En effet, le sanglier labourait la cuisse de Charles lorsque celui-ci sentit quelqu'un qui lui levait le bras, puis il vit briller une lame aiguë et tranchante qui s'enfonçait et disparaissait jusqu'à la

garde au défaut de l'épaule de l'animal, tandis qu'une main gantée de fer écartait la hure déjà fumante sous ses habits.

Charles, qui, dans le mouvement qu'avait fait le cheval, était parvenu à dégager sa jambe, se releva lourdement, et, se voyant tout ruisselant de sang, devint pâle comme un cadavre.

— Sire, dit Henri, qui toujours à genoux maintenait le sanglier atteint au cœur, sire, ce n'est rien, j'ai écarté la dent, et Votre Majesté n'est pas blessée.

Puis il se releva, lâchant le couteau, et le sanglier tomba rendant plus de sang encore par sa gueule que par sa plaie.

Charles, entouré de tout un monde haletant, assailli par des **cris** de terreur qui eussent étourdi le plus calme courage, fut un moment sur le point de tomber près de l'animal agonisant. Mais il se remit ; et, se retournant vers le roi de Navarre, il lui serra la main avec un regard où brillait le premier élan de sensibilité qui eût fait battre son cœur depuis vingt-quatre ans.

— Merci, Henriot ! lui dit-il.

— Mon pauvre frère ! s'écria d'Alençon en s'approchant de Charles.

— Ah ! c'est toi, d'Alençon ! dit le roi. Eh bien ! fameux tireur, qu'est donc devenue ta balle ?

— Elle se sera aplatie sur le sanglier, dit le duc.

— Eh ! mon Dieu ! s'écria Henri avec une surprise admirablement jouée, voyez donc, François, votre balle a cassé la jambe du cheval de Sa Majesté. C'est étrange !

— Hein ! dit le roi. Est-ce vrai, cela ?

— C'est possible, dit le duc consterné ; la main me tremblait si fort !

— Le fait est que, pour un tireur habile, vous avez fait là un singulier coup, François ! dit Charles en fronçant le sourcil. Une seconde fois, merci, Henriot ! Messieurs, continua le roi, retournons à Paris, j'en ai assez comme cela.

Marguerite s'approcha pour féliciter Henri.

— Ah ! ma foi oui, Margot, dit Charles, fais-lui ton compliment, et bien sincère même, car, sans lui, le roi de France s'appelait Henri III.

— Hélas ! madame, dit le Béarnais, M. le duc d'Anjou, qui est déjà mon ennemi, va m'en vouloir bien davantage. Mais que voulez-vous, on fait ce qu'on peut ; demandez à M. d'Alençon.

Et, se baissant, il retira du corps du sanglier son couteau de chasse, qu'il plongea deux ou trois fois dans la terre, afin d'en essuyer le sang.

III

FRATERNITÉ.

n sauvant la vie de Charles, Henri avait fait plus que sauver la vie d'un homme ; il avait empêché trois royaumes de changer de souverains.

En effet, Charles IX tué, le duc d'Anjou devenait roi de France, et le duc d'Alençon, selon toute probabilité, devenait roi de Pologne. Quant à la Navarre, comme M. le duc d'Anjou était l'amant de madame de Condé, sa couronne eût probablement payé au mari la complaisance de la femme.

Or, dans tout ce grand bouleversement, il n'arrivait rien de bon pour Henri. Il changeait de maître, voilà tout ; et, au lieu de Charles IX, qui le tolérait, il voyait monter au trône de France le duc d'Anjou, qui, n'ayant avec sa mère Catherine qu'un cœur et qu'une tête, avait juré sa mort et ne manquerait pas de tenir son serment.

Toutes ces idées s'étaient présentées à la fois à son esprit quand le sanglier s'était élancé sur Charles IX, et nous avons vu ce qui était résulté de cette réflexion rapide comme l'éclair, qu'à la vie de Charles IX était attachée sa propre vie.

Charles IX avait été sauvé par un dévouement dont il était impossible au roi de comprendre le motif.

Mais Marguerite avait tout compris, et elle avait admiré ce courage étrange de Henri, qui, pareil à l'éclair, ne brillait que dans l'orage.

Malheureusement ce n'était pas le tout que d'avoir échappé au règne du duc d'Anjou, il fallait se faire roi soi-même. Il fallait disputer la Navarre au duc d'Alençon et au prince de Condé ; il fallait surtout quitter cette cour où l'on ne marchait qu'entre deux précipices, et la quitter protégé par un fils de France.

Henri, tout en revenant de Bondy, réfléchit profondément à la situation. En arrivant au Louvre, son plan était fait.

Sans se débotter, tel qu'il était, tout poudreux et tout sanglant encore, il se rendit chez le duc d'Alençon, qu'il trouva fort agité et se promenant à grands pas dans sa chambre.

En l'apercevant, le prince fit un mouvement.

— Oui, lui dit Henri en lui prenant les deux mains, oui, je comprends, mon bon frère, vous m'en voulez de ce que le premier j'ai fait remarquer au roi que votre balle avait frappé la jambe de son cheval, au lieu d'aller frapper le sanglier, comme c'était votre intention. Mais que voulez-vous ? je n'ai pu retenir une exclamation de surprise. D'ailleurs, le roi s'en fût toujours aperçu, n'est-ce pas ?

— Sans doute, sans doute, murmura d'Alençon. Mais je ne puis cependant attribuer qu'à mauvaise intention cette espèce de dénonciation que vous avez faite, et qui, vous l'avez vu, n'a pas eu un résultat moindre que de faire suspecter à mon frère Charles mes intentions, et de jeter un nuage entre nous.

— Nous reviendrons là-dessus tout à l'heure ; et, quant à la bonne ou à la mauvaise intention que j'ai à votre égard, je viens exprès auprès de vous pour vous en faire juge.

— Bien ! dit d'Alençon avec sa réserve ordinaire ; parlez, Henri, je vous écoute.

— Quand j'aurai parlé, François, vous verrez bien quelles sont mes intentions, car la confidence que je viens vous faire exclut toute réserve et toute prudence ; et, quand je vous l'aurai faite, d'un mot vous pourrez me perdre !

— Qu'est-ce donc ? dit François, qui commençait à se troubler.

— Et cependant, continua Henri, j'ai hésité longtemps à vous parler de la chose qui m'amène, surtout après la façon dont vous avez fait la sourde oreille aujourd'hui.

— En vérité, dit François en pâlissant, je ne sais pas ce que vous voulez dire, Henri.

— Mon frère, vos intérêts me sont trop chers pour que je ne vous avertisse pas que les huguenots ont fait faire près de moi des démarches.

— Des démarches ! demanda d'Alençon, et quelles démarches ?

— L'un d'eux, M. de Mouy de Saint-Phal, le fils du brave de Mouy assassiné par Maurevel, vous savez...

— Oui.

— Eh bien ! il est venu me trouver au risque de sa vie pour me démontrer que j'étais en captivité

— Et que lui avez-vous répondu?

— Ah! vraiment! et que lui avez-vous répondu?

— Mon frère, vous savez que j'aime tendrement Charles, qui m'a sauvé la vie, et que la reine mère a pour moi remplacé ma mère. J'ai donc refusé toutes les offres qu'il venait me faire.

— Et quelles étaient ces offres?

— Les huguenots veulent reconstituer le trône de Navarre, et, comme en réalité ce trône m'appartient par héritage, ils me l'offraient.

— Oui; et M. de Mouy, au lieu de l'adhésion qu'il venait solliciter, a reçu votre désistement?

— Formel... par écrit même. Mais depuis, continua Henri...

— Vous vous êtes repenti, mon frère, interrompit d'Alençon.

— Non, j'ai cru m'apercevoir seulement que M. de Mouy, mécontent de moi, reportait ailleurs ses visées.

— Et où cela? demanda vivement François.

— Je n'en sais rien. Près du prince de Condé, peut-être.

— Oui, c'est probable, dit le duc.

— D'ailleurs, reprit Henri, j'ai moyen de connaître d'une manière infaillible le chef qu'il s'est choisi.

François devint livide.

— Mais, continua Henri, les huguenots sont divisés entre eux, et de Mouy, tout brave et tout loyal qu'il est, ne représente qu'une moitié du parti. Or, cette autre moitié, qui n'est point à dédaigner, n'a pas perdu l'espoir de porter au trône ce Henri de Navarre, qui, après avoir hésité dans le premier moment, peut avoir réfléchi depuis.

— Vous croyez?

— Oh! tous les jours j'en reçois des témoignages. Cette troupe qui nous a rejoints à la chasse, avez-vous remarqué de quels hommes elle se composait?

— Oui, de gentilshommes convertis.

— Le chef de cette troupe, qui m'a fait un signe, l'avez-vous reconnu?

— Oui, c'est le vicomte de Turenne.

— Ce qu'ils me voulaient, l'avez-vous compris?

— Oui, ils vous proposaient de fuir.

— Alors, dit Henri à François inquiet, il est donc évident qu'il y a un second parti qui veut autre chose que ce que veut M. de Mouy.

— Un second parti?

— Oui, et fort puissant, vous dis-je, de sorte que, pour réussir, il faudrait réunir les deux partis: Turenne et de Mouy. La conspiration marche, les troupes sont désignées, on n'attend qu'un signal. Or, dans cette situation suprême qui demande de ma part une prompte solution, j'ai débattu deux résolutions entre lesquelles je flotte. Ces deux résolutions, je viens vous les soumettre comme à un ami.

— Dites mieux, comme à un frère.

— Oui, comme à un frère, reprit Henri.

— Parlez donc, je vous écoute.

— Et d'abord, je dois vous exposer l'état de mon âme, mon cher François. Nul désir, nulle ambition, nulle capacité; je suis un bon gentilhomme de campagne, pauvre, sensuel et timide; le métier de conspirateur me présente des disgrâces mal compensées par la perspective même certaine d'une couronne.

— Ah! mon frère, dit François, vous vous faites tort, et c'est une situation triste que celle d'un prince dont la fortune est limitée par une borne dans le champ paternel ou par un homme dans la carrière des honneurs! Je ne crois donc pas à ce que vous me dites.

— Ce que je vous dis est si vrai cependant, mon frère, reprit Henri, que, si je croyais avoir un ami réel, je me démettrais en sa faveur de la puissance que veut me conférer le parti qui s'occupe de moi; mais, ajouta-t-il avec un soupir, je n'en ai point.

— Peut-être. Vous vous trompez sans doute.

— Non, ventre-saint-gris! dit Henri. Excepté vous, mon frère, je ne vois personne qui me soit attaché; aussi, plutôt que de laisser avorter en des déchirements affreux une tentative qui produirait à la lumière quelque homme... indigne... je préfère en vérité avertir le roi mon frère de ce qui se passe. Je ne nommerai personne, je ne citerai ni pays ni date; mais je préviendrai la catastrophe.

— Grand Dieu! s'écria d'Alençon ne pouvant réprimer sa terreur, que dites-vous là?... Qui, vous, vous la seule espérance du parti depuis la mort de l'amiral; vous, un huguenot converti, mal converti, on le croyait du moins, vous lèveriez le couteau sur vos frères! Henri! Henri! en faisant cela, savez-vous que vous livrez à une seconde Saint-Barthélemy tous les calvinistes du royaume? Savez-vous que Catherine n'attend qu'une occasion pareille pour exterminer tout ce qui a survécu?

Et le duc, tremblant, le visage marbré de plaques rouges et livides, pressait la main de Henri pour le supplier de renoncer à cette résolution, qui le perdait.

— Comment! dit Henri avec une expression de parfaite bonhomie, vous croyez, François, qu'il arriverait tant de malheurs? Avec la parole du roi, cependant, il me semble que je garantirais les imprudents.

— La parole du roi Charles IX, Henri... Eh! l'amiral ne l'avait-il pas? Téligny ne l'avait-il pas? Ne l'aviez-vous pas vous-même? Oh! Henri! c'est moi qui vous le dis: si vous faites cela, vous les perdez tous, non-seulement eux, mais encore tout ce qui a eu des relations directes ou indirectes avec eux.

Henri parut réfléchir un instant.

— Si j'eusse été un prince important à la cour, dit-il, j'eusse agi autrement. A votre place, par exemple, à votre place à vous, François, fils de France, héritier probable de la couronne...

François secoua ironiquement la tête.

— A ma place, dit-il, que feriez-vous?

— A votre place, mon frère, répondit Henri, je me mettrais à la tête du mouvement pour le diriger. Mon nom et mon crédit répondraient à ma conscience de la vie des séditieux, et je tirerais utilité pour moi d'abord et pour le roi ensuite, peut-être, d'une entreprise, qui, sans cela, peut faire le plus grand mal à la France.

D'Alençon écouta ces paroles avec une joie qui dilata tous les muscles de son visage.

— Croyez-vous, dit-il, que ce moyen soit praticable et qu'il nous épargne tous ces désastres que vous prévoyez?

— Je le crois, dit Henri. Les huguenots vous aiment: votre extérieur modeste, votre situation élevée et intéressante à la fois, la bienveillance enfin que vous avez toujours témoignée à ceux de la religion, les portent à vous servir.

— Mais, dit d'Alençon, il y a schisme dans le

parti. Ceux qui sont pour vous seront-ils pour moi?

— Je me charge de vous les concilier par deux raisons.

— Lesquelles?

— D'abord, par la confiance que les chefs ont en moi; ensuite, par la crainte où ils seraient que Votre Altesse, connaissant leurs noms...

— Mais ces noms, qui me les révélera?

— Moi, ventre-saint-gris!

— Vous feriez cela?

— Écoutez, François, je vous l'ai dit, continua Henri, je n'aime que vous à la cour : cela vient sans doute de ce que vous êtes persécuté comme moi; et puis, ma femme aussi vous aime d'une affection qui n'a pas d'égale...

François rougit de plaisir.

— Croyez-moi, mon frère, continua Henri, prenez cette affaire en main, régnez en Navarre; et, pourvu que vous me conserviez une place à votre table et une belle forêt pour chasser, je m'estimerai heureux.

— Régner en Navarre, dit le duc; mais si...

— Si le duc d'Anjou est nommé roi de Pologne, n'est-ce pas? j'achève votre pensée.

François regarda Henri avec une certaine terreur.

— Eh bien! écoutez, François! continua Henri : puisque rien ne vous échappe, c'est justement dans cette hypothèse que je raisonne : si le duc d'Anjou est nommé roi de Pologne et que votre frère Charles, que Dieu conserve! vienne à mourir, il n'y a que deux cents lieues de Pau à Paris, tandis qu'il y a en quatre cents de Paris à Cracovie; vous serez donc ici pour recueillir l'héritage juste au moment où le roi de Pologne apprendra qu'il est vacant. Alors, si vous êtes content de moi, François, vous me donnerez ce royaume de Navarre, qui ne sera plus qu'un des fleurons de votre couronne; de cette façon, j'accepte. Le pis qui puisse vous arriver, c'est de rester roi là-bas et de faire souche de rois en vivant en famille avec moi et ma famille, tandis qu'ici, qu'êtes-vous? un pauvre prince persécuté, un pauvre troisième fils de roi, esclave de deux aînés et qu'un caprice peut envoyer à la Bastille.

— Oui, oui, dit François, je sens bien cela, si bien que je ne comprends pas que vous renonciez à ce plan que vous me proposez. Rien ne bat donc là?

Et le duc d'Alençon posa la main sur le cœur de son frère.

— Il y a, dit Henri en souriant, des fardeaux trop lourds pour certaines mains, je n'essayerai pas de soulever celui-là; la crainte de la fatigue me fait passer l'envie de la possession.

— Ainsi, Henri, véritablement vous renoncez?

— Je l'ai dit à de Mouy et je vous le répète.

— Mais en pareille circonstance, cher frère, dit d'Alençon, on ne dit pas, on prouve.

Henri respira comme un lutteur qui sent plier les reins de son adversaire.

— Je le prouverai, dit-il, ce soir : à neuf heures la liste des chefs et le plan de l'entreprise seront chez vous. J'ai même déjà remis mon acte de renonciation à de Mouy.

François prit la main de Henri et la serra avec effusion entre les siennes.

Au même instant Catherine entra chez le duc d'Alençon, et cela, selon son habitude, sans se faire annoncer.

— Ensemble! dit-elle en souriant, deux bons frères, en vérité.

— Je l'espère, madame, dit Henri avec le plus grand sang-froid, tandis que le duc d'Alençon pâlissait d'angoisses.

Puis il fit quelques pas en arrière pour laisser Catherine libre de parler à son fils.

La reine mère alors tira de son aumônière un joyau magnifique.

— Cette agrafe vient de Florence, dit-elle, je vous la donne pour mettre au ceinturon de votre épée.

Puis tout bas :

— Si, continua-t-elle, vous entendez ce soir du bruit chez votre bon frère Henri, ne bougez pas.

François serra la main de sa mère, et dit :

— Me permettez-vous de lui montrer le beau présent que vous venez de me faire?

— Faites mieux, donnez-le-lui en votre nom et au mien, car j'en avais ordonné une seconde à son intention.

— Vous entendez, Henri, dit François, ma bonne mère m'apporte ce bijou, et en double la valeur en permettant que je vous le donne.

Henri s'extasia sur la beauté de l'agrafe, et se confondit en remercîments.

Quand ses transports se furent calmés :

— Mon fils, dit Catherine, je me sens un peu indisposée, et je vais me mettre au lit; votre frère Charles est bien fatigué de sa chute et va en faire autant. On ne soupera donc pas en famille ce soir, et nous serons servis chacun chez nous. Ah! Henri, j'oubliais de vous faire mon compliment sur votre courage et votre adresse : vous avez sauvé votre roi et votre frère, vous en serez récompensé.

— Je le suis déjà, madame! répondit Henri en s'inclinant.

— Par le sentiment que vous avez fait votre devoir, reprit Catherine; ce n'est point assez, et croyez que nous songeons, Charles et moi, à faire quelque chose qui nous acquitte envers vous.

— Tout ce qui viendra de vous et de mon bon frère sera bienvenu, madame.

Puis il s'inclina et sortit.

— Ah ! mon frère François, pensa Henri en sortant, je suis sûr maintenant de ne pas partir seul, et la conspiration, qui avait un corps, vient de trouver une tête et un cœur. Seulement, prenons garde à nous. Catherine me fait un cadeau, Catherine me promet une récompense : il y a quelque diablerie là-dessous ; j'en veux conférer ce soir avec Marguerite.

IV

LA RECONNAISSANCE DU ROI CHARLES IX.

aurevel était resté une partie de la journée dans le cabinet des armes du roi ; mais, quand Catherine avait vu approcher le moment du retour de la chasse, elle l'avait fait passer dans son oratoire avec les sbires qui l'étaient venus rejoindre.

Charles IX, averti à son arrivée par sa nourrice qu'un homme avait passé une partie de la journée dans son cabinet, s'était d'abord mis dans une grande colère qu'on se fût permis d'introduire un étranger chez lui. Mais, se l'étant fait dépeindre, et sa nourrice lui ayant dit que c'était le même homme qu'elle avait été elle-même chargée de lui amener un soir, le roi avait reconnu Maurevel, et, se rappelant l'ordre arraché le matin par sa mère, il avait tout compris.

— Oh ! oh ! murmura Charles, dans la même journée où il m'a sauvé la vie, le moment est mal choisi.

En conséquence, il fit quelques pas pour descendre chez sa mère, mais une pensée le retint.

— Mordieu ! dit-il, si je lui parle de cela, ce sera une discussion à n'en pas finir, mieux vaut que nous agissions chacun de notre côté.

— Nourrice, dit-il, ferme bien toutes les portes et préviens la reine Élisabeth (1) qu'un peu souffrant

de la chute que j'ai faite je dormirai seul cette nuit.

La nourrice obéit, et, comme l'heure d'exécuter son projet n'était pas arrivée, Charles se mit à faire des vers.

C'était l'occupation pendant laquelle le temps passait le plus vite pour le roi. Aussi neuf heures sonnèrent-elles que Charles croyait encore qu'il en était à peine sept. Il compta l'un après l'autre les battements de la cloche, et au dernier il se leva.

— Nom d'un diable ! dit-il, il est temps tout juste.

Et, prenant son manteau et son chapeau, il sortit par une porte secrète qu'il avait fait percer dans la boiserie et dont Catherine elle-même ignorait l'existence.

Charles alla droit à l'appartement de Henri. Henri n'avait fait que rentrer chez lui pour changer de costume en quittant le duc d'Alençon, et il était sorti aussitôt.

— Il sera allé souper chez Margot, se dit le roi, il était au mieux aujourd'hui avec elle, à ce qu'il m'a semblé, du moins.

Et il s'achemina vers l'appartement de Marguerite.

Marguerite avait ramené chez elle la duchesse de Nevers, Coconas et la Mole, et faisait avec eux une collation de confitures et de pâtisseries.

Charles heurta à la porte d'entrée ; Gillonne alla ouvrir ; mais, à l'aspect du roi, elle fut si épouvantée, qu'elle trouva à peine la force de faire la révérence, et qu'au lieu de courir pour prévenir sa

(1) Charles IX avait épousé Élisabeth d'Autriche, fille de Maximilien.

maîtresse de l'auguste visite qui lui arrivait, elle laissa passer Charles sans donner d'autre signal que le cri qu'elle avait poussé.

Le roi traversa l'antichambre, et, guidé par les éclats de rire, il s'avança vers la salle à manger.

« Pauvre Henriot! dit-il, il se réjouit sans penser à mal. »

— C'est moi, dit-il en soulevant la tapisserie et en montrant un visage riant.

Marguerite poussa un cri terrible; tout riant qu'il était, ce visage avait produit sur elle l'effet de la tête de Méduse. Placée en face de la portière, elle venait de reconnaître Charles.

Les deux hommes tournaient le dos au roi.

— Majesté! s'écria-t-elle avec effroi.

Et elle se leva.

Coconas, quand les trois autres convives sentaient en quelque sorte leur tête vaciller sur leurs épaules, fut le seul qui ne perdit pas la sienne. Il se leva aussi, mais avec une si habile maladresse, qu'en se levant il renversa la table, et qu'avec elle il culbuta cristaux, vaisselles et bougies.

En un instant, il y eut obscurité complète et silence de mort.

— Gagne au pied, dit Coconas à la Mole. Hardi! hardi!

La Mole ne se le fit pas dire deux fois, il se jeta contre le mur, s'orienta des mains, cherchant la chambre à coucher pour se cacher dans le cabinet qu'il connaissait si bien.

Mais, en mettant le pied dans la chambre à coucher, il se heurta contre un homme qui venait d'entrer par le passage secret.

— Que signifie donc tout cela? dit Charles dans les ténèbres avec une voix qui commençait à prendre un formidable accent d'impatience; suis-je donc un trouble-fête, que l'on fasse à ma vue un pareil remue-ménage? Voyons, Henriot! Henriot! où es-tu? réponds-moi.

— Nous sommes sauvés! murmura Marguerite en saisissant une main qu'elle prit pour celle de la Mole. Le roi croit que mon mari est un de nos convives.

— Et je le lui laisserai croire, madame, soyez tranquille, dit Henri répondant à la reine sur le même ton.

— Grand Dieu! s'écria Marguerite en lâchant vivement la main qu'elle tenait et qui était celle du roi de Navarre.

— Silence! dit Henri.

— Mille noms du diable! qu'avez-vous donc à chuchoter ainsi? s'écria Charles. Henri, répondez-moi, où êtes-vous?

— Me voici, sire, dit la voix du roi de Navarre.

— Diable! dit Coconas, qui tenait la duchesse de Nevers dans un coin, voilà qui se complique.

— Alors nous sommes deux fois perdues, dit Henriette.

Coconas, brave jusqu'à l'imprudence, avait réfléchi qu'il fallait toujours finir par rallumer les bougies, et, pensant que le plus tôt serait le mieux, il quitta la main de madame de Nevers, ramassa au milieu des débris un chandelier, s'approcha du chauffe-doux (1), et souffla sur un charbon qui enflamma aussitôt la mèche d'une bougie.

La chambre s'éclaira.

Charles IX jeta autour de lui un regard interrogateur.

Henri était près de sa femme, la duchesse de Nevers était seule dans un coin; et, Coconas, debout, au milieu de la chambre, un chandelier à la main, éclairait toute la scène.

— Excusez-nous, mon frère, dit Marguerite, nous ne vous attendions pas.

— Aussi Votre Majesté, comme elle peut le voir, nous a fait une peur étrange! dit Henriette.

— Pour ma part, dit Henri, qui devina tout, je crois que la peur a été si réelle, qu'en me levant j'ai renversé la table.

Coconas jeta au roi de Navarre un regard qui voulait dire :

— A la bonne heure! voilà un mari qui entend à demi-mot.

— Quel affreux remue-ménage! répéta Charles IX. Voilà ton souper renversé, Henriot. Viens avec moi, tu l'achèveras ailleurs; je te débauche pour ce soir.

— Comment, sire, dit Henri, Votre Majesté me ferait l'honneur!...

— Oui, Ma Majesté te fait l'honneur de t'emmener hors du Louvre. Prête-le-moi, Margot, je te le ramènerai demain matin.

— Ah! mon frère! dit Marguerite, vous n'avez point besoin de ma permission pour cela, et vous êtes bien le maître.

— Sire, dit Henri, je vais prendre chez moi un autre manteau et je reviens à l'instant même.

— Tu n'en as pas besoin, Henriot, celui que tu as là est bon.

— Mais, sire... essaya le Béarnais.

— Je te dis de ne pas retourner chez toi, mille noms d'un diable! n'entends-tu pas ce que je te dis! Allons, viens donc!

— Oui, oui, allez! dit tout à coup Marguerite en serrant le bras de son mari; car un singulier regard de Charles venait de lui apprendre qu'il se passait quelque chose d'étrange.

— Me voilà, sire, dit Henri.

Mais Charles ramena son regard sur Coconas, qui continuait son office d'éclaireur en rallumant les autres bougies.

— Quel est ce gentilhomme, demanda-t-il à Henri en toisant le Piémontais, serait-ce point par hasard M. de la Mole?

_____

(1) Espèce de brasero.

— Qui lui a donc parlé de la Mole? se demanda tout bas Marguerite.

— Non, sire, répondit Henri, M. de la Mole n'est point ici, et je le regrette, car j'aurais eu l'honneur de le présenter à Votre Majesté en même temps que M. de Coconas son ami; ce sont deux inséparables, et tous deux appartiennent à M. d'Alençon.

— Ah! ah! à notre grand tireur! dit Charles. — Bon.

Puis, en fronçant le sourcil :

— Ce M. de la Mole, ajouta-t-il, n'est-il pas huguenot?

— Converti, sire, dit Henri, et je réponds de lui comme de moi.

— Quand vous répondez de quelqu'un, Henriot, après ce que vous avez fait aujourd'hui, je n'ai plus le droit de douter de lui. Mais n'importe, j'aurais voulu le voir ce M. de la Mole. Ce sera pour plus tard.

Et, faisant de ses gros yeux une dernière perquisition dans la chambre, Charles embrassa Marguerite et emmena le roi de Navarre en le tenant par-dessous le bras.

A la porte du Louvre, Henri voulut s'arrêter pour parler à quelqu'un.

— Allons, allons! sors vite, Henriot, lui dit Charles. Quand je te dis que l'air du Louvre n'est pas bon pour toi ce soir; que diable! crois-moi donc.

— Ventre-saint-gris! murmura Henri; et de Mouy, que va-t-il devenir tout seul dans ma chambre?... Pourvu que cet air qui n'est pas bon pour moi ne soit pas plus mauvais encore pour lui.

— Ah çà! dit le roi lorsque Henri et lui eurent traversé le pont-levis, cela t'arrange donc, Henriot, que les gens de M. d'Alençon fassent la cour à ta femme?

— Comment cela, sire?

— Oui, ce M. de Coconas ne fait-il pas les doux yeux à Margot?

— Qui vous a dit cela?

— Dame! reprit le roi, on me l'a dit.

— Raillerie pure, sire. M. de Coconas fait les doux yeux à quelqu'un, c'est vrai, mais c'est à madame de Nevers.

— Ah bah!

— Je puis répondre à Votre Majesté de ce que je lui dis là.

Charles se prit à rire aux éclats.

— Eh bien! dit-il, que le duc de Guise vienne encore me faire des propos, et j'allongerai agréablement sa moustache en lui contant les exploits de sa belle-sœur. Après cela, dit le roi se ravisant, je ne sais plus si c'est de M. de Coconas ou de M. de la Mole qu'il m'a parlé.

— Pas plus l'un que l'autre, sire, dit Henri, et je vous réponds des sentiments de ma femme.

— Bon, Henriot, bon! dit le roi, j'aime mieux te voir ainsi qu'autrement, et, sur mon honneur, tu es si brave garçon, que je crois que je finirai par ne plus pouvoir me passer de toi.

En disant ces mots, le roi se mit à siffler d'une façon particulière, et quatre gentilshommes, qui attendaient au bout de la rue de Beauvais, le vinrent rejoindre, et tous ensemble s'enfoncèrent dans l'intérieur de la ville.

Dix heures sonnaient.

— Eh bien! dit Marguerite quand le roi et Henri furent partis, nous remettons-nous à table?

— Non, ma foi! dit la duchesse, j'ai eu trop peur. Vive la petite maison de la rue Cloche-Percée! on n'y peut pas entrer sans en faire le siége, et nos braves ont le droit d'y jouer des épées. — Mais que cherchez-vous sous les meubles et dans les armoires, monsieur de Coconas?

— Je cherche mon ami la Mole, dit le Piémontais.

— Cherchez du côté de ma chambre, monsieur, dit Marguerite, il y a là un certain cabinet...

— Bon, dit Coconas, j'y suis.

Et il entra dans la chambre.

— Eh bien! dit une voix dans les ténèbres, où en sommes-nous?

— Eh mordi! nous en sommes au dessert.

— Et le roi de Navarre?

— Il n'a rien vu; c'est un mari parfait, et j'en souhaite un pareil à ma femme. Cependant, je crains bien qu'elle ne l'ait jamais qu'en secondes noces.

— Et le roi Charles?

— Ah! le roi, c'est différent; il a emmené le mari.

— En vérité?

— C'est comme je te le dis. De plus, il m'a fait l'honneur de me regarder de côté quand il a appris que j'étais à M. d'Alençon, et de travers quand il a su que j'étais ton ami.

— Tu crois donc qu'on lui aura mal parlé de moi?

— J'ai peur, au contraire, qu'on ne lui en ait dit trop de bien. Mais ce n'est point de tout cela qu'il s'agit : je crois que ces dames ont un pèlerinage à faire du côté de la rue du Roi-de-Sicile, et que nous conduisons les pèlerines.

— Mais impossible!... tu le sais bien.

— Comment, impossible?

— Eh! oui, nous sommes de service chez Son Altesse Royale.

— Mordi! c'est ma foi vrai! J'oublie toujours que nous sommes en grade, et que de gentilshommes que nous étions nous avons eu l'honneur de passer valets.

Et les deux amis allèrent exposer à la reine et à la duchesse la nécessité où ils étaient d'assister au moins au coucher de M. le duc.

— C'est bien, dit madame de Nevers, nous partons de notre côté.

— Et peut-on savoir où vous allez? demanda Coconas.

— Oh! vous êtes trop curieux, dit la duchesse. *Quære et invenies.*

Les deux jeunes gens saluèrent et montèrent en toute hâte chez M. d'Alençon.

Le duc semblait les attendre dans son cabinet.

— Ah! ah! dit-il, vous voilà bien tard, messieurs.

— Dix heures à peine, monseigneur, dit Coconas.

Le duc tira sa montre.

— C'est vrai, dit-il. Tout le monde est couché au Louvre cependant.

— Oui, monseigneur, mais nous voici à vos ordres. Faut-il introduire dans la chambre de votre Altesse les gentilshommes du petit coucher?

— Au contraire, passez dans la petite salle et congédiez tout le monde.

Les deux jeunes gens obéirent, exécutèrent l'ordre donné, qui n'étonna personne à cause du caractère bien connu du duc.

— Monseigneur, dit Coconas, Votre Altesse va sans doute se mettre au lit, ou travailler?

— Non, messieurs, vous avez congé jusqu'à demain.

— Allons, allons, dit tout bas Coconas à l'oreille de la Mole, la cour découche ce soir, à ce qu'il paraît; la nuit sera friande en diable, prenons notre part de la nuit.

Et les deux jeunes gens montèrent l'escalier quatre à quatre, prirent leurs manteaux et leurs épées de nuit, et s'élancèrent hors du Louvre à la poursuite des deux dames, qu'ils rejoignirent au coin de la rue du Coq-Saint-Honoré.

Pendant ce temps, le duc d'Alençon, l'œil ouvert, l'oreille au guet, attendait, enfermé dans sa chambre, les événements imprévus qu'on lui avait promis.

Le roi et Henri battaient la ville.

V

DIEU DISPOSE.

omme l'avait dit le duc aux
deux jeunes gens, le plus
profond silence régnait au
Louvre.

En effet, Marguerite et
madame de Nevers étaient
parties pour la rue Tizon.
Coconas et la Mole s'étaient
mis à leur poursuite. Le roi et Henri battaient la
ville. Le duc d'Alençon se tenait chez lui dans l'attente vague et anxieuse des événements que lui
avait prédits la reine mère. Enfin, Catherine
s'était mise au lit, et madame de Sauve, assise à
son chevet, lui faisait lecture de certains contes
italiens dont riait fort la bonne reine.

Depuis longtemps Catherine n'avait été de si belle
humeur. Après avoir fait de bon appétit une collation avec ses femmes, après avoir pris consultation

Un de ces six hommes marchait le premier. — Page 19.

du médecin, après avoir réglé les comptes quoti-
diens de sa maison, elle avait ordonné une prière
pour le succès de certaine entreprise importante,
disait-elle, pour le bonheur de ses enfants ; c'était
l'habitude de Catherine, habitude au reste toute
florentine, de faire dire dans certaines circonstances des prières et des messes dont Dieu et elle sa-
vaient seuls le but

Enfin, elle avait revu René, et avait choisi dans
ses odorants sachets et dans son riche assortiment
plusieurs nouveautés.

— Qu'on sache, dit Catherine, si ma fille la reine

de Navarre est chez elle, et, si elle y est, qu'on la
prie de me venir faire compagnie.

Le page auquel cet ordre était adressé sortit, et,
un instant après, il revint accompagné de Gillonne.

— Eh bien ! dit la reine mère, j'ai demandé la
maîtresse et non la suivante.

— Madame, dit Gillonne, j'ai cru devoir venir
moi-même dire à Votre Majesté que la reine de Navarre est sortie avec son amie la duchesse de Nevers.....

— Sortie à cette heure, reprit Catherine en fron
çant le sourcil, et où peut-elle être allée ?

— A une séance d'alchimie, répondit Gillonne, laquelle doit avoir lieu à l'hôtel de Guise, dans le pavillon habité par madame de Nevers.

— Et quand rentrera-t-elle? demanda la reine mère.

— La séance se prolongera fort avant dans la nuit, répondit Gillonne, de sorte qu'il est probable que Sa Majesté demeurera jusqu'à demain matin chez son amie.

— Elle est heureuse, la reine de Navarre, murmura Catherine, elle a des amies et elle est reine; elle porte une couronne, on l'appelle Votre Majesté et elle n'a pas de sujets : elle est bien heureuse.

Après cette boutade, qui fit sourire intérieurement les auditeurs :

— Au reste, murmura Catherine, puisqu'elle est sortie! car elle est sortie, dites-vous?

— Depuis une demi-heure, madame.

— Tout est pour le mieux, allez.

Gillonne salua et sortit.

— Continuez votre lecture, Charlotte! dit la reine.

Madame de Sauve continua.

Au bout de dix minutes, Catherine interrompit la lecture.

— Ah! à propos, dit-elle, qu'on renvoie les gardes de la galerie.

C'était le signal qu'attendait Maurevel.

On exécuta l'ordre de la reine mère, et madame de Sauve continua son histoire.

Elle avait lu un quart d'heure à peu près sans interruption aucune, lorsqu'un cri, long, prolongé, terrible, parvint jusque dans la chambre royale et fit dresser les cheveux sur la tête des assistants.

Un coup de pistolet le suivit immédiatement.

— Qu'est cela? dit Catherine, et pourquoi ne lisez-vous plus, Carlotta?

— Madame, dit la jeune femme pâlissante, n'avez-vous point entendu?

— Quoi?

— Ce cri.

— Et ce coup de pistolet? ajouta le capitaine des gardes.

— Un cri, un coup de pistolet, ajouta Catherine, je n'ai rien entendu, moi.... D'ailleurs, est-ce donc chose bien extraordinaire au Louvre qu'un cri et qu'un coup de pistolet! Lisez, lisez, Carlotta.

— Mais écoutez, madame, dit celle-ci, tandis que M. de Nancey se tenait debout la main à la poignée de son épée et n'osant sortir sans le congé de la reine, écoutez, on entend des pas, des imprécations.

— Faut-il que je m'informe, madame? dit ce dernier.

— Point du tout, monsieur, restez là, dit Catherine en se soulevant sur une main comme pour donner plus de force à son ordre. Qui donc me gar-

derait en cas d'alarme? Ce sont quelques Suisses ivres qui se battent.

Le calme de la reine, opposé à la terreur qui planait sur toute cette assemblée, formait un contraste tellement remarquable, que, si timide qu'elle fût, madame de Sauve fixa un regard interrogateur sur la reine.

— Mais, madame, s'écria-t-elle, on dirait que l'on tue quelqu'un?

— Et qui voulez-vous qu'on tue?

— Mais le roi de Navarre, madame; le bruit vient du côté de son appartement.

— La sotte! murmura la reine, dont les lèvres, malgré sa puissance sur elle-même, commençaient à s'agiter étrangement, car elle marmottait une prière; la sotte voit son roi de Navarre partout.

— Mon Dieu! mon Dieu! dit madame de Sauve en retombant sur son fauteuil.

— C'est fini, c'est fini, dit Catherine. Capitaine, continua-t-elle en s'adressant à M. de Nancey, j'espère que, s'il y a du scandale dans le palais, vous ferez demain punir sévèrement les coupables. Reprenez votre lecture, Carlotta.

Et, Catherine retomba elle-même sur son oreiller dans une immobilité qui ressemblait beaucoup à de l'affaissement, car les assistants remarquèrent que de grosses gouttes de sueur roulaient sur son visage.

Madame de Sauve obéit à cet ordre formel; mais ses yeux et sa voix fonctionnaient seuls. Sa pensée, errante sur d'autres objets, lui représentait un danger terrible suspendu sur une tête chérie. Enfin, après quelques minutes de ce combat, elle se trouva tellement oppressée entre l'émotion et l'étiquette, que sa voix cessa d'être intelligible; le livre lui tomba des mains, et elle s'évanouit.

Soudain un fracas plus violent se fit entendre; un pas lourd et pressé ébranla le corridor; deux coups de feu partirent faisant vibrer les vitres; et Catherine, étonnée de cette lutte prolongée outre mesure, se dressa à son tour, droite, pâle, les yeux dilatés; et, au moment où le capitaine des gardes allait s'élancer dehors, elle l'arrêta en disant :

— Que tout le monde reste ici, j'irai moi-même voir là-bas ce qui se passe.

Voilà ce qui se passait, ou plutôt ce qui s'était passé.

De Mouy avait reçu le matin des mains d'Orthon la clef de Henri. Dans cette clef, qui était forée, il avait remarqué un papier roulé. Il avait tiré le papier avec une épingle.

C'était le mot d'ordre du Louvre pour la prochaine nuit.

En outre, Orthon lui avait verbalement transmis les paroles de Henri qui invitaient de Mouy à venir trouver à dix heures le roi au Louvre.

A neuf heures et demie, de Mouy avait revêtu une armure dont il avait plus d'une fois déjà eu l'occasion de reconnaître la solidité ; il avait boutonné dessus un pourpoint de soie, avait agrafé son épée, passé dans le ceinturon ses pistolets, et avait recouvert le tout du fameux manteau cerise de la Mole.

Nous avons vu comment, avant de rentrer chez lui, Henri avait jugé à propos de faire une visite à Marguerite, et comment il était arrivé par l'escalier secret juste à temps pour heurter la Mole dans la chambre à coucher de Marguerite, et pour prendre sa place aux yeux du roi dans la salle à manger. C'était précisément au moment même que, grâce au mot d'ordre envoyé par Henri et surtout au fameux manteau cerise, de Mouy traversait le guichet du Louvre.

Le jeune homme monta droit chez le roi de Navarre, imitant de son mieux, comme d'habitude, la démarche de la Mole. Il trouva dans l'antichambre Orthon qui l'attendait.

— Sire de Mouy, lui dit le montagnard, le roi est sorti, mais il m'a ordonné de vous introduire chez lui, et de vous dire de l'attendre. S'il tarde par trop, il vous invite, vous le savez, à vous jeter sur son lit.

De Mouy entra sans demander d'autre explication, car ce que venait de lui dire Orthon n'était que la répétition de ce qu'il lui avait déjà dit le matin.

Pour utiliser son temps, de Mouy prit une plume et de l'encre ; et, s'approchant d'une excellente carte de France pendue à la muraille, il se mit à compter et à régler les étapes qu'il y avait de Paris à Pau.

Mais ce travail fut l'affaire d'un quart d'heure ; et, ce travail fini, de Mouy ne sut plus à quoi s'occuper.

Il fit deux ou trois tours dans la chambre, se frotta les yeux, bâilla, s'assit et se leva, se rassit encore. Enfin, profitant de l'invitation de Henri, excusé d'ailleurs par les lois de familiarité qui existaient entre les princes et leurs gentilshommes, il déposa sur la table de nuit ses pistolets et la lampe, s'étendit sur le vaste lit à tentures sombres qui garnissait le fond de la chambre, plaça son épée nue le long de sa cuisse, et, sûr de n'être pas surpris puisqu'un domestique se tenait dans la pièce précédente, il se laissa aller à un sommeil pesant, dont bientôt le bruit fit retentir les vastes échos du baldaquin. De Mouy ronflait en vrai soudard, et, sous ce rapport, aurait pu lutter avec le roi de Navarre lui-même.

C'est alors que six hommes, l'épée à la main et le poignard à la ceinture, se glissèrent silencieusement dans le corridor qui, par une petite porte, communiquait aux appartements de Catherine, et par une grande donnait chez Henri.

Un de ces six hommes marchait le premier. Outre son épée nue et son poignard fort comme un couteau de chasse, il portait encore ses fidèles pistolets accrochés à sa ceinture par des agrafes d'argent.

Cet homme, c'était Maurevel.

Arrivé à la porte de Henri, il s'arrêta.

— Vous vous êtes bien assuré que les sentinelles du corridor ont disparu ? demanda-t-il à celui qui paraissait commander la petite troupe sous ses ordres.

— Plus une seule n'est à son poste, répondit le lieutenant.

— Bien, dit Maurevel. Maintenant, il n'y a plus qu'à s'informer d'une chose, c'est si celui que nous cherchons est chez lui.

— Mais, dit le lieutenant en arrêtant la main que Maurevel posait sur le marteau de la porte, mais, capitaine, cet appartement est celui du roi de Navarre.

— Qui vous dit le contraire ? répondit Maurevel.

Les sbires se regardèrent tout surpris, et le lieutenant fit un pas en arrière.

— Heu ? fit le lieutenant, arrêter quelqu'un à cette heure, au Louvre, et dans l'appartement du roi de Navarre.

— Que répondriez-vous donc, dit Maurevel, si je vous disais que celui que vous allez arrêter est le roi de Navarre lui-même ?

— Je vous dirais, capitaine, que la chose est grave, et que, sans un ordre signé de la main propre du roi Charles IX...

— Lisez, dit Maurevel.

Et, tirant de son pourpoint l'ordre que lui avait remis Catherine, il le donna au lieutenant.

— C'est bien, répondit celui-ci après avoir lu ; je n'ai plus rien à dire.

— Et êtes-vous prêt ?

— Je le suis.

— Et vous ? continua Maurevel en s'adressant aux cinq autres sbires.

Ceux-ci saluèrent avec respect.

— Écoutez-moi donc, messieurs, dit Maurevel, voilà le plan : deux de vous resteront à cette porte, deux à la porte de l'antichambre à coucher, et deux entreront avec moi.

— Ensuite ? dit le lieutenant.

— Écoutez bien ceci : il nous est ordonné d'empêcher le prisonnier d'appeler, de crier, de résister ; toute infraction à cet ordre doit être punie de mort.

— Allons, allons, il a carte blanche, dit le lieutenant à l'homme désigné avec lui pour suivre Maurevel chez le roi.

— Tout à fait, dit Maurevel.

— Pauvre diable de roi de Navarre, dit un des hommes, il était écrit là-haut qu'il ne devait point en réchapper

— Et ici-bas, dit Maurevel en reprenant des mains

du lieutenant l'ordre de Catherine, qu'il rentra dans sa poitrine.

Maurevel introduisit dans la serrure la clef que lui avait remise Catherine, et, laissant deux hommes à la porte extérieure comme il en était convenu, entra avec les quatre autres dans l'antichambre.

— Ah ! ah ! dit Maurevel en écoutant la bruyante respiration du dormeur, dont le bruit arrivait jusqu'à lui, il paraît que nous trouverons ici ce que nous cherchons.

Aussitôt Orthon, pensant que c'était son maître qui rentrait, alla au-devant de lui et se trouva en face de cinq hommes armés qui occupaient la première chambre.

A la vue de ce visage sinistre, de ce Maurevel qu'on appelait le tueur du roi, le fidèle serviteur recula, et se plaçant devant la seconde porte :

— Qui êtes-vous? dit Orthon, que voulez-vous?

— Au nom du roi, dit Maurevel, où est ton maître?

— Mon maître?

— Oui, le roi de Navarre.

— Le roi de Navarre n'est pas au logis, dit Orthon en défendant plus que jamais la porte, ainsi vous ne pouvez pas entrer.

— Prétexte, mensonge, dit Maurevel. Allons, arrière!

Les Béarnais sont entêtés, celui-ci gronda comme un chien de ses montagnes, et sans se laisser intimider :

— Vous n'entrerez pas, dit-il, le roi est absent. Et il se cramponna à la porte.

Maurevel fit un geste, les quatre hommes s'emparèrent du récalcitrant, l'arrachant au chambranle auquel il se tenait cramponné, et, comme il ouvrait la bouche pour crier, Maurevel lui appliqua la main sur les lèvres.

Orthon mordit furieusement l'assassin, qui retira sa main avec un cri sourd, et frappa du pommeau de son épée le serviteur sur la tête. Orthon chancela et tomba en criant: Alarme! alarme! alarme!...

Sa voix expira, il était évanoui.

Les assassins passèrent sur son corps, puis deux restèrent à cette seconde porte, et les trois autres entrèrent dans la chambre à coucher, conduits par Maurevel.

A la lueur de la lampe, brûlant sur la table de nuit, ils virent le lit.

Les rideaux étaient fermés.

— Oh! oh! dit le lieutenant, il ne ronfle plus, ce me semble.

— Allons, sus! dit Maurevel.

A cette voix, un cri rauque qui ressemblait plutôt au rugissement du lion qu'à des accents humains partit de dessous les rideaux, qui s'ouvrirent violemment, et un homme armé d'une cuirasse et le front couvert d'une de ces salades qui ensevelis-

saient la tête jusqu'aux yeux, apparut, assis, deux pistolets à la main et son épée sur les genoux.

Maurevel n'eut pas plutôt aperçu cette figure et reconnu de Mouy, qu'il sentit ses cheveux se dresser sur sa tête ; il devint d'une pâleur affreuse, sa bouche se remplit d'écume ; et, comme s'il se fût trouvé en face d'un spectre, il fit un pas en arrière.

Soudain la figure armée se leva et fit en avant un pas égal à celui que Maurevel avait fait en arrière, de sorte que c'était celui qui était menacé qui semblait poursuivre, et celui qui menaçait qui semblait fuir.

— Ah! scélérat, dit de Mouy d'une voix sourde, tu viens pour me tuer comme tu as tué mon père.

Deux des sbires, c'est-à-dire ceux qui étaient entrés avec Maurevel dans la chambre du roi, entendirent seuls ces paroles terribles; mais, en même temps qu'elles avaient été dites, le pistolet s'était abaissé à la hauteur du front de Maurevel. Maurevel se jeta à genoux au moment où de Mouy appuyait le doigt sur la détente; le coup partit, et un des gardes qui se trouvaient derrière lui et qu'il avait démasqué par ce mouvement, tomba frappé au cœur. Au même instant Maurevel riposta, mais la balle alla s'aplatir sur la cuirasse de de Mouy.

Alors, prenant son élan, mesurant la distance, de Mouy d'un revers de sa large épée fendit le crâne du deuxième garde, et, se retournant vers Maurevel, engagea l'épée avec lui.

Le combat fut terrible, mais court. A la quatrième passe Maurevel sentit dans sa gorge le froid de l'acier ; il poussa un cri étranglé, tomba en arrière, et en tombant renversa la lampe, qui s'éteignit.

Aussitôt de Mouy, profitant de l'obscurité, vigoureux et agile comme un héros d'Homère, s'élança tête baissée vers l'antichambre, renversa un des gardes, repoussa l'autre, passa comme un éclair entre les sbires qui gardaient la porte extérieure, essuya deux coups de pistolet dont les balles éraillèrent la muraille du corridor, et dès lors il fut sauvé, car un pistolet tout chargé lui restait encore, outre cette épée qui frappait de si terribles coups.

Un instant de Mouy hésita pour savoir s'il devait fuir chez M. d'Alençon, dont il lui semblait que la porte venait de s'ouvrir, ou s'il devait essayer de sortir du Louvre. Il se décida pour ce dernier parti, reprit sa course d'abord ralentie, sauta dix degrés d'un seul coup, parvint au guichet, prononça les deux mots de passe et s'élança en criant :

— Allez là-haut, on y tue pour le compte du roi.

Et, profitant de la stupéfaction que ses paroles, jointes au bruit des coups de pistolet, avaient jetée dans le poste, il gagna au pied et disparut dans la rue du Coq, sans avoir reçu une égratignure.

C'était en ce moment que Catherine avait arrêté son capitaine des gardes en disant :

—Demeurez, j'irai voir moi-même ce qui se passe là-bas.

— Mais, madame, répondit le capitaine, le danger que pourrait courir Votre Majesté m'ordonne de la suivre.

—Restez, monsieur, dit Catherine d'un ton plus impératif encore que la première fois, restez. Il y a autour des rois une protection plus puissante que l'épée humaine.

Le capitaine demeura.

Alors Catherine prit une lampe, passa ses pieds nus dans des mules de velours, sortit de sa chambre, gagna le corridor encore plein de fumée, et s'avança, impassible et froide comme une ombre, vers l'appartement du roi de Navarre.

Tout était redevenu silencieux.

Catherine arriva à la porte d'entrée, en franchit le seuil, et vit d'abord dans l'antichambre Orthon évanoui.

— Ah ! ah ! dit-elle, voici toujours le laquais ; plus loin, sans doute, nous allons trouver le maître. Et elle franchit la seconde porte.

Là son pied heurta contre un cadavre ; elle abaissa sa lampe : c'était celui du garde qui avait eu la tête fendue ; il était complétement mort.

Trois pas plus loin était le lieutenant, frappé d'une balle et râlant le dernier soupir.

Enfin, devant le lit un homme qui, la tête pâle comme celle d'un mort, perdant son sang par une double blessure qui lui traversait le cou, roidissant ses mains crispées, essayait de se relever.

C'était Maurevel.

Un frisson passa dans les veines de Catherine, elle vit le lit désert, elle regarda tout autour de la chambre, et chercha en vain, parmi ces trois hommes couchés dans leur sang, le cadavre qu'elle espérait.

Maurevel reconnut Catherine ; ses yeux se dilatèrent horriblement, et il tendit vers elle les bras avec un geste désespéré.

— Eh bien ! dit-elle à demi-voix, où est-il? qu'est-il devenu ? Malheureux ! l'auriez-vous laissé échapper ?

Maurevel essaya d'articuler quelques paroles ; mais un sifflement inintelligible sortit seul de sa blessure, une écume rougeâtre frangea ses lèvres, et il secoua la tête en signe d'impuissance et de douleur.

—Mais parle donc ! s'écria Catherine, parle donc ! ne fût-ce que pour me dire un seul mot !

Maurevel montra sa blessure, et fit entendre de nouveau quelques sons inarticulés, tenta un effort qui n'aboutit qu'à un rauque râlement, et s'évanouit.

Catherine, alors, regarda autour d'elle : elle n'était entourée que de cadavres et de mourants ; le sang coulait à flots par la chambre, et un silence de mort planait sur toute cette scène.

Encore une fois elle adressa la parole à Maurevel, mais sans le réveiller : cette fois, il demeura non-seulement muet, mais immobile ; un papier sortait de son pourpoint, c'était l'ordre d'arrestation, signé du roi. Catherine s'en saisit et le cacha dans sa poitrine.

En ce moment, Catherine entendit derrière elle un léger froissement de parquet : elle se retourna, et vit debout, à la porte de la chambre, le duc d'Alençon, que le bruit avait attiré malgré lui, et que le spectacle qu'il avait sous les yeux fascinait.

— Vous, ici? dit-elle.

— Oui, madame. Que se passe-t-il donc, mon Dieu ? demanda le duc.

—Retournez chez vous, François, et vous apprendrez assez tôt la nouvelle.

D'Alençon n'était pas aussi ignorant de l'aventure que Catherine le supposait. Aux premiers pas retentissant dans le corridor, il avait écouté. Voyant des hommes entrer chez le roi de Navarre, il avait, en rapprochant ce fait des paroles de Catherine, deviné ce qui allait se passer, et s'était applaudi de voir un ami si dangereux détruit par une main plus forte que la sienne.

Bientôt des coups de feu, les pas rapides d'un fugitif avaient attiré son attention, et il avait vu, dans l'espace lumineux projeté par l'ouverture de la porte de l'escalier, disparaître un manteau rouge qui lui était trop familier pour qu'il ne le reconnût pas

—De Mouy ! s'écria-t-il, de Mouy chez mon beau-frère de Navarre ! mais non, c'est impossible ! Serait-ce M. de la Mole?...

Alors l'inquiétude le gagna. Il se rappela que le jeune homme lui avait été recommandé par Marguerite elle-même, et, voulant s'assurer si c'était lui qu'il venait de voir passer, il monta rapidement à la chambre des deux jeunes gens : elle était vide. Mais, dans un coin de cette chambre, il trouva suspendu le fameux manteau cerise. Ses doutes avaient été fixés : ce n'était donc pas la Mole, mais de Mouy.

La pâleur sur le front, tremblant que le huguenot ne fût découvert et ne trahît les secrets de la conspiration, il s'était alors précipité vers le guichet du Louvre. Là il avait appris que le manteau cerise s'était échappé sain et sauf, en annonçant qu'on tuait dans le Louvre pour le compte du roi.

— Il s'est trompé, murmura d'Alençon. C'est pour le compte de la reine mère.

Et, revenant vers le théâtre du combat, il trouva Catherine errant comme une hyène parmi les morts.

A l'ordre que lui donna sa mère, le jeune homme rentra chez lui, affectant le calme et l'obéissance, malgré les idées tumultueuses qui agitaient son esprit.

Catherine, désespérée de voir cette nouvelle tentative échouée, appela son capitaine des gardes, fit enlever les corps, commanda que Maurevel, qui n'était que blessé, fût reporté chez lui, et ordonna qu'on ne réveillât point le roi.

— Oh! murmura-t-elle en rentrant dans son appartement la tête inclinée sur sa poitrine, il a échappé cette fois encore. La main de Dieu est étendue sur cet homme. Il régnera! il régnera!

Puis, comme elle ouvrait la porte de sa chambre, elle passa la main sur son front et se composa un sourire banal.

— Qu'y avait-il donc, madame? demandèrent tous les assistants, à l'exception de madame de Sauve, trop effrayée pour faire des questions.

— Rien, répondit Catherine, du bruit et voilà tout.

— Oh! s'écria tout à coup madame de Sauve en indiquant du doigt le passage de Catherine, Votre Majesté dit qu'il n'y a rien, et chacun de ses pas laisse une trace de sang sur le tapis!

VI

LA NUIT DES ROIS.

Cependant Charles IX marchait côte à côte avec Henri appuyé à son bras, suivi de ses quatre gentilshommes, et précédé de deux porte-torches.

— Quand je sors du Louvre, disait le pauvre roi, j'éprouve un plaisir analogue à celui qui me vient quand j'entre dans une belle forêt; je respire, je vis, je suis libre.

Henri sourit.

— Votre Majesté serait bien dans mes montagnes du Béarn, alors! dit Henri.

— Oui, et je comprends que tu aies envie d'y retourner; mais, si le désir t'en prend par trop fort, Henriot, ajouta Charles en riant, prends bien tes précautions, c'est un conseil que je te donne : car ma mère Catherine t'aime si fort, qu'elle ne peut pas absolument se passer de toi.

— Que fera Votre Majesté ce soir? dit Henri, détournant cette conversation dangereuse.

— Je veux te faire faire une connaissance, Henriot; tu me diras ton avis.

— Je suis aux ordres de Votre Majesté.

— A droite, à droite! nous allons rue des Barres.

Les deux rois, suivis de leur escorte, avaient dépassé la rue de la Savonnerie, quand, à la hauteur de l'hôtel de Condé, ils virent deux hommes enveloppés de grands manteaux sortir par une fausse porte que l'un d'eux referma sans bruit.

— Oh! oh! dit le roi à Henri, qui, selon son habitude, regardait aussi, mais sans rien dire; cela mérite attention.

— Pourquoi dites-vous cela, sire? demanda le roi de Navarre.

— Ce n'est pas pour toi, Henriot. Tu es sûr de ta femme, ajouta Charles avec un sourire; mais ton cousin de Condé n'est pas sûr de la sienne, ou, s'il en est sûr, il a tort, le diable m'emporte!

— Mais qui vous dit, sire, que ce soit madame de Condé que visitaient ces messieurs?

— Un pressentiment. L'immobilité de ces deux hommes, qui se sont rangés dans la porte depuis qu'ils nous ont vus, et qui n'en bougent pas; puis certaine coupe de manteau du plus petit des deux... Pardieu! ce serait étrange.

— Quoi?

— Rien; une idée qui m'arrive, voilà tout : avançons.

Et il marcha droit aux deux hommes, qui, voyant que c'était bien à eux qu'on en avait, firent quelques pas pour s'éloigner.

— Holà! messieurs, dit le roi, arrêtez.

— Est-ce à nous qu'on parle? demanda une voix qui fit tressaillir Charles et son compagnon.

— Eh bien! Henriot! dit Charles, reconnais-tu cette voix-là maintenant?

— Sire, dit Henri, si votre frère le duc d'Anjou n'était point à la Rochelle, je jurerais que c'est lui qui vient de parler.

— Eh bien! dit Charles, c'est qu'il n'est point à la Rochelle, voilà tout.

— Mais qui est avec lui?

— Tu ne reconnais pas le compagnon?

— Non, sire.

— Il est pourtant de taille à ne pas s'y tromper. Attends, tu vas le reconnaître. — Holà! hé! vous dis-je, répéta le roi, n'avez-vous donc pas entendu, mordieu?

— Êtes-vous le guet pour nous arrêter? dit le plus grand des deux hommes développant son bras hors des plis de son manteau.

— Prenez que nous sommes le guet, dit le roi, et arrêtez quand on vous l'ordonne.

Puis se penchant à l'oreille de Henri :

— Tu vas voir le volcan jeter des flammes, lui dit-il.

— Vous êtes huit, dit le plus grand des deux hommes montrant cette fois non-seulement son bras,

mais encore son visage; mais, fussiez-vous cent, passez au large!

— Ah! ah! le duc de Guise, dit Henri.

— Ah! notre cousin de Lorraine, dit le roi, vous vous faites enfin connaître! c'est heureux!

— Le roi! s'écria le duc.

Quant à l'autre personnage, on le vit à ces paroles s'ensevelir dans son manteau, et demeurer immobile après s'être d'abord découvert la tête par respect.

— Sire, dit le duc de Guise, je venais de rendre visite à ma belle-sœur, madame de Condé.

— Oui... et vous avez amené avec vous un de vos gentilshommes, lequel?

— Sire, répondit le duc, Votre Majesté ne le connaît pas.

— Nous ferons connaissance alors, dit le roi.

Et, marchant droit à l'autre figure, il fit signe à un des deux laquais d'approcher avec son flambeau.

— Pardon, mon frère! dit le duc d'Anjou en décroisant son manteau et en s'inclinant avec un dépit mal déguisé.

— Ah! ah! Henri, c'est vous!... Mais non, ce n'est point possible, je me trompe... Mon frère d'Anjou ne serait allé voir personne avant de venir me voir moi-même. Il n'ignore pas que, pour les princes du sang qui rentrent dans la capitale, il n'y a qu'une porte à Paris : c'est le guichet du Louvre.

— Pardonnez, sire, dit le duc d'Anjou; je prie Votre Majesté d'excuser une inconséquence.

— Oui-da! repondit le roi d'un ton moqueur, et que faisiez-vous donc, mon frère, à l'hôtel de Condé?

— Eh! mais, dit le roi de Navarre de son air narquois, ce que Votre Majesté disait tout à l'heure.

Et, se penchant à l'oreille du roi, il termina sa phrase par un grand éclat de rire.

— Qu'est-ce donc? demanda le duc de Guise avec hauteur, car, comme tout le monde à la cour, il avait pris l'habitude de traiter assez rudement le pauvre roi de Navarre. — Pourquoi n'irais-je pas voir ma belle-sœur? M. le duc d'Alençon ne va-t-il pas voir la sienne?

Henri rougit légèrement.

— Quelle belle-sœur? demanda Charles, je ne lui en connais pas d'autre que la reine Élisabeth.

— Pardon, sire, c'était sa sœur que j'aurais dû dire, madame Marguerite, que nous avons vue passer en venant ici, il y a une demi-heure, dans sa litière, accompagnée de deux muguets qui trottaient chacun à une portière.

— Vraiment! dit Charles. Que répondez-vous à cela, Henri?

— Que la reine de Navarre est bien libre d'aller où elle veut, mais je doute qu'elle soit sortie du Louvre.

— Et moi j'en suis sûr, dit le duc de Guise.

— Et moi aussi, fit le duc d'Anjou, à telle enseigne que la litière s'est arrêtée rue Cloche-Percée.

— Il faut que votre belle-sœur, pas celle-ci, dit Henri en montrant l'hôtel de Condé, mais celle de là-bas, et il tourna son doigt dans la direction de l'hôtel de Guise, soit aussi de la partie, car nous les avons laissées ensemble, et, comme vous savez, elles sont inséparables.

— Je ne comprends pas ce que veut dire Votre Majesté, répondit le duc de Guise.

— Au contraire, dit le roi, rien de plus clair, et voilà pourquoi il y avait un muguet courant à chaque portière.

— Eh bien ! dit le duc, s'il y a scandale de la part de la reine et de la part de mes belles-sœurs, invoquons pour le faire cesser la justice du roi.

— Eh ! par Dieu ! dit Henri, laissez là mesdames de Condé et de Nevers. Le roi ne s'inquiète pas de sa sœur.... et, moi j'ai confiance dans ma femme.

— Non pas, non pas, dit Charles, je veux en avoir le cœur net ; mais faisons nos affaires nous-mêmes. La litière s'est arrêtée rue Cloche-Percée, dites-vous, mon cousin ?

— Oui, sire.

— Vous reconnaîtriez l'endroit ?

— Oui, sire.

— Eh bien ! allons-y ; et, s'il faut brûler la maison pour savoir qui est dedans, on la brûlera.

C'est avec ces dispositions assez peu rassurantes pour la tranquillité de ceux dont il était question que les quatre principaux seigneurs du monde chrétien prirent le chemin de la rue Saint-Antoine.

Les quatre princes arrivèrent rue Cloche-Percée ; Charles, qui voulait faire ses affaires en famille, renvoya les gentilshommes de sa suite en leur disant de disposer du reste de leur nuit, mais de se tenir près de la Bastille à six heures du matin avec deux chevaux.

Il n'y avait que trois maisons dans la rue Cloche-Percée ; la recherche était d'autant moins difficile que deux ne firent aucun refus d'ouvrir ; c'étaient celles qui touchaient, l'une à la rue Saint-Antoine, l'autre à la rue du Roi de Sicile.

Quant à la troisième, ce fut autre chose : c'était celle qui était gardée par le concierge allemand, et le concierge allemand était peu traitable. Paris semblait destiné à offrir cette nuit les plus mémorables exemples de fidélité domestique.

M. de Guise eut beau menacer dans le plus pur saxon, Henri d'Anjou eut beau offrir une bourse pleine d'or, Charles eut beau aller jusqu'à dire qu'il était lieutenant du guet, le brave Allemand ne tint compte ni de la déclaration, ni de l'offre, ni des menaces. Voyant que l'on insistait, et d'une manière qui devenait importune, il glissa entre les barres de fer l'extrémité de certaine arquebuse, dé-

monstration dont ne firent que rire trois des quatre visiteurs — Henri de Navarre se tenant à l'écart, comme si la chose eût été sans intérêt pour lui — attendu que l'arme, ne pouvant obliquer dans les barreaux, ne devait guère être dangereuse que pour un aveugle qui eût été se placer en face.

Voyant qu'on ne pouvait intimider, corrompre ni fléchir le portier, le duc de Guise feignit de partir avec ses compagnons ; mais la retraite ne fut pas longue. Au coin de la rue Saint-Antoine, le duc trouva ce qu'il cherchait ; c'était une de ces pierres comme en remuaient, trois mille ans auparavant, Ajax Télamon et Diomède ; il la chargea sur son épaule, et revint en faisant signe à ses compagnons de le suivre. Juste en ce moment, le concierge, qui avait vu ceux qu'il prenait pour des malfaiteurs s'éloigner, refermait la porte sans avoir encore eu le temps de repousser les verrous. Le duc de Guise profita du moment : véritable catapulte vivante, il lança la pierre contre la porte. La serrure vola emportant la portion de la muraille dans laquelle elle était scellée. La porte s'ouvrit renversant l'Allemand, qui tomba en donnant, par un cri terrible, l'éveil à la garnison, qui, sans ce cri, courait grand risque d'être surprise.

Justement, en ce moment-là même, la Mole traduisait, avec Marguerite, une idylle de Théocrite, et Coconas buvait, sous prétexte qu'il était Grec aussi, force vin de Syracuse avec Henriette. La conversation scientifique et la conversation bachique furent violemment interrompues.

Commencer par éteindre les bougies, ouvrir les fenêtres, s'élancer sur le balcon, distinguer quatre hommes dans les ténèbres, leur lancer sur la tête tous les projectiles qui leur tombèrent sous la main, faire un affreux bruit de coups de plat d'épée qui n'atteignaient que le mur, tel fut l'exercice auquel se livrèrent immédiatement la Mole et Coconas. Charles, le plus acharné des assaillants, reçut une aiguière d'argent sur l'épaule, le duc d'Anjou un bassin contenant une compote d'oranges et de cédrats, et le duc de Guise un quartier de venaison.

Henri ne reçut rien. Il questionnait tout bas le portier, que M. de Guise avait attaché à la porte et qui répondait par son éternel :

— Ich verstehe nicht.

Les femmes encourageaient les assiégés et leur passaient des projectiles qui se succédaient comme une grêle.

— Par la mort diable ! s'écria Charles IX en recevant sur la tête un tabouret qui lui fit rentrer son chapeau jusque sur le nez, qu'on m'ouvre bien vite, ou je ferai tout pendre là-haut.

— Mon frère ! dit Marguerite bas à la Mole.

— Le roi ! dit celui-ci tout bas à Henriette.

— Le roi ! le roi ! dit celle-ci à Coconas, qui traînait un bahut vers la fenêtre et qui tenait à exterminer le duc de Guise, auquel, sans le con-

Les femmes encourageaient les assiégés — PAGE 24.

naître, il avait particulièrement affaire. — Le roi ! je vous dis.

Coconas lâcha le bahut, regarda d'un air étonné.

— Le roi? dit-il.

— Oui, le roi.

— Alors en retraite.

— Eh ! justement la Mole et Marguerite sont déjà partis : venez.

— Par où?

— Venez, vous dis-je.

Et, le prenant par la main, Henriette entraîna Coconas par la porte secrète qui donnait dans la maison attenante ; et tous quatre, après avoir refermé la porte derrière eux, s'enfuirent par l'issue qui donnait dans la rue Tizon.

— Oh ! oh ! dit Charles, je crois que la garnison se rend.

On attendit quelques minutes, mais aucun bruit ne parvint jusqu'aux assiégeants.

— On prépare quelque ruse, dit le duc de Guise.

— Ou plutôt on a reconnu la voix de mon frère et l'on détale, dit le duc d'Anjou.

— I! faudra toujours bien qu'on passe par ici, dit Charles.

— Oui, reprit le duc d'Anjou, si la maison n'a pas deux issues.

— Cousin, dit le roi, reprenez votre pierre, et faites de l'autre porte comme de celle-ci.

Le duc pensa qu'il était inutile de recourir à de pareils moyens, et, comme il avait remarqué que la seconde porte était moins forte que la première, il l'enfonça d'un simple coup de pied.

— Les torches! les torches! dit le roi.

Les laquais s'approchèrent. Elles étaient éteintes; mais ils avaient sur eux tout ce qu'il fallait pour les rallumer. On fit de la flamme. Charles IX en prit une et passa l'autre au duc d'Anjou.

Le duc de Guise marcha le premier, l'épée à la main.

Henri ferma la marche.

On arriva au premier étage.

Dans la salle à manger était servi, ou plutôt desservi le souper, car c'était particulièrement le souper qui avait fourni les projectiles. Les candélabres étaient renversés, les meubles sens dessus dessous, et tout ce qui n'était pas vaisselle d'argent en pièces.

On passa dans le salon. Là, pas plus de renseignement que dans la première chambre sur l'identité des personnages. Des livres grecs et latins, quelques instruments de musique, voilà tout ce que l'on trouva.

La chambre à coucher était plus muette encore. Une veilleuse brûlait dans un globe d'albâtre suspendu au plafond, mais on ne paraissait pas même être entré dans cette chambre.

— Il y a une seconde sortie, dit le roi.

— C'est probable, dit le duc d'Anjou.

— Mais où est-elle? demanda le duc de Guise.

On chercha de tous côtés, on ne la trouva pas.

— Où est le concierge? demanda le roi.

— Je l'ai attaché à la grille, dit le duc de Guise.

— Interrogez-le, cousin.

— Il ne voudra pas répondre.

— Bah! on lui fera un petit feu bien sec autour des jambes, dit le roi en riant, et il faudra bien qu'il parle.

Henri regarda vivement par la fenêtre.

— Il n'y est plus, dit-il.

— Qui l'a détaché? demanda vivement le duc de Guise.

— Mort-diable! s'écria le roi, nous ne saurons rien encore.

— En effet, dit Henri, vous voyez bien, sire, que rien ne prouve que ma femme et la belle-sœur de M. de Guise aient été dans cette maison.

— C'est vrai, dit Charles, l'Écriture nous l'apprend; il y a trois choses qui ne laissent pas de traces: l'oiseau dans l'air, le poisson dans l'eau, et la femme... non, je me trompe, l'homme chez...

— Ainsi, interrompit Henri, ce que nous avons de mieux à faire...

— Oui, dit Charles, c'est de soigner, moi ma contusion; vous, d'Anjou, d'essuyer votre sirop d'oranges, et vous, Guise, de faire disparaître votre graisse de sanglier.

Et, là-dessus, ils sortirent sans se donner la peine de refermer la porte.

Arrivés à la rue Saint-Antoine:

— Où allez-vous, messieurs? dit le roi au duc d'Anjou et au duc de Guise.

— Sire, nous allons chez Nantouillet, qui nous attend à souper, mon cousin de Lorraine et moi. Votre Majesté veut-elle venir avec nous?

— Non, merci, nous allons du côté opposé. Voulez-vous un de mes porte-torches?

— Nous vous rendons grâce, sire, dit vivement le duc d'Anjou.

— Bon; il a peur que je ne le fasse espionner, souffla Charles à l'oreille du roi de Navarre.

Puis, prenant ce dernier par-dessous le bras:

— Viens, Henriot, dit-il, je te donne à souper ce soir.

— Nous ne rentrons donc pas au Louvre? demanda Henri.

— Non, te dis-je, triple entêté! viens avec moi, puisque je te dis de venir, viens.

Et il entraîna Henri par la rue Geoffroy-Lasnier.

VII

ANAGRAMME.

u milieu de la rue Geoffroy-Lasnier venait aboutir la rue Garnier-sur-l'Eau , et au bout de la rue Garnier-sur-l'Eau s'étendait,à droite et à gauche , la rue des Barres.

Là , en faisant quelques pas vers la rue de la Mortellerie, on trouvait à droite une petite maison isolée au milieu d'un jardin clos de hautes murailles et auquel une porte pleine donnait seule entrée.

Charles tira une clef de sa poche, ouvrit la porte, qui céda aussitôt, étant fermée seulement au pêne ; puis, ayant fait passer Henri et le laquais qui portait la torche, il referma la porte derrière lui.

Une seule petite fenêtre était éclairée. Charles la montra du doigt en souriant à Henri.

— Sire, je ne comprends pas, dit celui-ci.

— Tu vas comprendre, Henriot.

Le roi de Navarre regarda Charles avec étonnement ; sa voix, son visage, avaient pris une expression de douceur qui était si loin du caractère habituel de sa physionomie, que Henri ne le reconnaissait pas.

— Henriot, lui dit le roi, je t'ai dit que, lorsque je sortais du Louvre, je sortais de l'enfer ; quand j'entre ici, j'entre dans le paradis.

— Sire, dit Henri, je suis heureux que Votre Majesté m'ait trouvé digne de me faire faire le voyage du ciel avec elle.

— Le chemin en est étroit, dit le roi en s'engageant dans un petit escalier, mais c'est pour que rien ne manque à la comparaison.

— Et quel est l'ange qui garde l'entrée de votre Éden, sire?

— Tu vas voir, répondit Charles IX. Et, faisant signe à Henri de le suivre sans bruit, il poussa une première porte, puis une seconde, et s'arrêta sur le seuil.

— Regarde ! dit-il.

Henri s'approcha et demeura l'œil fixe sur un des plus charmants tableaux qu'il eût vus.

C'était une femme de dix-huit à dix-neuf ans à peu près, dormant la tête posée sur le pied du lit d'un enfant endormi, dont elle tenait entre ses deux mains les petits pieds rapprochés de ses lèvres, tandis que ses longs cheveux blonds ondoyaient, épandus comme un flot d'or.

On eût dit un tableau de l'Albane représentant la Vierge et l'enfant Jésus.

— Oh ! sire, dit le roi de Navarre, quelle est cette charmante créature?

— L'ange de mon paradis, Henriot, le seul être qui m'aime pour moi.

Henri sourit.

— Oui, pour moi, dit Charles, car elle m'a aimé avant de savoir que j'étais roi.

— Et depuis qu'elle le sait?

— Eh bien ! depuis qu'elle le sait, dit Charles avec un soupir qui prouvait que cette sanglante royauté lui était lourde parfois, depuis qu'elle le sait, elle m'aime encore; ainsi juge.

Le roi s'approcha tout doucement, et, sur la joue en fleur de la jeune femme, il posa un baiser aussi léger que celui d'une abeille sur un lis.

Et cependant la jeune femme se réveilla.

— Charles ! murmura-t-elle en ouvrant les yeux.

— Tu vois, dit le roi, elle m'appelle Charles ; la reine dit sire.

— Oh ! s'écria la jeune femme, vous n'êtes pas seul, mon roi.

— Non, ma bonne Marie. J'ai voulu t'amener un autre roi plus heureux que moi, car il n'a pas de couronne ; plus malheureux que moi, car il n'a pas une Marie Touchet. Dieu fait une compensation à tout.

— Sire, c'est le roi de Navarre? demanda Marie.

— Lui-même, mon enfant. — Approche, Henriot.

Le roi de Navarre s'approcha, Charles lui prit la main droite.

— Regarde cette main, Marie, dit-il, c'est la main d'un bon frère et d'un loyal ami. Sans cette main, vois-tu...

— Eh bien ! sire?

— Eh bien ! sans cette main, aujourd'hui, Marie, notre enfant n'avait plus de père.

Marie jeta un cri, tomba à genoux, saisit la main de Henri et la baisa.

— Bien, Marie, bien! dit Charles.

— Et qu'avez-vous fait pour le remercier, sire?

— Je lui ai rendu la pareille.

Henri regarda Charles avec étonnement.

— Tu sauras un jour ce que je veux dire, Henriot. En attendant, viens voir.

Et il s'approcha du lit où l'enfant dormait toujours.

— Eh! dit-il, si ce gros garçon-là dormait au Louvre au lieu de dormir ici, dans cette petite maison de la rue des Barres, cela changerait bien des choses dans le présent, et peut-être dans l'avenir (1).

— Sire, dit Marie, n'en déplaise à Votre Majesté, j'aime mieux qu'il dorme ici, il dort mieux.

— Ne troublons donc pas son sommeil, dit le roi, c'est si bon de dormir quand on ne fait pas de rêves!

— Eh bien! sire, fit Marie en étendant la main vers une des portes qui donnaient dans cette chambre.

— Oui, tu as raison, Marie, dit Charles IX. Soupons.

— Mon bien-aimé Charles, dit Marie, vous direz au roi votre frère de m'excuser, n'est-ce pas?

— Et de quoi?

— De ce que j'ai renvoyé nos serviteurs. Sire, continua Marie s'adressant au roi de Navarre, vous saurez que Charles ne veut être servi que par moi.

— Ventre-saint-gris! dit Henri, je le crois bien!

Les deux hommes passèrent dans la salle à manger, tandis que la mère, inquiète et soigneuse, couvrait d'une chaude étoffe le petit Charles, qui, grâce à son bon sommeil d'enfant que lui enviait son père, ne s'était pas réveillé.

Marie vint les rejoindre.

— Il n'y a que deux couverts! dit le roi.

— Permettez, dit Marie, que je serve Vos Majestés.

— Allons, dit Charles, voilà que tu me portes malheur, Henriot.

— Comment, sire?

— N'entends-tu pas?

— Pardon, Charles, pardon.

— Je te pardonne. Mais place-toi là, près de moi, entre nous deux.

— J'obéis, dit Marie.

Elle apporta un couvert, s'assit entre les deux rois et les servit.

— N'est-ce pas, Henriot, que c'est bon, dit Charles, d'avoir un endroit au monde dans lequel on

ose boire et manger sans avoir besoin que personne fasse avant vous l'essai de votre vin et de vos viandes?

— Sire, dit Henri en souriant et en répondant par le sourire à l'appréhension éternelle de son esprit, croyez que j'apprécie votre bonheur plus que personne.

— Aussi, dis-lui bien, Henriot, que, pour que nous demeurions ainsi heureux, il ne faut pas qu'elle se mêle de politique; il ne faut pas qu'elle vienne à la cour, il ne faut pas surtout qu'elle fasse connaissance avec ma mère.

— La reine Catherine aime en effet Votre Majesté avec tant de passion, qu'elle pourrait être jalouse de tout autre amour, répondit Henri, trouvant, par un subterfuge, le moyen d'échapper à la dangereuse confiance du roi.

— Marie, dit le roi, je te présente un des hommes les plus fins et les plus spirituels que je connaisse. A la cour, vois-tu, et ce n'est pas peu dire, il a mis tout le monde dedans; moi seul ai vu clair peut-être, je ne dis pas dans son cœur, mais dans son esprit.

— Sire, dit Henri, je suis fâché qu'en exagérant l'un, comme vous le faites, vous doutiez de l'autre.

— Je n'exagère rien, Henriot, dit le roi; d'ailleurs on te connaîtra un jour.—Puis, se retournant vers la jeune femme: — Il fait surtout les anagrammes à ravir. Dis-lui de faire celle de ton nom, et je réponds qu'il la fera.

— Oh! que voulez-vous qu'on trouve dans le nom d'une pauvre fille comme moi? quelle gracieuse pensée peut sortir de cet assemblage de lettres avec lequel le hasard a écrit Marie Touchet?

— Oh! l'anagramme de ce nom, sire, dit Henri, est trop facile, et je n'ai pas eu grand mérite à la trouver.

— Ah! ah! c'est déjà fait, dit Charles. Tu vois... Marie.

Henri tira de la poche de son pourpoint ses tablettes, en déchira une page, et, en dessous du nom:

Marie Touchet,

écrivit:

Je charme tout.

Puis il passa la feuille à la jeune femme.

— En vérité! s'écria-t-elle, c'est impossible!

— Qu'a-t-il trouvé? demanda Charles.

— Sire, je n'ose répéter, moi.

— Sire, dit Henri, dans le nom de Marie Touchet, il y a, lettre pour lettre, en faisant de l'I un J, comme c'est l'habitude: *Je charme tout.*

— En effet, s'écria Charles, lettre pour lettre. Je

(1) En effet, cet enfant naturel, qui n'était autre que le fameux duc d'Angoulême qui mourut en 1650, supprimait, s'il eût été légitime, Henri III, Henri IV, Louis XIII, Louis XIV. Que nous donnait-il à la place? L'esprit se confond et se perd dans les ténèbres d'une pareille question.

veux que ce soit ta devise, entends-tu, Marie? Jamais devise n'a été mieux méritée. Merci, Henriot. Marie, je te la donnerai écrite en diamants.

Le souper s'acheva; deux heures sonnèrent à Notre-Dame.

— Maintenant, dit Charles, en récompense de son compliment, Marie, tu vas lui donner un fauteuil où il puisse dormir jusqu'au jour; bien loin de nous seulement, parce qu'il ronfle à faire peur. Puis, si tu t'éveilles avant moi, tu me réveilleras, car nous devons être à six heures du matin à la Bastille. Bonsoir, Henriot. Arrange-toi comme tu voudras. Mais, ajouta-t-il en s'approchant du roi de Navarre et en lui posant la main sur l'épaule, sur ta vie, entends-tu bien, Henri! sur ta vie, ne sors pas d'ici sans moi, surtout pour retourner au Louvre.

Henri avait soupçonné trop de choses dans ce qu'il n'avait pas compris pour manquer à une telle recommandation.

Charles IX entra dans sa chambre, et Henri, le dur montagnard, s'accommoda sur un fauteuil, où bientôt il justifia la précaution qu'avait prise son beau-frère de l'éloigner de lui.

Le lendemain, au point du jour, il fut éveillé par Charles. Comme il était resté tout habillé, sa toilette ne fut pas longue. Le roi était heureux et souriant comme on ne le voyait jamais au Louvre. Les heures qu'il passait dans cette petite maison de la rue des Barres étaient ses heures de soleil.

Tous deux repassèrent par la chambre à coucher. La jeune femme dormait dans son lit; l'enfant dormait dans son berceau. Tous deux souriaient en dormant.

Charles les regarda un instant avec une tendresse infinie. Puis, se retournant vers le roi de Navarre:

— Henriot, lui dit-il, s'il t'arrivait jamais d'apprendre quel service je t'ai rendu cette nuit, et qu'à moi il m'arrivât malheur, souviens-toi de cet enfant qui repose là dans son berceau.

Puis, les embrassant tous deux au front, sans donner à Henri le temps de l'interroger:

— Au revoir, mes anges, dit-il.

Et il sortit.

Henri le suivit tout pensif.

Des chevaux tenus en main par les gentilshommes auxquels Charles IX avait donné rendez-vous les attendaient à la Bastille. Charles fit signe à Henri de monter à cheval, se mit en selle, sortit par le jardin de l'Arbalète, et suivit les boulevards extérieurs.

— Où allons-nous? demanda Henri.

— Nous allons, répondit Charles, voir si le duc d'Anjou est revenu pour madame de Condé seule, et s'il y a dans ce cœur-là autant d'ambition que d'amour, ce dont je doute fort.

Henri ne comprenait rien à l'explication: il suivit Charles sans rien dire.

En arrivant au Marais, et comme à l'abri des palissades on découvrait tout ce qu'on appelait alors les faubourgs Saint-Laurent, Charles montra à Henri, à travers la brume grisâtre du matin, des hommes enveloppés de grands manteaux et coiffés de bonnets de fourrures qui s'avançaient à cheval, précédant un fourgon pesamment chargé. A mesure qu'ils avançaient, ces hommes prenaient une forme plus précise, et l'on pouvait voir à cheval comme eux, et causant avec le principal d'entre eux, un autre homme vêtu d'un long manteau brun et le front ombragé d'un chapeau à la française.

— Ah! ah! dit Charles en souriant, je m'en doutais.

— Eh! sire, dit Henri, je ne me trompe pas, ce cavalier au manteau brun, c'est le duc d'Anjou.

— Lui-même, dit Charles IX; range-toi un peu, Henriot, je désire qu'il ne nous voie pas.

— Mais, demanda Henri, les hommes aux manteaux grisâtres et aux bonnets fourrés, quels sont-ils? Et dans ce chariot, qu'y a-t-il?

— Ces hommes, dit Charles, ce sont les ambassadeurs polonais, et dans ce chariot il y a une couronne. — Et maintenant, continua-t-il en mettant son cheval au galop et en reprenant le chemin de la porte du Temple, viens, Henriot, j'ai vu tout ce que je voulais voir.

VIII

LA RENTRÉE AU LOUVRE.

orsque Catherine pensa que tout était fini dans la chambre du roi de Navarre, que les gardes morts étaient enlevés, que Maurevel était transporté chez lui, que les tapis étaient lavés, elle congédia ses femmes, car il était minuit à peu près, et elle essaya de dormir. Mais la secousse avait été trop violente et la déception trop forte. Ce Henri détesté, échappant éternellement à ses embûches d'ordinaire mortelles, semblait protégé par quelque puissance invisible, que Catherine s'obstinait à appeler le hasard, quoiqu'au fond de son cœur une voix lui dît que le véritable nom de cette puissance fût la destinée. Cette idée, que le bruit de cette nouvelle tentative, en se répandant dans le Louvre et hors du Louvre, allait donner à Henri et aux huguenots une plus grande confiance encore dans l'avenir, l'exaspérait, et en ce moment, si ce hasard contre lequel elle luttait si malheureusement lui eût livré son ennemi, certes, avec le petit poignard florentin qu'elle portait à sa ceinture elle eût déjoué cette fatalité si favorable au roi de Navarre.

Les heures de la nuit, ces heures si lentes à celui qui attend et qui veille, sonnèrent donc les unes après les autres sans que Catherine pût fermer l'œil. — Tout un monde de projets nouveaux se déroula pendant ces heures nocturnes dans son esprit plein de visions. Enfin, au point du jour elle se leva, s'habilla toute seule et s'achemina vers l'appartement de Charles IX.

Les gardes, qui avaient l'habitude de la voir venir chez le roi à toute heure du jour et de la nuit, la laissèrent passer. Elle traversa donc l'antichambre et atteignit le cabinet des armes. Mais là elle trouva la nourrice de Charles qui veillait.

— Mon fils? dit la reine.

— Madame, il a défendu qu'on entrât dans sa chambre avant huit heures, et il n'est pas huit heures.

— Cette défense n'est pas pour moi, nourrice.

— Elle est pour tout le monde, madame.

Catherine sourit.

— Oui, je sais bien, reprit la nourrice, je sais bien que nul ici n'a droit de faire obstacle à Votre Majesté; je la supplierai donc d'écouter la prière d'une pauvre femme et de ne pas aller plus avant.

— Nourrice, il faut que je parle à mon fils.

— Madame, je n'ouvrirai la porte que sur un ordre formel de Votre Majesté.

— Ouvrez, nourrice, dit Catherine, je le veux.

La nourrice, à cette voix plus respectée et surtout plus redoutée au Louvre que celle de Charles lui-même, présenta la clef à Catherine, mais Catherine n'en avait pas besoin. Elle tira de sa poche la clef qui ouvrait la porte de son fils, et sous sa rapide pression la porte céda.

La chambre était vide, la couche de Charles était intacte, et son lévrier Actéon, couché sur la peau d'ours étendue à la descente de son lit, se leva et vint lécher les mains d'ivoire de Catherine.

— Ah! dit la reine en fronçant le sourcil, il est sorti. J'attendrai.

Et elle alla s'asseoir, pensive et sombrement recueillie, à la fenêtre qui donnait sur la cour du Louvre et de laquelle on découvrait le principal guichet.

Depuis deux heures elle était là, immobile et pâle comme une statue de marbre, lorsqu'elle aperçut enfin, rentrant au Louvre, une troupe de cavaliers à la tête desquels elle reconnut Charles et Henri de Navarre.

Alors elle comprit tout. Charles, au lieu de discuter avec elle sur l'arrestation de son beau-frère, l'avait emmené et sauvé ainsi.

— Aveugle, aveugle, aveugle! murmura-t-elle; et elle attendit.

Un instant après des pas retentirent dans la chambre à côté, qui était le cabinet des armes.

— Mais sire, disait Henri, maintenant que nous voilà rentrés au Louvre, dites-moi pourquoi vous m'en avez fait sortir et quel est le service que vous m'avez rendu?

— Non pas, non pas, Henriot, répondit Charles en riant. Un jour tu le sauras peut-être; mais pour le moment c'est un mystère. Sache seulement que, pour l'heure, tu vas, selon toute probabilité, me valoir une rude querelle avec ma mère.

En achevant ces mots, Charles souleva la tapisserie et se trouva face à face avec Catherine.

Derrière lui, et par-dessus son épaule, apparaissait la tête pâle et inquiète du Béarnais.

— Ah! vous êtes ici, madame? dit Charles IX en fronçant le sourcil.

— Oui, mon fils, dit Catherine. J'ai à vous parler.

— A moi!

— A vous seul.

— Allons, allons, dit Charles en se retournant vers son beau-frère, puisqu'il n'y avait pas moyen d'y échapper, le plus tôt est le mieux.

— Je vous laisse, sire, dit Henri.

— Oui, oui, laisse-nous, répondit Charles, et, puisque tu es catholique, Henriot, va entendre la messe à mon intention, moi je reste au prêche.

Henri salua et sortit.

Charles IX alla au-devant des questions que venait lui adresser sa mère.

— Eh bien! madame, dit-il en essayant de tourner la chose au rire; — pardieu! vous m'attendez pour me gronder, n'est-ce pas? J'ai fait manquer irréligieusement votre petit projet. Eh! mort d'un diable! je ne pouvais pas cependant laisser arrêter et conduire à la Bastille l'homme qui venait de me sauver la vie. Je ne voulais pas non plus me quereller avec vous; je suis bon fils. Et puis, ajouta-t-il tout bas, le bon Dieu punit les enfants qui se querellent avec leur mère, témoin mon frère François II. Pardonnez-moi donc franchement et avouez ensuite que la plaisanterie était bonne.

— Sire, dit Catherine, Votre Majesté se trompe; il ne s'agit pas d'une plaisanterie.

— Si fait, si fait! et vous finirez par l'envisager ainsi, ou le diable m'emporte!

— Sire, vous avez par votre faute fait manquer tout un plan qui devait nous amener à une grande découverte.

— Bah! un plan... Est-ce que vous êtes embarrassée pour un plan avorté, vous, ma mère! Vous en ferez vingt autres, et, dans ceux-là, eh bien! je vous promets de vous seconder.

— Maintenant, me secondassiez-vous, il est trop tard, car il est averti et il se tiendra sur ses gardes.

— Voyons, fit le roi, venons au but. Qu'avez-vous contre Henriot?

— J'ai contre lui qu'il conspire.

— Oui, je comprends bien, c'est votre accusation éternelle; mais tout le monde ne conspire-t-il pas peu ou prou dans cette charmante résidence royale qu'on appelle le Louvre?

— Mais lui conspire plus que personne, et il est d'autant plus dangereux, que personne ne s'en doute.

— Voyez-vous le Lorenzino! dit Charles.

— Écoutez, dit Catherine s'assombrissant à ce nom qui lui rappelait une des plus sanglantes catastrophes de l'histoire florentine; écoutez, il y a un moyen de me prouver que j'ai tort.

— Et lequel, ma mère?

— Demandez à Henri qui était cette nuit dans sa chambre.

— Dans sa chambre... cette nuit?

— Oui. Et s'il vous dit...

— Eh bien?

— Eh bien! je suis prête à avouer que je me trompais.

— Mais, si c'était une femme cependant, nous ne pouvons pas exiger...

— Une femme?

— Oui.

— Une femme qui a tué deux de vos gardes et qui a blessé mortellement peut-être M. de Maurevel!

— Oh! oh! dit le roi, cela devient sérieux. Il y a eu du sang répandu?

— Trois hommes sont restés couchés sur le plancher.

— Et celui qui les a mis dans cet état?

— S'est sauvé sain et sauf.

— Par Gog et Magog! dit Charles, c'était un brave, et vous avez raison, ma mère, je veux le connaître.

— Eh bien! je vous le dis d'avance, vous ne le connaîtrez pas, du moins par Henri.

— Mais par vous, ma mère. Cet homme n'a pas fui ainsi sans laisser quelque indice, sans qu'on ait remarqué quelque partie de son habillement?

— On n'a remarqué que le manteau cerise fort élégant dans lequel il était enveloppé.

— Ah! ah! un manteau cerise! dit Charles; je n'en connais qu'un à la cour assez remarquable pour qu'il frappe ainsi les yeux.

— Justement, dit Catherine.

— Eh bien? demanda Charles.

— Eh bien! dit Catherine, attendez-moi chez vous, mon fils, et je vais voir si mes ordres ont été exécutés.

Catherine sortit et Charles demeura seul, se promenant de long en large avec distraction, sifflant un air de chasse, une main dans son pourpoint et laissant pendre l'autre main, que léchait son lévrier chaque fois qu'il s'arrêtait.

Quant à Henri, il était sorti de chez son beau-frère fort inquiet, et, au lieu de suivre le corridor ordinaire, il avait pris le petit escalier dérobé dont plus d'une fois déjà il a été question et qui conduisait au second étage. Mais à peine avait-il monté quatre marches qu'au premier tournant il aperçut une ombre. Il s'arrêta et porta la main à son poignard. Aussitôt il reconnut une femme, et une charmante, voix dont le timbre lui était familier, lui dit en lui saisissant la main :

— Dieu soit loué, sire, vous voilà sain et sauf.

Le Louvre en 1572.

J'ai eu bien peur pour vous ; mais sans doute Dieu a exaucé ma prière.

— Qu'est-il donc arrivé? dit Henri.

— Vous le saurez en rentrant chez vous. Ne vous inquiétez point d'Orthon, je l'ai recueilli.

Et la jeune femme descendit rapidement, croisant Henri comme si c'était par hasard qu'elle l'eût rencontré sur l'escalier.

— Voilà qui est bizarre, se dit Henri ; que s'est-il donc passé? — Qu'est-il arrivé à Orthon?

La question malheureusement ne pouvait être en-tendue de madame de Sauve, car madame de Sauve était déjà loin.

Au haut de l'escalier Henri vit tout à coup apparaître une autre ombre ; mais celle-là, c'était celle d'un homme.

— Chut! dit cet homme.

— Ah! ah! c'est vous, François!

— Ne m'appelez point par mon nom.

— Que s'est-il donc passé?

— Rentrez chez vous et vous le saurez ; puis en-suite glissez-vous dans le corridor, regardez bien

Il s'était sauvé après avoir blessé dangereusement Maurevel et tué deux gardes. — Page 34.

de tous côtés si personne ne vous épie, entrez chez moi, la porte sera seulement poussée.

Et il disparut à son tour par l'escalier, comme ces fantômes qui au théâtre s'abiment dans une trappe.

— Ventre-saint-gris! murmura le Béarnais, l'énigme se continue; mais, puisque le mot est chez moi, allons-y et nous verrons bien.

Cependant ce ne fut pas sans émotion que Henri continua son chemin; il avait la sensibilité, cette superstition de la jeunesse. Tout se reflétait nettement sur cette âme à la surface unie comme un mi-roir, et tout ce qu'il venait d'entendre lui présageait un malheur.

Il arriva à la porte de son appartement et écouta. Aucun bruit ne s'y faisait entendre. D'ailleurs, puisque Charlotte lui avait dit de rentrer chez lui, il était évident qu'il n'avait rien à craindre en y rentrant. Il jeta un coup d'œil rapide autour de l'anti-chambre, elle était solitaire; mais rien ne lui indi-quait encore quelle chose s'était passée.

— En effet, dit-il, Orthon n'est point là.

Et il passa dans la seconde chambre.

Là, tout lui fut expliqué.

Malgré l'eau qu'on avait jetée à flots, de larges taches rougeâtres marbraient le plancher; un meuble était brisé, les tentures du lit déchiquetées à coups d'épée, un miroir de Venise était brisé par le choc d'une balle, et une main sanglante appuyée contre la muraille, et qui avait laissé sa terrible empreinte, annonçait que cette chambre muette alors avait été témoin d'une lutte mortelle.

Henri recueillit d'un œil hagard tous ces différents détails, passa sa main sur son front moite de sueur, et murmura :

— Ah ! je comprends ce service que m'a rendu le roi ; on est venu pour m'assassiner. — Et... — Ah ! — de Mouy ! qu'ont-ils fait de de Mouy ? Les misérables ! ils l'auront tué !

Et, aussi pressé d'apprendre des nouvelles que le duc d'Alençon l'était de lui en donner, Henri, après avoir jeté une dernière fois un morne regard sur les objets qui l'entouraient, s'élança hors de la chambre, gagna le corridor, s'assura qu'il était bien solitaire, et, poussant la porte entre-bâillée qu'il referma avec soin derrière lui, il se précipita chez le duc d'Alençon.

Le duc l'attendait dans la première pièce. Il prit vivement la main de Henri, l'entraîna, en mettant un doigt sur sa bouche, dans un petit cabinet en tourelle, complétement isolé, et par conséquent échappant par sa position à tout espionnage.

— Ah ! mon frère, lui dit-il, quelle horrible nuit !

— Que s'est-il donc passé ? demanda Henri.

— On a voulu vous arrêter.

— Moi ?

— Oui, vous.

— Et à quel propos ?

— Je ne sais. Où étiez-vous ?

— Le roi m'avait emmené hier soir avec lui par la ville.

— Alors il le savait, dit d'Alençon. Mais, puisque vous n'étiez pas chez vous, qui donc y était ?

— Y avait-il donc quelqu'un chez moi ? demanda Henri comme s'il l'eût ignoré.

— Oui, un homme. Quand j'ai entendu le bruit, j'ai couru pour vous porter secours ; mais il était trop tard.

— L'homme était arrêté ? demanda Henri avec anxiété.

— Non, il s'était sauvé après avoir blessé dangereusement Maurevel et tué deux gardes.

— Ah ! brave de Mouy ! s'écria Henri.

— C'était donc de Mouy ? dit vivement d'Alençon. Henri vit qu'il avait fait une faute.

— Du moins, je le présume, dit-il, car je lui avais donné rendez-vous pour m'entendre avec lui de votre fuite, et lui dire que je vous avais concédé tous mes droits au trône de Navarre.

— Alors, si la chose est sue, dit d'Alençon en pâlissant, nous sommes perdus.

— Oui, car Maurevel parlera.

— Maurevel a reçu un coup d'épée dans la gorge; et je m'en suis informé au chirurgien qui l'a pansé, de plus de huit jours il ne pourra prononcer une seule parole.

— Huit jours ! c'est plus qu'il n'en faudra à de Mouy pour se mettre en sûreté.

— Après cela, dit d'Alençon, ça peut être un autre que M. de Mouy.

— Vous croyez ? dit Henri.

— Oui, cet homme a disparu très-vite et l'on n'a vu que son manteau cerise.

— En effet, dit Henri, un manteau cerise est bon pour un dameret et non pour un soldat. Jamais on ne soupçonnera de Mouy sous un manteau cerise.

— Non. Si l'on soupçonnait quelqu'un, dit d'Alençon, ce serait plutôt...

Il s'arrêta.

— Ce serait plutôt M. de la Mole, dit Henri.

— Certainement, puisque moi-même, qui ai vu fuir cet homme, j'ai douté un instant.

— Vous avez douté ! En effet, ce pourrait bien être M. de la Mole.

— Ne sait-il rien ? demanda d'Alençon.

— Rien absolument, du moins rien d'important.

— Mon frère, dit le duc, maintenant je crois véritablement que c'était lui.

— Diable ! dit Henri, si c'est lui, cela va faire grand'peine à la reine, qui lui porte intérêt.

— Intérêt, dites-vous ? demanda d'Alençon interdit.

— Sans doute. Ne vous rappelez-vous pas, François, que c'est votre sœur qui vous l'a recommandé.

— Si fait, dit le duc d'une voix sourde ; aussi je voudrais lui être agréable, et, la preuve, c'est que, de peur que son manteau rouge ne le compromît, je suis monté chez lui et je l'ai rapporté chez moi.

— Oh ! oh ! dit Henri, voilà qui est doublement prudent ; et, maintenant, je ne parierais pas, mais je jurerais que c'était lui.

— Même en justice ? demanda François.

— Ma foi oui, répondit Henri. Il sera venu m'apporter quelque message de la part de Marguerite.

— Si j'étais sûr d'être appuyé par votre témoignage, dit d'Alençon, moi je l'accuserais presque.

— Si vous accusiez, répondit Henri, vous comprenez, mon frère, que je ne vous démentirais pas.

— Mais la reine ? dit d'Alençon.

— Ah ! oui, la reine.

— Il faut savoir ce qu'elle fera.

— Je me charge de la commission.

— Peste ! mon frère, elle aurait tort de nous démentir, car voilà une flambante réputation de vaillant faite à ce jeune homme, et qui ne lui aura pas coûté cher, car il l'aura achetée à crédit. Il est vrai qu'il pourra bien rembourser ensemble intérêts et capital.

— Dame ! que voulez-vous ? dit Henri, dans ce bas monde on n'a rien pour rien.

Et, saluant d'Alençon de la main et du sourire, il passa avec précaution sa tête dans le corridor; et, s'étant assuré qu'il n'y avait personne aux écoutes, il se glissa rapidement et disparut dans l'escalier dérobé qui conduisait chez Marguerite.

De son côté, la reine de Navarre n'était guère plus tranquille que son mari. L'expédition de la nuit dirigée contre elle et la duchesse de Nevers par le roi, par le duc d'Anjou, par le duc de Guise et par Henri, qu'elle avait reconnu, l'inquiétait fort. Sans doute il n'y avait aucune preuve qui pût la compromettre, le concierge, détaché de sa grille par la Mole et Coconas, avait affirmé être resté muet. Mais quatre seigneurs de la taille de ceux à qui deux simples gentilshommes comme la Mole et Coconas avaient tenu tête, ne s'étaient pas dérangés de leur chemin au hasard et sans savoir pour qui ils se dérangeaient. Marguerite était donc rentrée au point du jour, après avoir passé le reste de la nuit chez la duchesse de Nevers. Elle s'était couchée aussitôt, mais elle ne pouvait dormir, elle tressaillait au moindre bruit.

Ce fut au milieu de ces anxiétés qu'elle entendit frapper à la porte secrète, et qu'après avoir fait reconnaître le visiteur par Gillonne elle ordonna de laisser entrer.

Henri s'arrêta à la porte; rien en lui n'annonçait le mari blessé; son sourire habituel errait sur ses lèvres fines, et aucun muscle de son visage ne trahissait les terribles émotions à travers lesquelles il venait de passer.

Il parut interroger de l'œil Marguerite pour savoir si elle lui permettait de rester en tête à tête avec elle. Marguerite comprit le regard de son mari et fit signe à Gillonne de s'éloigner.

— Madame, dit alors Henri, je sais combien vous êtes attachée à vos amis, et j'ai bien peur de vous apporter une fâcheuse nouvelle.

— Laquelle, monsieur? demanda Marguerite.

— Un de nos plus chers serviteurs se trouve en ce moment fort compromis.

— Lequel?

— Ce cher comte de la Mole.

— M. le comte de la Mole compromis! et à propos de quoi?

— A propos de l'aventure de cette nuit.

Marguerite, malgré sa puissance sur elle-même, ne put s'empêcher de rougir.

Enfin, elle fit un effort :

— Quelle aventure? demanda-t-elle.

— Comment! dit Henri, n'avez-vous point entendu tout le bruit qui s'est fait cette nuit au Louvre?

— Non, monsieur.

— Oh! je vous en félicite, madame, dit Henri avec une naïveté charmante, cela prouve que vous avez un bien excellent sommeil.

— Eh bien! que s'est-il donc passé?

— Il s'est passé que notre bonne mère avait donné l'ordre à M. de Maurevel et à six de ses gardes de m'arrêter.

— Vous, monsieur! vous!

— Oui, moi.

— Et pour quelle raison?

— Ah! qui peut dire les raisons d'un esprit profond comme l'est celui de votre mère? Je les respecte, mais je ne les sais pas.

— Et vous n'étiez pas chez vous?

— Non; par hasard, c'est vrai. Vous avez deviné cela, madame, non, je n'étais pas chez moi. Hier au soir le roi m'a invité à l'accompagner; mais, si je n'étais pas chez moi, un autre y était.

— Et quel était cet autre?

— Il paraît que c'était le comte de la Mole.

— Le comte de la Mole! dit Marguerite étonnée.

— Tudieu! quel gaillard que ce petit Provençal, continua Henri. Comprenez-vous qu'il a blessé Maurevel et tué deux gardes?

— Blessé M. de Maurevel et tué deux gardes... impossible!

— Comment! vous doutez de son courage, madame?

— Non; mais je dis que M. de la Mole ne pouvait pas être chez vous.

— Comment ne pouvait-il pas être chez moi?

— Mais parce que... parce que... reprit Marguerite embarrassée, parce qu'il était ailleurs.

— Oh! s'il peut prouver un alibi, reprit Henri, c'est autre chose; il dira où il était, et tout sera fini.

— Où il était? dit vivement Marguerite.

— Sans doute... La journée ne se passera pas sans qu'il soit arrêté et interrogé. Mais malheureusement, comme on a des preuves...

— Des preuves!... lesquelles?

— L'homme qui a fait cette défense désespérée avait un manteau rouge.

— Mais il n'y a pas que M. de la Mole qui ait un manteau rouge... je connais un autre homme encore.

— Sans doute, et moi aussi... Mais voilà ce qui arrivera : si ce n'est pas M. de la Mole qui était chez moi, ce sera cet autre homme à manteau rouge comme lui. Or, cet autre homme, vous savez qui?

— Ciel!

— Voilà l'écueil; vous l'avez vu comme moi, madame, et votre émotion me le prouve. Causons donc maintenant comme deux personnes qui parlent de la chose la plus recherchée du monde—d'un trône — du bien le plus précieux — de la vie... De Mouy arrêté nous perd.

— Oui, je comprends cela.

— Tandis que M. de la Mole ne compromet personne, à moins que vous ne le croyiez capable d'inventer quelque histoire, comme de dire, par hasard, qu'il était en partie avec des dames... que sais-je... moi?

— Monsieur, dit Marguerite, si vous ne craignez que cela, soyez tranquille... il ne le dira point.

— Comment! dit Henri, il se taira, sa mort dût-elle être le prix de son silence?

— Il se taira, monsieur.

— Vous en êtes sûre?

— J'en réponds.

— Alors tout est pour le mieux, dit Henri en se levant.

— Vous vous retirez, monsieur? demanda vivement Marguerite.

— Oh! mon Dieu oui. Voilà tout ce que j'avais à vous dire.

— Et vous allez...

— Tâcher de nous tirer tous du mauvais pas où ce diable d'homme au manteau rouge nous a mis.

— Oh! mon Dieu! mon Dieu! pauvre jeune homme! s'écria douloureusement Marguerite se tordant les mains.

— En vérité, dit Henri en se retirant, c'est un bien gentil serviteur que ce cher M. de la Mole.

— Et qu'on me battait, moi, rue Cloche-Percée. — PAGE 38.

IX

LA CORDELIÈRE DE LA REINE MÈRE.

Charles était entré riant et railleur chez lui : mais, après une conversation de dix minutes avec sa mère, on eût dit que celle-ci lui avait cédé sa pâleur et sa colère, tandis qu'elle avait repris la joyeuse humeur de son fils.

— M. de la Mole, disait Charles, M. de la Mole...

Il faut appeler Henri et le duc d'Alençon. **Henri,** parce que ce jeune homme était huguenot; le duc d'Alençon, parce qu'il est à son service.

— Appelez-les si vous voulez, mon fils, vous ne saurez rien. Henri et François, j'en ai peur, sont plus liés ensemble que ne pourrait le faire croire l'apparence. Les interroger, c'est leur donner des soupçons : mieux vaudrait, je crois, l'épreuve lente et sûre de quelques jours. Si vous laissez respirer les coupables, mon fils, si vous laissez croire qu'ils ont échappé à votre vigilance, enhardis, triomphants, ils vont vous fournir une occasion meilleure de sévir; alors nous saurons tout.

Charles se promenait indécis, rongeant sa colère, comme un cheval ronge son frein, et comprimant de sa main crispée son cœur mordu par le soupçon :

— Non, non, dit-il enfin, je n'attendrai pas. Vous ne savez pas ce que c'est que d'attendre, escorté comme je le suis de fantômes; d'ailleurs, tous les jours, ces muguets deviennent plus insolents : cette nuit même deux damoiseaux n'ont-ils pas osé nous tenir tête et se rébeller contre nous... Si M. de la Mole est innocent, c'est bien; mais je ne suis pas fâché de savoir où était M. de la Mole cette nuit, tandis qu'on battait mes gardes au Louvre et qu'on me battait, moi, rue Cloche-Percée. Qu'on m'aille donc chercher le duc d'Alençon, puis Henri; je veux les interroger séparément. Quant à vous, vous pouvez rester, ma mère.

Catherine s'assit. Pour un esprit ferme et inflexible comme le sien, tout incident pouvait, courbé par sa main puissante, la conduire à son but, bien qu'il parût s'en écarter. De tout choc jaillit un bruit ou une étincelle. Le bruit guide : l'étincelle éclaire.

Le duc d'Alençon entra : sa conversation avec Henri l'avait préparé à l'entrevue. il était donc assez calme.

Ses réponses furent des plus précises. Prévenu par sa mère de demeurer chez lui, il ignorait complétement les événements de la nuit. Seulement, comme son appartement se trouvait donner sur le même corridor que celui du roi de Navarre, il avait cru entendre d'abord un bruit comme celui d'une porte qu'on enfonce, puis des imprécations, puis des coups de feu. Alors seulement il s'était hasardé à entre-bâiller sa porte et avait vu fuir un homme en manteau rouge.

Charles et sa mère échangèrent un regard.

— En manteau rouge? dit le roi.

— En manteau rouge, reprit d'Alençon.

— Et ce manteau rouge ne vous a donné de soupçon sur personne?

D'Alençon rappela toute sa force pour mentir le plus naturellement possible.

— Au premier aspect, dit-il, je dois avouer à Votre Majesté que j'avais cru reconnaître le manteau incarnat d'un de mes gentilshommes.

— Et comment nommez-vous ce gentilhomme?

— M. de la Mole.

— Pourquoi M. de la Mole n'était-il pas près de vous comme son devoir l'exigeait?

— Je lui avais donné congé, dit le duc.

— C'est bien, allez, dit Charles.

Le duc d'Alençon s'avança vers la porte qui lui avait donné passage pour entrer.

— Non point par celle-là, dit Charles, par celleci. Et il lui indiqua celle qui donnait chez sa nourrice.

Charles ne voulait pas que François et Henri se rencontrassent. Il ignorait qu'ils se fussent vus un instant, et que cet instant eût suffi pour que les deux beaux-frères convinssent de leurs faits.

Derrière d'Alençon, et sur un signe de Charles, Henri entra à son tour.

Henri n'attendit pas que Charles l'interrogeât.

— Sire, dit-il, Votre Majesté a bien fait de m'envoyer chercher, car j'allais descendre pour lui demander justice.

Charles fronça le sourcil.

— Oui, justice, dit Henri. Je commence par remercier Votre Majesté de ce qu'elle m'a pris hier soir avec elle; car, en me prenant avec elle, je sais maintenant qu'elle m'a sauvé la vie; mais qu'avais-je fait pour qu'on tentât sur moi un assassinat?

— Ce n'était point un assassinat, dit vivement Catherine, c'était une arrestation.

— Eh bien ! soit, dit Henri. Quel crime avais-je commis pour être arrêté? Si je suis coupable, je le suis autant ce matin qu'hier soir. Dites-moi mon crime, sire.

Charles regarda sa mère assez embarrassé de la réponse qu'il avait à faire.

— Mon fils, dit Catherine, vous recevez des gens suspects.

— Bien, dit Henri; et ces gens suspects me compromettent, n'est-ce pas, madame?

— Oui, Henri.

— Nommez-les-moi ! nommez-les-moi ! Quels sont-ils? Confrontez-moi avec eux !

— En effet, dit Charles, Henriot a le droit de demander une explication.

— Et je la demande! reprit Henri, qui, sentant la supériorité de sa position, en voulait tirer parti, — je la demande à mon bon frère Charles, à ma bonne mère Catherine. Depuis mon mariage avec Marguerite, ne me suis-je pas conduit en bon époux? qu'on le demande à Marguerite; — en bon catholique? qu'on le demande à mon confesseur; — en bon parent? qu'on le demande à tous ceux qui assistaient à la chasse d'hier.

— Oui, c'est vrai, Henriot, dit le roi; mais, que veux-tu? on prétend que tu conspires.

— Contre qui?

— Contre moi.

— Sire, si j'eusse conspiré contre vous, je n'avais qu'à laisser faire les événements, quand votre cheval ayant la cuisse cassée ne pouvait se relever, quand le sanglier furieux revenait sur Votre Majesté.

— Eh ! mort-diable ! ma mère, savez-vous qu'il a raison !

— Mais enfin qui était chez vous cette nuit?

— Madame, dit Henri, dans un temps où si peu osent répondre d'eux-mêmes, je ne répondrai jamais des autres. J'ai quitté mon appartement à sept heures du soir; à dix heures mon frère Charles m'a emmené avec lui : je suis resté avec lui pendant toute la nuit. Je ne pouvais pas à la fois être avec Sa Majesté et savoir ce qui se passait chez moi.

— Mais, dit Catherine, il n'en est pas moins vrai qu'un homme à vous a tué deux gardes de Sa Majesté et blessé M. de Maurevel.

— Un homme à moi, dit Henri. Quel était cet homme, madame? nommez-le...

— Tout le monde accuse M. de la Mole.

— M. de la Mole n'est point à moi, madame. M. de la Mole est à M. d'Alençon, à qui il a été recommandé par votre fille.

— Mais, enfin, dit Charles, est-ce M. de la Mole qui était chez toi, Henriot?

— Comment voulez-vous que je sache cela, sire? Je ne dis pas oui, je ne dis pas non... M. de la Mole est un fort gentil serviteur, tout dévoué à la reine de Navarre, et qui m'apporte souvent des messages, soit de Marguerite, à qui il est reconnaissant de l'avoir recommandé à M. le duc d'Alençon, soit de M. le duc lui-même. Je ne puis pas dire que ce ne soit pas M. de la Mole...

— C'était lui, dit Catherine; on a reconnu son manteau rouge.

— M. de la Mole a donc un manteau rouge?

— Oui.

— Et l'homme qui a si bien arrangé mes deux gardes et M. de Maurevel...

— Avait un manteau rouge? demanda Henri.

— Justement, dit Charles.

— Je n'ai rien à dire, reprit le Béarnais. Mais il me semble, en ce cas, qu'au lieu de me faire venir, moi qui n'étais point chez moi, c'était M. de la Mole, qui y était, dites-vous, qu'il fallait interroger. Seulement, dit Henri, je dois faire observer une chose à Votre Majesté.

— Laquelle?

— Si c'était moi qui, voyant un ordre signé de mon roi, me fusse défendu au lieu d'obéir à cet ordre, je serais coupable et mériterais toutes sortes de châtiments; mais ce n'est point moi, c'est un inconnu que cet ordre ne concernait en rien : on a voulu l'arrêter injustement, il s'est défendu, trop bien défendu même, mais il était dans son droit.

— Cependant... murmura Catherine.

— Madame, dit Henri, l'ordre portait-il de m'arrêter?

— Oui, dit Catherine, et c'est Sa Majesté elle-même qui l'avait signé.

— Mais portait-il en outre d'arrêter, si l'on ne me trouvait pas, celui que l'on trouverait à ma place?

— Non, dit Catherine.

— Eh bien! reprit Henri, à moins qu'on ne prouve que je conspire et que l'homme qui était dans ma chambre conspire avec moi, cet homme est innocent. Puis, se retournant vers Charles IX : — Sire, continua Henri, je ne quitte pas le Lou-

vre. Je suis même prêt à me rendre, sur un simple mot de Votre Majesté, dans telle prison d'État qu'il lui plaira de m'indiquer. Mais, en attendant la preuve du contraire, j'ai le droit de me dire et je me dirai le très-fidèle serviteur, sujet et frère de Votre Majesté.

Et avec une dignité qu'on ne lui avait point vue encore, Henri salua Charles et se retira.

— Bravo, Henriot! dit Charles quand le roi de Navarre fut sorti.

— Bravo! parce qu'il nous a battus? dit Catherine.

— Et pourquoi n'applaudirais-je pas? Quand nous faisons des armes ensemble et qu'il me touche, est-ce que je ne dis pas bravo aussi? Ma mère, vous avez tort de mépriser ce garçon-là comme vous le faites.

— Mon fils, dit Catherine en serrant la main de Charles IX, je ne le méprise pas, je le crains.

— Eh bien! vous avez tort, ma mère, Henriot est mon ami, et, comme il l'a dit, s'il eût conspiré contre moi, il n'eût eu qu'à laisser faire le sanglier.

— Oui, dit Catherine, pour que M. le duc d'Anjou, son ennemi personnel, fût roi de France.

— Ma mère, n'importe le motif pour lequel Henriot m'a sauvé la vie; mais il y a un fait, c'est qu'il me l'a sauvée. Et, mort de tous les diables! je ne veux pas qu'on lui fasse de la peine : quant à M. de la Mole, eh bien! je vais m'entendre avec mon frère d'Alençon, auquel il appartient.

C'était un congé que Charles IX donnait à sa mère. Elle se retira en essayant d'imprimer une certaine fixité à ses soupçons errants. M. de la Mole, par son peu d'importance, ne répondait pas à ses besoins.

En rentrant dans sa chambre, à son tour Catherine trouva Marguerite qui l'attendait.

— Ah! ah! dit-elle, c'est vous, ma fille; je vous ai envoyé chercher hier soir.

— Je le sais, madame; mais j'étais sortie.

— Et ce matin?

— Ce matin, madame, je viens vous trouver pour dire à Votre Majesté qu'elle va commettre une grande injustice.

— Laquelle?

— Vous allez faire arrêter M. le comte de la Mole?

— Vous vous trompez, ma fille, je ne fais arrêter personne, c'est le roi qui fait arrêter et non pas moi.

— Ne jouons pas sur les mots, madame, quand les circonstances sont graves. On va arrêter M. de la Mole, n'est-ce pas?

— C'est probable.

— Comme accusé de s'être trouvé cette nuit dans la chambre du roi de Navarre et d'avoir tué deux des gardes et blessé M. de Maurevel?

— Oui, chez moi

— C'est en effet le crime qu'on lui impute.

— On le lui impute à tort, madame, dit Marguerite, M. de la Mole n'est pas coupable.

— M. de la Mole n'est pas coupable! dit Catherine en faisant un soubresaut de joie et en devinant qu'il allait jaillir quelque lueur de ce que Marguerite venait lui dire.

— Non, reprit Marguerite, il n'est pas coupable, il ne peut pas l'être, car il n'était pas chez le roi.

— Et où était-il?

— Chez moi, madame.

— Chez vous!

— Oui, chez moi.

Catherine devait un regard foudroyant à cet aveu d'une fille de France, mais elle se contenta de croiser ses mains sur sa ceinture.

— Et... dit-elle après un moment de silence, si l'on arrête M. de la Mole et qu'on l'interroge...

— Il dira où il était et avec qui il était, ma mère, répondit Marguerite quoiqu'elle fût sûre du contraire.

— Puisqu'il en est ainsi, vous avez raison, ma fille, il ne faut pas qu'on arrête M. de la Mole.

Marguerite frissonna : il lui sembla qu'il y avait

— Mais je vous laisse ceci. — PAGE 42.

dans la manière dont sa mère prononçait ces paroles un sens mystérieux et terrible; mais elle n'avait rien à dire, car ce qu'elle venait demander lui était accordé.

— Mais alors, dit Catherine, si ce n'était point M. de la Mole qui était chez le roi, c'était un autre?

Marguerite se tut.

— Cet autre, le connaissez-vous, ma fille? dit Catherine.

— Non, ma mère, dit Marguerite d'une voix mal assurée.

— Voyons, ne soyez pas confiante à moitié.

— Je vous répète, madame, que je ne le connais pas, répondit une seconde fois Marguerite en pâlissant malgré elle.

— Bien, bien, dit Catherine d'un air indifférent, on s'informera. Allez, ma fille, tranquillisez-vous, votre mère veille sur votre honneur.

Marguerite sortit.

— Ah! murmura Catherine, on se ligue; Henri, Marguerite, s'entendent; pourvu que la femme soit muette, le mari est aveugle. Ah! vous êtes bien adroits, mes enfants, et vous vous croyez bien forts.

mais votre force est dans votre union, et je vous briserai les uns après les autres. D'ailleurs un jour viendra où Maurevel pourra parler ou écrire, prononcer un nom ou former six lettres, et ce jour-là on saura tout.

Oui, mais d'ici à ce jour-là le coupable sera en sûreté. Ce qu'il y a de mieux, c'est de les désunir tout de suite.

Et, en vertu de ce raisonnement, Catherine reprit le chemin des appartements de son fils, qu'elle trouva en conférence avec d'Alençon.

— Ah! ah! dit Charles IX en fronçant le sourcil, c'est vous, ma mère!

— Pourquoi n'avez-vous pas dit *encore!* Le mot était dans votre pensée, Charles.

— Ce qui est dans ma pensée n'appartient qu'à moi, madame, dit le roi de ce ton brutal qu'il prenait quelquefois, même pour parler à Catherine; que me voulez-vous? dites vite.

— Eh bien! vous aviez raison, mon fils, dit Catherine à Charles, et vous, d'Alençon, vous aviez tort.

— En quoi, madame? demandèrent les deux princes.

— Ce n'est point M. de la Mole qui était chez le roi de Navarre.

— Ah! ah! dit François en pâlissant.

— Et qui était-ce donc? demanda Charles.

— Nous ne le savons pas encore, mais nous le saurons quand Maurevel pourra parler. Ainsi, laissons là cette affaire, qui ne peut tarder à s'éclaircir, et revenons à M. de la Mole.

— Eh bien! M. de la Mole, que lui voulez-vous, ma mère, puisqu'il n'était pas chez le roi de Navarre?

— Non, dit Catherine, il n'était pas chez le roi, mais il était chez... la reine.

— Chez la reine! dit Charles en partant d'un éclat de rire nerveux.

— Chez la reine! murmura d'Alençon en devenant pâle comme un cadavre.

— Mais non! mais non! dit Charles, Guise m'a dit avoir rencontré la litière de Marguerite.

— C'est cela, dit Catherine; elle a une maison en ville.

— Rue Cloche-Percée? s'écria le roi.

— Oui, je crois, dit Catherine, rue Cloche-Percée.

— Oh! oh! c'est trop fort, dit d'Alençon en enfonçant ses ongles dans les chairs de sa poitrine. Et me l'avoir recommandé à moi-même!

— Ah! mais j'y pense! dit le roi en s'arrêtant tout à coup, c'est lui alors qui s'est défendu cette nuit contre nous et qui m'a jeté une aiguière d'argent sur la tête, le misérable!

— Oh! oui, répéta François, le misérable!

— Vous avez raison, mes enfants, dit Catherine sans avoir l'air de comprendre le sentiment qui faisait parler chacun de ses deux fils. Vous avez raison, car une seule indiscrétion de ce gentilhomme peut causer un scandale horrible; perdre une fille de France! il ne faut qu'un moment d'ivresse pour cela.

— Ou de vanité, dit François.

— Sans doute, sans doute, dit Charles; mais nous ne pouvons cependant déférer la cause à des juges, à moins que Henriot ne consente à se porter plaignant.

— Mon fils, dit Catherine en posant la main sur l'épaule de Charles et en l'appuyant d'une façon assez significative pour appeler toute l'attention du roi sur ce qu'elle allait proposer, écoutez bien ce que je vous dis. Il y a crime et il peut y avoir scandale. Mais ce n'est pas avec des juges et des bourreaux qu'on punit ces sortes de délits à la majesté royale. Si vous étiez de simples gentilshommes, je n'aurais rien à vous apprendre, car vous êtes braves tous deux; mais vous êtes princes, vous ne pouvez croiser votre épée contre celle d'un hobereau : avisez à vous venger en princes.

— Mort de tous les diables! dit Charles, vous avez raison, ma mère, et j'y vais rêver.

— Je vous y aiderai, mon frère! s'écria François.

— Et moi, dit Catherine en détachant la cordelière de soie noire qui faisait trois fois le tour de sa taille et dont chaque bout, terminé par un gland, retombait jusqu'aux genoux, je me retire; mais je vous laisse ceci pour me représenter.

Et elle jeta la cordelière aux pieds des deux princes.

— Ah! ah! dit Charles, je comprends.

— Cette cordelière... fit d'Alençon en la ramassant.

— C'est la punition et le silence, dit Catherine victorieuse; seulement, ajouta-t-elle, il n'y aurait pas de mal à mettre Henri dans tout cela.

Et elle sortit.

— Pardieu! dit d'Alençon, rien de plus facile, et quand Henri saura que sa femme le trahit... Ainsi, ajouta-t-il en se tournant vers le roi, vous avez adopté l'avis de notre mère?

— De point en point, dit Charles ne se doutant point qu'il enfonçait mille poignards dans le cœur de d'Alençon; cela contrariera Marguerite, mais cela réjouira Henriot.

Puis, appelant un officier de ses gardes, il ordonna que l'on fit descendre Henri; mais, se ravisant :

— Non, non, dit-il, je vais le trouver moi-même. Toi, d'Alençon, préviens d'Anjou et Guise.

Et, sortant de son appartement, il prit le petit escalier tournant par lequel on montait au second, et qui aboutissait à la porte de Henri.

X

PROJETS DE VENGEANCE.

enri avait profité du moment de répit que lui donnait l'interrogatoire si bien soutenu par lui, pour courir chez madame de Sauve. Il y avait trouvé Orthon complétement revenu de son évanouissement; mais Orthon n'avait pu rien lui dire, si ce n'était que des hommes avaient fait irruption chez lui, et que le chef de ces hommes l'avait frappé d'un coup de pommeau d'épée qui l'avait étourdi. Quant à Orthon, on ne s'en était pas inquiété, Catherine l'avait vu évanoui et l'avait cru mort. Et, comme il était revenu à lui dans l'intervalle du départ de la reine mère à l'arrivée du capitaine des gardes chargé de déblayer la place, il s'était réfugié chez madame de Sauve.

Henri pria Charlotte de garder le jeune homme jusqu'à ce qu'il eût des nouvelles de de Mouy, qui, du lieu où il s'était retiré, ne pouvait manquer de lui écrire. Alors il enverrait Orthon porter sa réponse à de Mouy, et, au lieu d'un homme dévoué, il pouvait alors compter sur deux.

Ce plan arrêté, il était revenu chez lui et philosophait en se promenant de long en large, lorsque tout à coup la porte s'ouvrit et le roi parut.

— Votre Majesté! s'écria Henri en s'élançant au-devant du roi.

— Moi-même... En vérité, Henriot, tu es un excellent garçon, et je sens que je t'aime de plus en plus.

— Sire, dit Henri, Votre Majesté me comble.

— Tu n'as qu'un tort, Henriot.

— Lequel? celui que Votre Majesté m'a déjà reproché plusieurs fois, dit Henri, de préférer la chasse à courre à la chasse au vol!

— Non, non, je ne parle pas de celui-là, Henriot, je parle d'un autre.

— Que Votre Majesté s'explique, dit Henri, qui vit au sourire de Charles que le roi était de bonne humeur, et je tâcherai de me corriger.

— C'est, ayant de bons yeux comme tu les as, de ne pas voir plus clair que tu ne vois.

— Bah! dit Henriot, est-ce que, sans m'en douter, je serais myope, sire?

— Pis que cela, Henriot, pis que cela, tu es aveugle.

— Ah! vraiment, dit le Béarnais; mais ne serait-ce pas quand je ferme les yeux que ce malheur-là m'arrive?

— Oui-da! dit Charles, tu en es bien capable. En tout cas je vais te les ouvrir, moi.

— Dieu dit : Que la lumière soit! et la lumière fut. Votre Majesté est le représentant de Dieu en ce monde; elle peut donc faire sur la terre ce que Dieu fait au ciel : j'écoute.

— Quand Guise a dit hier soir que ta femme venait de passer escortée d'un dameret, tu n'as pas voulu le croire.

— Sire, dit Henri, comment croire que la sœur de Votre Majesté commette une pareille imprudence?

— Quand il t'a dit que ta femme était allée rue Cloche-Percée, tu n'as pas voulu le croire non plus.

— Comment supposer, sire, qu'une fille de France risque ainsi publiquement sa réputation?

— Quand nous avons assiégé la maison de la rue Cloche-Percée, et que j'ai reçu, moi, une aiguière d'argent sur l'épaule, d'Anjou une compote d'oranges sur la tête, et de Guise un jambon de sanglier par la figure, tu as vu deux femmes et deux hommes?

— Je n'ai rien vu, sire. Votre Majesté doit se rappeler que j'interrogeais le concierge.

— Oui; mais, corbœuf! j'ai vu, moi!

— Ah! si Votre Majesté a vu, c'est autre chose.

— C'est-à-dire, j'ai vu deux hommes et deux femmes. Eh bien! je sais maintenant, à n'en pas douter, qu'une de ces deux femmes était Margot, et qu'un de ces deux hommes était M. de la Mole.

— Eh! mais, dit Henri, si M. de la Mole était rue Cloche-Percée, il n'était pas ici!

— Non, dit Charles, non, il n'était pas ici. Mais il n'est plus question de la personne qui était ici, on la connaîtra quand cet imbécile de Maurevel pourra parler ou écrire. Il est question que Margot te trompe.

— Bah! dit Henri, ne croyez donc pas des médisances.

— Quand je te disais que tu es plus que myope, que tu es aveugle, mort-diable! veux-tu me croire une fois, entêté! Je te dis que Margot te trompe, et que nous étranglerons ce soir l'objet de ses affections.

Henri fit un bond de surprise et regarda son beau-frère d'un air stupéfait.

— Tu n'en es pas fâché, Henri, au fond, avoue cela. Margot va bien crier comme cent mille corneilles; mais, ma foi, tant pis. Je ne veux pas qu'on te rende malheureux, moi. Que Condé soit trompé par le duc d'Anjou, je m'en bats l'œil, Condé est mon ennemi; mais toi, tu es mon frère, tu es plus que mon frère, tu es mon ami.

— Mais, sire...

— Et je ne veux pas qu'on te molecte, je ne veux pas qu'on te berne; il y a assez longtemps que tu sers de quintaine à tous ces godelureaux qui arrivent de province pour ramasser nos miettes et courtiser nos femmes; qu'ils y viennent, ou plutôt qu'ils y reviennent, corbœuf! On t'a trompé, Henriot; cela peut arriver à tout le monde; mais tu auras, je te jure, une éclatante satisfaction, et l'on dira demain: Mille noms d'un diable! il paraît que le roi Charles aime son frère Henriot, car cette nuit il a drôlement fait tirer la langue à M. de la Mole.

— Voyons, sire, dit Henri, est-ce véritablement une chose bien arrêtée?

— Arrêtée, résolue, décidée; le muguet n'aura pas à se plaindre. Nous faisons l'expédition entre moi, d'Anjou, d'Alençon et Guise. Un roi, deux fils de France et un prince souverain sans te compter.

— Comment, sans me compter?

— Oui, tu en seras, toi.

— Moi!

— Oui, toi; dague-moi ce gaillard-là d'une façon royale, tandis que nous l'étranglerons.

— Sire, dit Henri, votre bonté me confond; mais comment savez-vous...

— Eh! corne du diable! il paraît que le drôle s'en est vanté. Il va tantôt chez elle au Louvre, tantôt rue Cloche-Percée. Ils font des vers ensemble, je voudrais bien voir des vers de ce muguet-là; des pastorales: ils causent de Bion et de Moschus, ils font alterner Daphnis et Corydon. Ah çà! prends-moi une bonne miséricorde au moins.

— Sire, dit Henri, en y réfléchissant...

— Quoi?

— Votre Majesté comprendra que je ne puis me trouver à une pareille expédition. Être là en personne serait inconvenant, ce me semble. Je suis trop intéressé à la chose pour que mon intervention ne soit pas traitée de férocité. Votre Majesté venge l'honneur de sa sœur sur un fat qui s'est vanté en calomniant ma femme; rien n'est plus simple, et Marguerite, que je maintiens innocente, sire, n'est pas déshonorée pour cela: mais, si je suis de la partie, c'est autre chose; ma coopération fait d'un acte de justice un acte de vengeance. Ce n'est plus une

exécution, c'est un assassinat; ma femme n'est plus calomniée... elle est coupable...

— Mordieu! Henri, tu parles d'or; et je le disais tout à l'heure encore à ma mère, tu as de l'esprit comme un démon.

Et Charles regarda complaisamment son beau-frère, qui s'inclina pour répondre au compliment.

— Néanmoins, ajouta Charles, tu es content qu'on te débarrasse de ce muguet?

— Tout ce que fait Votre Majesté est bien fait, répondit le roi de Navarre.

— C'est bien, c'est bien alors, laisse-moi donc faire ta besogne, sois tranquille, elle n'en sera pas plus mal faite.

— Je m'en rapporte à vous, sire, dit Henri.

— Seulement, à quelle heure va-t-il ordinairement chez ta femme?

— Mais vers les neuf heures du soir.

— Et il en sort?

— Avant que je n'y arrive, car je ne l'y trouve jamais.

— Vers?...

— Vers les onze heures.

— Bon; descends ce soir à minuit, la chose sera faite.

Et Charles, ayant cordialement serré la main de Henri, et lui ayant renouvelé ses promesses d'amitié, sortit en sifflant son air de chasse favori.

— Ventre-saint-gris! dit le Béarnais en suivant Charles des yeux, je suis bien trompé si toute cette diablerie ne sort pas encore de chez la reine mère. En vérité, elle ne sait qu'inventer pour nous brouiller, ma femme et moi, qu'un si joli ménage!

Et Henri se mit à rire comme il riait quand personne ne pouvait le voir ni l'entendre.

Vers les sept heures du soir de la même journée où tous ces événements s'étaient passés, un beau jeune homme, qui venait de prendre un bain, s'épilait et se pommadait avec complaisance, fredonnant une petite chanson devant une glace dans une chambre du Louvre.

A côté de lui dormait ou plutôt se détirait sur un lit un autre jeune homme.

L'un était notre ami la Mole, dont on s'était si fort occupé dans la journée, et dont on s'occupait encore peut-être davantage sans qu'il le soupçonnât, et l'autre son compagnon Coconnas.

En effet, tout ce grand orage avait passé autour de lui sans qu'il eût entendu gronder la foudre, sans qu'il eût vu briller les éclairs. Rentré à trois heures du matin, il était resté couché jusqu'à trois heures du soir, moitié dormant, moitié rêvant, bâtissant des châteaux sur ce sable mouvant qu'on appelle l'avenir; puis il s'était levé, avait été passer une heure chez les baigneurs à la mode, était allé dîner chez maître la Hurière, et, de retour au Louvre, il achevait sa toilette pour aller faire sa visite ordinaire à Marguerite.

L'auberge de la Belle-Étoile.

— Et tu dis donc que tu as dîné, toi? lui demanda Coconas en bâillant.

— Ma foi oui, et de grand appétit.

— Pourquoi ne m'as-tu pas amené avec toi, égoïste?

— Ma foi, tu dormais si fort, que je n'ai pas voulu te réveiller. Mais, sais-tu, tu souperas au lieu de dîner. — Surtout, n'oublie pas de demander à maître la Hurière de ce petit vin d'Anjou qui lui est arrivé ces jours-ci.

— Il est bon?

— Demandes-en, je ne te dis que cela.

— Et toi, où vas-tu?

— Moi, dit la Mole, étonné que son ami lui fît même cette question — où je vais? — faire ma cour à la reine.

— Tiens, au fait, dit Coconas, si j'allais dîner à notre petite maison de la rue Cloche-Percée; — je dînerais des reliefs d'hier, et il y a un certain vin d'Alicante qui est restaurant.

— Cela serait imprudent, Annibal, mon ami, après ce qui s'est passé cette nuit. D'ailleurs, ne nous

a-t-on pas fait donner notre parole que nous n'y re-
tournerions pas seuls? Passe-moi donc mon manteau.

— C'est ma foi vrai, dit Coconas ; je l'avais oublié. — Mais où diable est-il donc ton manteau?...
Ah ! le voilà.

— Non, tu me passes le noir, et c'est le rouge
que je te demande. — La reine m'aime mieux avec
celui-là.

— Ah ! ma foi, dit Coconas après avoir regardé
de tous côtés, cherche-le toi-même, je ne le trouve
pas.

— Comment, dit la Mole, tu ne le trouves pas !
mais où donc est-il?

— Tu l'auras vendu...

— Pourquoi faire? il me reste encore six écus.

— Alors, mets le mien.

— Ah ! oui... un manteau jaune avec un pourpoint vert, j'aurais l'air d'un papegai.

— Par ma foi, tu es trop difficile. Arrange-toi
comme tu voudras, alors.

En ce moment, et comme, après avoir tout mis
sens dessus dessous, la Mole commençait à se répandre en invectives contre les voleurs qui se glissaient
jusque dans le Louvre, un page du duc d'Alençon
parut avec le précieux manteau tant demandé.

— Ah ! s'écria la Mole, le voilà, enfin !

— Votre manteau, monsieur? dit le page... Oui,
monseigneur l'avait fait prendre chez vous pour
s'éclaircir à propos d'un pari qu'il avait fait sur la
nuance.

— Oh ! dit la Mole, je ne le demandais que parce
que je veux sortir, mais si Son Altesse désire le garder encore...

— Non, monsieur le comte, c'est fini.

Le page sortit ; la Mole agrafa son manteau.

— Eh bien ! continua la Mole, à quoi te décides-
tu?

— Je n'en sais rien.

— Te retrouverai-je ici ce soir?

— Comment veux-tu que je te dise cela?

— Tu ne sais pas ce que tu feras dans deux heures?

— Je sais bien ce que je ferai, mais je ne sais pas
ce qu'on me fera faire.

— La duchesse de Nevers?

— Non, le duc d'Alençon.

— En effet, dit la Mole, je remarque que depuis
quelque temps il te fait force amitiés.

— Mais oui, dit Coconas.

— Alors, ta fortune est faite! dit en riant la
Mole.

— Peuh ! fit Coconas, un cadet !

— Oh ! dit la Mole, il a si bonne envie de devenir l'aîné, que le ciel fera peut-être un miracle en
sa faveur. Ainsi, tu ne sais pas où tu seras ce soir ?

— Non.

— Au diable, alors... ou plutôt, adieu !

— Ce la Mole est terrible, dit Coconas, pour vouloir toujours qu'on lui dise où l'on sera ! est-ce qu'oh
le sait? D'ailleurs, je crois que j'ai envie de dormir.

Et il se recoucha.

Quant à la Mole, il prit son vol vers les appartements de la reine.

Arrivé au corridor que nous connaissons, il rencontra le duc d'Alençon.

— Ah ! c'est vous, monsieur de la Mole? lui dit
le prince.

— Oui, monseigneur, répondit la Mole en saluant
avec respect.

— Sortez-vous donc du Louvre?

— Non, Votre Altesse ; je vais présenter mes hom-
mages à Sa Majesté la reine de Navarre.

— Vers quelle heure sortirez-vous de chez elle,
monsieur de la Mole?

— Monseigneur a-t-il quelques ordres à me donner?

— Non, pas pour le moment, mais j'aurai à vous
parler ce soir.

— Vers quelle heure?

— Mais, de neuf à dix.

— J'aurai l'honneur de me présenter à cette
heure-là chez Votre Altesse.

— Bien ! je compte sur vous.

La Mole salua et continua son chemin.

— Ce duc, dit-il, a des moments où il est pâle
comme un cadavre ; c'est singulier.

Et il frappa à la porte de la reine : Gillonne, qui
semblait guetter son arrivée, le conduisit près de
Marguerite.

Celle-ci était occupée d'un travail qui paraissait
la fatiguer beaucoup ; un papier chargé de ratures
et un volume d'Isocrate étaient placés devant elle.
Elle fit signe à la Mole de la laisser achever un pa-
ragraphe ; puis, ayant terminé, ce qui ne fut pas
long, elle jeta sa plume et invita le jeune homme à
s'asseoir près d'elle.

La Mole rayonnait. Il n'avait jamais été si beau,
jamais si gai.

— Du grec! s'écria-t-il en jetant les yeux sur le
livre : une harangue d'Isocrate! Que voulez-vous
faire de cela? Oh ! oh ! sur ce papier du latin : *Ad
Sarmatiæ legatos reginæ Margaritæ concio!*.....
Vous allez donc haranguer ces barbares en latin?

— Il le faut bien, dit Marguerite, puisqu'ils ne
parlent pas français.

— Mais comment pouvez-vous faire la réponse
avant d'avoir entendu le discours?

— Une plus coquette que moi vous ferait croire
à une improvisation : mais pour vous, mon Hyacinthe, je n'ai point de ces sortes de tromperies : on
m'a communiqué d'avance le discours et j'y réponds.

— Sont-ils donc près d'arriver, ces ambassadeurs?

— Mieux que cela, ils sont arrivés ce matin.

— Mais personne ne le sait ?

— Ils sont arrivés incognito. Leur entrée solennelle est remise à après-demain, je crois. Au reste, vous verrez, dit Marguerite avec un petit air satisfait qui n'était point exempt de pédantisme, ce que j'ai fait ce soir est assez cicéronien ; mais laissons là ces futilités. Parlons de ce qui vous est arrivé.

— A moi ?

— Oui.

— Que m'est-il donc arrivé ?

— Ah ! vous avez beau faire le brave, je vous trouve un peu pâle.

— Alors, c'est d'avoir trop dormi ; je m'en accuse bien humblement.

— Allons, allons, ne faisons point le fanfaron, je sais tout.

— Ayez donc la bonté de me mettre au courant, ma perle, car moi je ne sais rien.

— Voyons, répondez-moi franchement. Que vous a demandé la reine mère ?

— La reine mère à moi ! Avait-elle donc à me parler ?

— Comment ! vous ne l'avez pas vue ?

— Non.

— Et le roi Charles ?

— Non.

— Et le roi de Navarre ?

— Non.

— Mais le duc d'Alençon, vous l'avez vu ?

— Oui, tout à l'heure, je l'ai rencontré dans le corridor.

— Que vous a-t-il dit ?

— Qu'il avait à me donner quelques ordres entre neuf et dix heures du soir.

— Et pas autre chose ?

— Pas autre chose.

— C'est étrange.

— Mais enfin, que trouvez-vous d'étrange, dites-moi ?

— Que vous n'ayez entendu parler de rien.

— Que s'est-il donc passé ?

— Il s'est passé que pendant toute cette journée, malheureux, vous avez été suspendu sur un abîme.

— Moi ?

— Oui, vous.

— A quel propos ?

— Écoutez. De Mouy, surpris cette nuit dans la chambre du roi de Navarre, que l'on voulait arrêter, a tué trois hommes et s'est sauvé sans que l'on reconnût de lui autre chose que le fameux manteau rouge.

— Eh bien ?

— Eh bien ! ce manteau rouge qui m'avait trompée une fois en a trompé d'autres aussi : vous avez été soupçonné, accusé même de ce triple meurtre. Ce matin on voulait vous arrêter, vous juger, qui sait ? vous condamner, peut-être ; car, pour vous

sauver, vous n'eussiez pas voulu dire où vous étiez, n'est-ce pas ?

— Dire où j'étais ! s'écria la Mole, vous compromettre, vous, ma noble reine ! vous, ma belle Majesté ! Oh ! vous avez bien raison ; je fusse mort en chantant pour épargner une larme à vos beaux yeux.

— Hélas ! mon pauvre gentilhomme, dit Marguerite, mes beaux yeux eussent bien pleuré.

— Mais comment s'est apaisé ce grand orage ?

— Devinez.

— Que sais-je, moi ?

— Il n'y avait qu'un moyen de prouver que vous n'étiez pas dans la chambre du roi de Navarre.

— Lequel ?

— C'était de dire où vous étiez.

— Eh bien ?

— Eh bien ! je l'ai dit !

— Et à qui ?

— A ma mère.

— Et la reine Catherine...

— La reine Catherine sait que vous êtes mon amant.

— Oh ! madame, après avoir tant fait pour moi, vous pouvez tout exiger de votre serviteur. Oh ! vraiment, c'est beau et grand, Marguerite, ce que vous avez fait là ! Oh ! Marguerite, ma vie est bien à vous !

— Je l'espère, car je l'ai arrachée à ceux qui me la voulaient prendre ; mais, à présent, vous êtes sauvé.

— Et par vous ! s'écria le jeune homme, par ma reine adorée !

Au même moment, un bruit éclatant les fit tressaillir. La Mole se rejeta en arrière plein d'un vague effroi ; Marguerite, poussant un cri, demeura les yeux fixés sur la vitre brisée d'une fenêtre.

Par cette vitre, un caillou de la grosseur d'un œuf venait d'entrer ; il roulait encore sur le parquet.

La Mole vit à son tour le carreau cassé et reconnut la cause du bruit.

— Quel est l'insolent ? s'écria-t-il.

Et il s'élança vers la fenêtre.

— Un moment, dit Marguerite : à cette pierre est attaché quelque chose, ce me semble.

— En effet, dit la Mole, on dirait un papier.

Marguerite se précipita sur l'étrange projectile, et arracha la mince feuille qui, pliée comme un étroit ruban, enveloppait le caillou par le milieu.

Ce papier était maintenu par une ficelle, laquelle sortait par l'ouverture de la vitre cassée.

Marguerite déplia la lettre et lut.

— Malheureux ! s'écria-t-elle.

Elle tendit le papier à la Mole pâle, debout et immobile comme la statue de l'Effroi.

La Mole, le cœur serré d'une douleur pressentimentale, lut ces mots :

— Fuyez, la Mole.

« On attend M. de la Mole avec de longues épées, dans le corridor qui conduit chez M. d'Alençon. Peut-être aimerait-il mieux sortir par cette fenêtre et aller rejoindre M. de Mouy à Mantes... »

— Eh ! demanda la Mole après avoir lu, ces épées dont on parle sont-elles donc plus longues que la mienne ?

— Non, mais il y en a peut-être dix contre une.

— Et quel est l'ami qui nous envoie ce billet ? demanda la Mole.

Marguerite le reprit des mains du jeune homme et fixa sur lui un regard ardent.

— L'écriture du roi de Navarre ! s'écria-t-elle. S'il prévient, c'est que le danger est réel. Fuyez, la Mole, fuyez, c'est moi qui vous en prie.

— Et comment voulez-vous que je fuie ? dit la Mole.

— Mais cette fenêtre, ne parle-t-on pas de cette fenêtre ?

— Ordonnez, ma reine, et je sauterai de cette fenêtre pour vous obéir, dussé-je vingt fois me briser en tombant.

— Attendez donc, attendez donc, dit Marguerite. Il me semble que cette ficelle supporte un poids.

Au fond, oans l'obscurité, deux ombres apparaissaient debout. — Page 50.

— Voyons, dit la Mole.

Et tous deux, attirant à eux l'objet suspendu après cette corde, virent avec une joie indicible apparaître l'extrémité d'une échelle de crin et de soie.

— Ah! vous êtes sauvé! s'écria Marguerite.

— C'est un miracle du ciel!

— Non, c'est un bienfait du roi de Navarre.

— Et si c'était un piége au contraire, dit la Mole, si cette échelle devait se briser sous mes pieds! Madame, n'avez-vous point avoué aujourd'hui votre affection pour moi?

Marguerite, à qui la joie avait rendu ses couleurs, redevint d'une pâleur mortelle.

— Vous avez raison, dit-elle, c'est possible.

Et elle s'élança vers la porte.

— Qu'allez-vous faire? s'écria la Mole.

— M'assurer par moi-même s'il est vrai qu'on vous attende dans le corridor.

— Jamais! jamais! pour que leur colère tombe sur vous!

— Que voulez-vous qu'on fasse à une fille de France, femme et princesse du sang? je suis deux fois inviolable

La reine dit ces paroles avec une telle dignité, qu'en effet la Mole comprit qu'elle ne risquait rien, et qu'il devait la laisser agir comme elle l'entendrait.

Marguerite mit la Mole sous la garde de Gillonne en laissant à sa sagacité, selon ce qui se passerait, de fuir, ou d'attendre son retour, et elle s'avança dans le corridor, qui, par un embranchement, conduisait à la bibliothèque ainsi qu'à plusieurs salons de réception, et qui, en le suivant dans toute sa longueur, aboutissait aux appartements du roi, de la reine mère, et à ce petit escalier dérobé par lequel on montait chez le duc d'Alençon et chez Henri. Quoiqu'il fût à peine neuf heures du soir, toutes les lumières étaient éteintes, et le corridor, à part une légère lueur qui venait de l'embranchement, était dans la plus parfaite obscurité. La reine de Navarre s'avança d'un pas ferme; mais, lorsqu'elle fut au tiers du corridor à peine, elle entendit comme un chuchotement de voix basses auxquelles le soin qu'on prenait de les éteindre donnait un accent mystérieux et effrayant. Mais presque aussitôt le bruit cessa comme si un ordre supérieur l'eût éteint, et tout rentra dans le silence et même dans l'obscurité; car cette lueur, si faible qu'elle fût, parut diminuer encore.

Marguerite continua son chemin, marchant droit au danger, qui, s'il existait, l'attendait là. Elle était calme en apparence, quoique ses mains crispées indiquassent une violente tension nerveuse. A mesure qu'elle approchait, ce silence sinistre redoublait, et une ombre pareille à celle d'une main obscurcissait la tremblante et incertaine lueur.

Tout à coup, arrivée à l'embranchement du corridor, un homme fit deux pas en avant, démasqua un bougeoir de vermeil dont il s'éclairait en s'écriant : — Le voilà !

Marguerite se trouva face à face avec son frère Charles. Derrière lui se tenait debout, un cordon de soie à la main, le duc d'Alençon. Au fond, dans l'obscurité, deux ombres apparaissaient debout, l'une à côté de l'autre, ne reflétant d'autre lumière que celle que renvoyait l'épée nue qu'ils tenaient à la main.

Marguerite embrassa tout le tableau d'un coup d'œil. Elle fit un effort suprême, et répondit en souriant à Charles :

— Vous voulez dire : La voilà, sire.

Charles recula d'un pas. Tous les autres demeurèrent immobiles.

— Toi, Margot, dit-il, et où vas-tu à cette heure?

— A cette heure! dit Marguerite, est-il donc si tard?

— Je te demande où tu vas?

— Chercher un livre des Discours de Cicéron, que je pense avoir laissé chez notre mère.

— Ainsi, sans lumière?

— Je croyais le corridor éclairé.

— Et tu viens de chez toi?

— Oui.

— Que fais-tu donc ce soir?

— Je prépare ma harangue aux envoyés polonais. N'y a-t-il pas conseil demain, et n'est-il pas convenu que chacun soumettra sa harangue à Votre Majesté?

— Et n'as-tu pas quelqu'un qui t'aide dans ce travail?

Marguerite rassembla toutes ses forces.

— Oui, mon frère, dit-elle, M. de la Mole; il est très-savant.

— Si savant, dit le duc d'Alençon, que je l'avais prié, quand il aurait fini avec vous, ma sœur, de me venir trouver pour me donner des conseils, à moi qui ne suis pas de votre force.

— Et vous l'attendiez? dit Marguerite du ton le plus naturel.

— Oui, dit d'Alençon avec impatience.

— En ce cas, fit Marguerite, je vais vous l'envoyer, mon frère, car nous avons fini.

— Et votre livre? dit Charles.

— Je le ferai prendre par Gillonne.

Les deux frères échangèrent un signe.

— Allez, dit Charles; et nous, continuons notre ronde.

— Votre ronde! dit Marguerite, que cherchez-vous donc?

— Le petit homme rouge, dit Charles. Ne savez-vous pas qu'il y a un petit homme rouge qui revient au vieux Louvre? Mon frère d'Alençon prétend l'avoir vu, et nous sommes en quête de lui.

— Bonne chasse, dit Marguerite.

Et elle se retira en jetant un regard derrière elle. Elle vit alors sur la muraille du corridor les quatre ombres réunies et qui semblaient conférer.

En une seconde elle fut à la porte de son appartement.

— Ouvre, Gillonne, dit-elle, ouvre.

Gillonne obéit.

Marguerite s'élança dans l'appartement, et trouva la Mole qui l'attendait, calme et résolu, mais l'épée à la main.

— Fuyez, dit-elle, fuyez sans perdre une seconde. Ils vous attendent dans le corridor pour vous assassiner.

— Vous l'ordonnez? dit la Mole.

— Je le veux. Il faut nous quitter pour nous revoir.

Pendant l'excursion de Marguerite, la Mole avait assuré l'échelle à la barre de la fenêtre, il l'enjamba; mais, avant de poser le pied sur le premier échelon, il baisa tendrement la main de la reine.

— Si cette échelle est un piège et que je meure pour vous, Marguerite, souvenez-vous de votre promesse.

— Ce n'est pas une promesse, la Mole, c'est un serment. Ne craignez rien. Adieu.

Et la Mole, enhardi, se laissa glisser plutôt qu'il ne descendit par l'échelle.

Au même moment on frappa à la porte.

Marguerite suivit des yeux la Mole dans sa périlleuse opération, et ne se retourna qu'au moment où elle se fut bien assurée que ses pieds avaient touché la terre.

— Madame! disait Gillonne, madame!

— Eh bien? demanda Marguerite.

— Le roi frappe à la porte.

— Ouvrez.

Gillonne obéit.

Les quatre princes, sans doute impatientés d'attendre, étaient debout sur le seuil.

Charles entra.

Marguerite vint au-devant de son frère, le sourire sur les lèvres.

Le roi jeta un regard rapide autour de lui.

— Que cherchez-vous, mon frère? demanda Marguerite.

— Mais, dit Charles, je cherche... je cherche... eh! corbœuf! je cherche M. de la Mole.

— M. de la Mole?

— Oui, où est-il?

Marguerite prit son frère par la main et le conduisit à la fenêtre.

En ce moment même deux hommes s'éloignaient au grand galop de leurs chevaux, gagnant la tour de bois; l'un d'eux détacha son écharpe, et fit en signe d'adieu voltiger le blanc satin dans la nuit : ces deux hommes étaient la Mole et Orthon.

Marguerite montra du bout du doigt les deux hommes à Charles.

— Eh bien! demanda le roi, que veut dire cela?

— Cela veut dire, répondit Marguerite, que M. le duc d'Alençon peut remettre son cordon dans sa poche et MM. d'Anjou et de Guise leur épée dans le fourreau, attendu que M. de la Mole ne repassera pas cette nuit par le corridor.

XI

LES ATRIDES.

epuis son retour à Paris, Henri d'Anjou n'avait pas encore revu librement sa mère Catherine, dont, comme chacun sait, il était le fils bien-aimé.

C'était pour lui, non plus la vaine satisfaction de l'étiquette, non plus un cérémonial pénible à remplir, mais l'accomplissement d'un devoir bien doux pour ce fils qui, s'il n'aimait pas sa mère, était sûr du moins d'être tendrement aimé par elle.

En effet, Catherine préférait réellement ce fils, soit pour sa bravoure, soit plutôt pour sa beauté, car il y avait, outre la mère, de la femme dans Catherine, soit, enfin, parce que, suivant quelques chroniques scandaleuses, Henri d'Anjou rappelait à la Florentine certaine heureuse époque de mystérieuses amours.

Catherine savait seule le retour du duc d'Anjou à Paris, retour que Charles IX eût ignoré si le hasard ne l'eût point conduit en face de l'hôtel de Condé au moment même où son frère en sortait. Charles ne l'attendait que le lendemain, et Henri d'Anjou espérait lui dérober les deux démarches qui avaient avancé son arrivée d'un jour, et qui étaient sa visite à la belle Marie de Clèves, princesse de Condé, et sa conférence avec les ambassadeurs polonais.

C'est cette dernière démarche, sur l'intention de laquelle Charles était resté incertain, que le duc d'Anjou avait à expliquer à sa mère ; et le lecteur, qui, comme Henri de Navarre, était certainement dans l'erreur à l'endroit de cette démarche, profitera de l'explication.

Aussi, lorsque le duc d'Anjou, longtemps attendu, entra chez sa mère, Catherine, si froide, si compassée d'habitude; Catherine qui n'avait, depuis le départ de son fils bien-aimé, embrassé avec effusion que Coligny, qui devait être assassiné le lendemain, ouvrit ses bras à l'enfant de son amour et le serra sur sa poitrine avec un élan d'affection maternelle qu'on était étonné de trouver encore dans ce cœur desséché.

Puis elle s'éloignait de lui, le regardait et se reprenait encore à l'embrasser.

— Ah! madame, lui dit-il, puisque le ciel me donne cette satisfaction d'embrasser sans témoin ma mère, consolez l'homme le plus malheureux du monde.

— Eh! mon Dieu! mon cher enfant, s'écria Catherine, que vous est-il donc arrivé?

— Rien que vous ne sachiez, ma mère. Je suis amoureux, je suis aimé; mais c'est cet amour même qui fait mon malheur à moi.

— Expliquez-moi cela, mon fils, dit Catherine.

— Eh! ma mère... ces ambassadeurs, ce départ...

— Oui, dit Catherine, ces ambassadeurs sont arrivés, ce départ presse.

— Il ne presse pas, ma mère, mais mon frère le pressera. Il me déteste, je lui fais ombrage, il veut se débarrasser de moi.

Catherine sourit.

— En vous donnant un trône, pauvre malheureux couronné!

— Oh! n'importe, ma mère, reprit Henri avec angoisse, je ne veux pas partir. Moi, un fils de France, élevé dans le raffinement des mœurs polies, près de la meilleure mère, aimé d'une des plus charmantes femmes de la terre, j'irais là-bas dans ces neiges, au bout du monde, mourir lentement parmi ces gens grossiers qui s'enivrent du matin au soir et jugent les capacités de leur roi sur celles d'un tonneau, selon ce qu'il contient. Non, ma mère, je ne veux point partir... J'en mourrais !

— Voyons, Henri, dit Catherine en pressant les deux mains de son fils, voyons, est-ce là la véritable raison ?

Henri baissa les yeux comme s'il n'osait, à sa mère elle-même, avouer ce qui se passait dans son cœur.

— N'en est-il pas une autre, demanda Catherine, moins romanesque, plus raisonnable... plus politique?

— Ma mère, ce n'est pas ma faute si cette idée m'est restée dans l'esprit, et peut-être y tient-elle plus de place qu'elle n'en devrait prendre, mais ne

Le duc d'Anjou.

m'avez-vous pas dit vous-même que l'horoscope tiré à la naissance de mon frère Charles le condamnait à mourir jeune?

— Oui, dit Catherine; mais un horoscope peut mentir, mon fils. Moi-même, j'en suis à espérer en ce moment que tous ces horoscopes ne soient pas vrais.

— Mais, enfin, son horoscope ne disait-il pas cela?

— Son horoscope parlait d'un quart de siécle; mais il ne disait pas si c'était pour sa vie ou pour son règne

— Eh bien! ma mère, faites que je reste. Mon frère a prés de vingt-quatre ans : dans un an la question sera résolue.

Catherine réfléchit profondément.

— Oui, certes, dit-elle, cela serait mieux si cela se pouvait ainsi.

— Oh! jugez donc, ma mère, s'écria Henri, quel désespoir pour moi si j'allais avoir troqué la couronne de France contre celle de Pologne! Être tourmenté là-bas de cette idée que je pouvais régner au Louvre, au milieu de cette cour élégante et lettrée, près de la meilleure mère du monde, dont les conseils m'eussent épargné la moitié du travail et des fatigues, qui, habituée à porter avec mon père une partie du fardeau de l'État, eût bien voulu le porter encore avec moi. Ah! ma mère, j'eusse été un grand roi!

— Là, là, cher enfant, dit Catherine, dont cet avenir avait toujours été aussi la plus douce espérance; là, ne vous désolez point. — N'avez-vous pas songé, de votre côté, à quelque moyen d'arranger la chose?

— Oh! certes, oui, et c'est surtout pour cela que je suis revenu deux ou trois jours plus tôt qu'on ne m'attendait, tout en laissant croire à mon frère Charles que c'était pour madame de Condé; puis j'ai été au-devant de Lasco, le plus important des envoyés, je me suis fait connaître de lui, faisant dans cette première entrevue tout ce qu'il était possible pour me rendre haïssable, et j'espère y être parvenu.

— Ah! mon cher enfant, dit Catherine, c'est mal. Il faut mettre l'intérêt de la France avant vos petites répugnances.

— Ma mère, l'intérêt de la France veut-il, en cas de malheur arrivé à mon frère, que ce soit le duc d'Alençon ou le roi de Navarre qui règne?

— Oh! le roi de Navarre, jamais, jamais, murmura Catherine en laissant l'inquiétude couvrir son front de ce voile soucieux qui s'y étendait chaque fois que cette question se représentait.

— Ma foi, continua Henri, mon frère d'Alençon ne vaut guère mieux et ne vous aime pas davantage.

— Enfin, reprit Catherine, qu'a dit Lasco?

— Lasco a hésité lui-même quand je l'ai pressé de demander audience. — Oh! s'il pouvait écrire en Pologne, casser cette élection?

— Folie, mon fils, folie... ce qu'une diète a consacré est sacré.

— Mais enfin, ma mère, ne pourrait-on, à ces Polonais, leur faire accepter mon frère à ma place?

— C'est, sinon impossible, du moins difficile, répondit Catherine.

— N'importe! essayez, tentez, parlez au roi, ma mère; rejetez tout sur mon amour pour madame de Condé; dites que j'en suis fou, que j'en perds l'esprit. Justement il m'a vu sortir de l'hôtel du prince avec Guise, qui me rend là tous les services d'un bon ami.

— Oui, pour faire la Ligue. Vous ne voyez pas cela, vous, mais je le vois.

— Si fait, ma mère, si fait, mais, en attendant, j'use de lui. Eh! ne sommes-nous pas heureux quand un homme nous sert en se servant?

— Et qu'a dit le roi en vous rencontrant?

— Il a paru croire à ce que je lui ai affirmé, c'est-à-dire que l'amour seul m'avait ramené à Paris.

— Mais du reste de la nuit, ne vous en a-t-il pas demandé compte?

— Si fait, ma mère, mais j'ai été souper chez Nantouillet, où j'ai fait un scandale affreux, afin que le bruit de ce scandale se répande et que le roi ne doute point que j'y étais.

— Alors il ignore votre visite à Lasco?

— Absolument.

— Bon, tant mieux. J'essayerai donc de lui parler pour vous, cher enfant; mais, vous le savez, sur cette rude nature, aucune influence n'est réelle.

— Oh! ma mère, ma mère, quel bonheur si je restais! comme je vous aimerais plus encore que je ne vous aime, si c'était possible!

— Si vous restez, on vous enverra encore à la guerre.

— Oh! peu m'importe, pourvu que je ne quitte pas la France.

— Vous vous ferez tuer.

— Ma mère, on ne meurt pas des coups... on meurt de douleur, d'ennui. Mais Charles ne me permettra point de rester; il me déteste.

— Il est jaloux de vous, mon beau vainqueur, c'est une chose dite; pourquoi aussi êtes-vous si brave et si heureux? Pourquoi, à vingt ans à peine, avez-vous gagné des batailles comme Alexandre et comme César? Mais, en attendant, ne vous découvrez à personne, feignez d'être résigné, faites votre cour au roi. Aujourd'hui même, on se réunit en conseil privé pour lire et pour discuter les discours qui seront prononcés à la cérémonie; faites le roi de Pologne, et laissez-moi le soin du reste. A propos, et votre expédition d'hier soir?

— Elle a échoué, ma mère; le galant était prévenu, et il a pris son vol par la fenêtre.

— Enfin, dit Catherine, je saurai un jour quel est le mauvais génie qui contrarie ainsi tous mes projets... En attendant, je m'en doute, et... malheur à lui!

— Ainsi, ma mère?... dit le duc d'Anjou.

— Laissez-moi mener cette affaire.

Et elle baisa tendrement Henri sur les yeux en le poussant hors de son cabinet.

Bientôt arrivèrent chez la reine les princes de sa maison. Charles était en belle humeur, car l'aplomb de sa sœur Margot l'avait plus réjoui qu'affecté; il n'en voulait pas autrement à la Mole, et il l'avait attendu avec quelque ardeur dans le corridor parce que c'était une espèce de chasse à l'affût.

D'Alençon, tout au contraire, était très-préoccupé. La répulsion qu'il avait toujours eue pour la Mole s'était changée en haine, du moment où il avait su que la Mole était aimé de sa sœur.

Marguerite avait tout ensemble l'esprit rêveur et l'œil au guet. Elle avait à la fois à se souvenir et à veiller.

Les députés polonais avaient envoyé le texte des harangues qu'ils devaient prononcer.

Marguerite, à qui l'on n'avait pas plus parlé de la scène de la veille que si la scène n'avait point existé, lut les discours, et, hormis Charles, chacun discuta ce qu'il répondrait. Charles laissa Marguerite répondre comme elle l'entendrait. Il se montra très-difficile sur le choix des termes pour d'Alençon; mais, quant au discours de Henri d'Anjou, il y apporta plus que du mauvais vouloir, il fut acharné à corriger et à reprendre.

Cette séance, sans rien faire éclater encore, avait sourdement envenimé les esprits.

Henri d'Anjou, qui avait son discours à refaire presque entièrement, sortit pour se mettre à cette tâche. Marguerite, qui n'avait pas eu de nouvelles du roi de Navarre depuis celles qu'il lui avait données au détriment des vitres de sa fenêtre, retourna chez elle dans l'espérance de l'y voir venir. D'Alençon, qui avait lu l'hésitation dans les yeux de son frère d'Anjou, et surpris entre lui et sa mère un regard d'intelligence, se retira pour rêver à ce qu'il regardait comme une cabale naissante. Enfin, Charles allait passer dans sa forge pour achever un épieu qu'il se fabriquait lui-même lorsque Catherine l'arrêta.

Charles, qui se doutait qu'il allait rencontrer chez sa mère quelque opposition à sa volonté, s'arrêta et la regarda fixement :

— Eh bien! dit-il, qu'avons-nous encore?

— Un dernier mot à échanger, sire. Nous avons oublié ce mot, et cependant il est de quelque importance. Quel jour fixons-nous pour la séance publique?

— Ah! c'est vrai, dit le roi en se rasseyant, causons-en, ma mère. Eh bien! à quand vous plaît-il que nous fixions le jour?

— Je crois, répondit Catherine, que, dans le silence même de Votre Majesté, dans son oubli apparent, il y avait quelque chose de profondément calculé.

— Non, dit Charles; pourquoi cela, ma mère?

— Parce que, ajouta Catherine très-doucement, il ne faudrait pas, ce me semble, mon fils, que les Polonais nous vissent courir avec tant d'âpreté après cette couronne.

— Au contraire, ma mère, dit Charles, ils se sont hâtés, eux, en venant à marches forcées de Varsovie ici... Honneur pour honneur, politesse pour politesse.

— Votre Majesté peut avoir raison dans un sens, comme dans un autre je pourrais ne pas avoir tort. Ainsi, son avis est que la séance publique doit être hâtée?

— Ma foi oui, ma mère, ne serait-ce point le vôtre, par hasard?

— Vous savez que je n'ai d'avis que ceux qui peuvent le plus concourir à votre gloire; je vous dirai donc qu'en vous pressant ainsi je craindrais qu'on ne vous accusât de profiter bien vite de cette occasion qui se présente de soulager la maison de France des charges que votre frère lui impose, mais que, bien certainement, il lui rend en gloire et en dévouement.

— Ma mère, dit Charles, à son départ de France, je doterai mon frère si richement, que personne n'osera même penser ce que vous craignez que l'on dise.

— Allons, dit Catherine, je me rends, puisque vous avez une si bonne réponse à chacune de mes objections... Mais, pour recevoir ce peuple guerrier, qui juge de la puissance des États par les signes extérieurs, il vous faut un déploiement considérable de troupes, et je ne pense pas qu'il y en ait assez de convoquées dans l'Ile-de-France.

— Pardonnez-moi, ma mère, car j'avais prévu l'événement, et je me suis préparé. J'ai rappelé deux bataillons de la Normandie, un de la Guyenne; ma compagnie d'archers est arrivée hier de la Bretagne; les chevau-légers, répandus dans la Touraine, seront à Paris dans le courant de la journée; et, tandis qu'on croit que je dispose à peine de quatre régiments, j'ai vingt mille hommes prêts à paraître.

— Ah! ah! dit Catherine surprise; alors il ne vous manque plus qu'une chose, mais on se la procurera.

— Laquelle?

— De l'argent. Je crois que vous n'en êtes pas fourni outre mesure.

— Au contraire, madame, au contraire, dit Charles IX. J'ai quatorze cent mille écus à la Bastille; mon épargne particulière m'a remis ces jours passés huit cent mille écus, que j'ai enfouis dans mes caves du Louvre, et, en cas de pénurie, Nantouillet tient trois cent mille autres écus à ma disposition.

Catherine frémit; car elle avait vu jusqu'alors Charles violent et emporté, mais jamais prévoyant.

— Allons, fit-elle, Votre Majesté pense à tout, c'est admirable, et, pour peu que les tailleurs, les brodeuses et les joailliers se hâtent, Votre Majesté sera en état de donner séance avant six semaines.

— Six semaines! s'écria Charles. Ma mère, les tailleurs, les brodeuses et les joailliers travaillent depuis le jour où l'on a appris la nomination de mon frère. A la rigueur, tout pourrait être prêt pour aujourd'hui; mais, à coup sûr, tout sera prêt dans trois ou quatre jours.

— Oh! murmura Catherine, vous êtes plus pressé encore que je ne le croyais, mon fils.

— Honneur pour honneur, je vous l'ai dit.

— Bien. C'est donc cet honneur fait à la maison de France qui vous flatte, n'est-ce pas?

— Assurément.

— Et voir un fils de France sur le trône de Pologne est votre plus cher désir?

— Vous dites vrai.

— Alors, c'est le fait, c'est la chose et non l'homme

La Bastille.

qui vous préoccupe, et, quel que soit celui qui règne là-bas...

— Non pas, non pas, ma mère, corbœuf! demeurons-en où nous sommes! Les Polonais ont bien choisi. Ils sont adroits et forts, ces gens-là! Nation militaire, peuple de soldats; ils prennent un capitaine pour prince, c'est logique, peste! D'Anjou fait leur affaire. Le héros de Jarnac et de Montcontour leur va comme un gant... Que voulez-vous que je leur envoie? d'Alençon, un lâche; cela leur donnerait une belle idée des Valois!... D'Alençon, il fuirait à la première balle qui lui sifflerait aux oreilles; tandis que Henri d'Anjou, un batailleur, bon!... Toujours l'épée au poing, toujours marchant en avant, à pied ou à cheval!... Hardi! pique, pousse, assomme, tue! Ah! c'est un habile homme que mon frère d'Anjou, un vaillant qui va les faire battre du matin au soir, depuis le premier jusqu'au dernier jour de l'année. Il boit mal, c'est vrai; mais il les fera tuer de sang-froid, voilà tout. Il sera là dans sa sphère, ce cher Henri! Sus! sus! au champ de bataille! Bravo les trompettes et les tambours! Vive le roi! vive le vainqueur! vive le général! On le proclame *imperator* trois fois l'an! Ce sera admira-

— On me tue, nourrice. — Page 58.

ble pour la maison de France et l'honneur des Valois... Il y sera peut-être tué : mais, ventre-mahon !
ce sera une mort superbe !

Catherine frissonna, et un éclair jaillit de ses
yeux.

— Dites, s'écria-t-elle, que vous voulez éloigner
Henri d'Anjou, dites que vous n'aimez pas votre
frère !

— Ah ! ah ! ah ! fit Charles en éclatant d'un rire
nerveux, vous avez deviné cela, vous, que je voulais l'éloigner ? Vous avez deviné cela, que je ne l'aimais pas ? Et quand cela serait voyons ? Aimer mon

frère ! Pourquoi donc l'aimerais-je ? Ah ! ah ! ah !
est-ce que vous voulez rire ?... Et, à mesure qu'il
parlait, ses joues pâles s'animaient d'une fébrile
rougeur. Est-ce qu'il m'aime, lui ? Est-ce que vous
m'aimez, vous ? Est-ce que, excepté mes chiens, Marie Touchet et ma nourrice, est-ce qu'il y a quelqu'un qui m'ait jamais aimé ? Non, non, je n'aime
pas mon frère, je n'aime que moi, entendez-vous !
Et je n'empêche pas mon frère d'en faire autant que
je fais.

— Sire, dit Catherine s'animant à son tour, puisque vous me découvrez votre cœur, il faut que je

2

vous ouvre le mien. Vous agissez en roi faible, en monarque mal conseillé ; vous renvoyez votre second frère, le soutien naturel du trône, et qui est en tous points digne de vous succéder s'il vous advenait malheur, laissant, dans ce cas, votre couronne à l'abandon ; car, comme vous le disiez, d'Alençon est jeune, incapable, faible, plus que faible, lâche !... Et le Béarnais se dresse derrière, entendez-vous ?

— Eh ! mort de tous les diables ! s'écria Charles, qu'est-ce que me fait ce qui arrivera quand je n'y serai plus ! Le Béarnais se dresse derrière mon frère, dites-vous ? Corbœuf ! tant mieux... Je disais que je n'aimais personne... je me trompais : j'aime Henriot ; oui, je l'aime, ce bon Henriot ; il a l'air franc, la main tiède, tandis que je ne vois autour de moi que des yeux faux et ne touche que des mains glacées. Il est incapable de trahison envers moi, j'en jurerais. D'ailleurs, je lui dois un dédommagement, on lui a empoisonné sa mère, pauvre garçon ! des gens de ma famille, à ce que j'ai entendu dire. D'ailleurs, je me porte bien. Mais, si je tombais malade, je l'appellerais, je ne voudrais pas qu'il me quittât, je ne prendrais rien que de sa main, et, quand je mourrai, je le ferai roi de France et de Navarre... Et, ventre du pape ! au lieu de rire à ma mort, comme feraient mes frères, il pleurerait, ou du moins il ferait semblant de pleurer.

La foudre tombant aux pieds de Catherine l'eût moins épouvantée que ces paroles. Elle demeura atterrée, regardant Charles d'un œil hagard ; puis enfin, au bout de quelques secondes :

— Henri de Navarre ! s'écria-t-elle, Henri de Navarre ! roi de France au préjudice de mes enfants ! Ah ! sainte madone ! nous verrons ! C'est donc pour cela que vous voulez éloigner mon fils ?

— Votre fils... et que suis-je donc, moi, un fils de louve, comme Romulus ? s'écria Charles tremblant de colère et l'œil scintillant comme s'il se fût allumé par places. Votre fils, vous avez raison, le roi de France n'est pas votre fils, lui ; le roi de France n'a pas de frères, le roi de France n'a pas de mère, le roi de France n'a que ses sujets. Le roi de France n'a pas besoin d'avoir des sentiments, il a des volontés. Il se passera qu'on l'aime, mais il veut qu'on lui obéisse.

— Sire, vous avez mal interprété mes paroles, j'ai appelé mon fils celui qui allait me quitter. Je l'aime mieux en ce moment parce que c'est celui qu'en ce moment je crains le plus de perdre. Est-ce un crime à une mère de désirer que son enfant ne la quitte pas ?

— Et moi je vous dis qu'il vous quittera, je vous dis qu'il quittera la France, qu'il s'en ira en Pologne, et cela dans deux jours, et, si vous ajoutez une parole, ce sera demain, et, si vous ne baissez pas le front, si vous n'éteignez pas la menace de vos yeux,

je l'étrangle ce soir comme vous vouliez qu'on étranglât hier l'amant de votre fille. Seulement, je ne le manquerai pas, moi, comme nous avons manqué la Mole.

Sous cette première menace, Catherine baissa le front ; mais presque aussitôt elle le releva.

— Ah ! pauvre enfant ! dit-elle, ton frère veut te tuer. Eh bien ! sois tranquille, ta mère te défendra.

— Ah ! l'on me brave, s'écria Charles. Eh bien ! par le sang du Christ ! il mourra, non pas ce soir, non pas tout à l'heure, mais à l'instant même. Ah ! une arme ! une dague ! un couteau !... Ah !

Et Charles, après avoir porté inutilement les yeux autour de lui pour chercher ce qu'il demandait, aperçut le petit poignard que sa mère portait à sa ceinture, se jeta dessus, l'arracha de sa gaîne de chagrin incrustée d'argent, et bondit hors de la chambre pour aller frapper Henri d'Anjou partout où il le trouverait. Mais, en arrivant dans le vestibule, ses forces, surexcitées au delà de la puissance humaine, l'abandonnèrent tout à coup : il étendit le bras, laissa tomber l'arme aiguë, qui resta fichée dans le parquet, jeta un cri lamentable, s'affaissa sur lui-même, et roula sur le plancher.

En même temps, le sang jaillit en abondance de ses lèvres et de son nez.

— Jésus ! dit-il, on me tue ; à moi ! à moi !

Catherine, qui l'avait suivi, le vit tomber ; elle le regarda un instant impassible et sans bouger, puis, rappelée à elle, non par l'amour maternel, mais par la difficulté de la situation, elle ouvrit en criant :

— Le roi se trouve mal ! au secours ! au secours !

A ce cri, un monde de serviteurs, d'officiers et de courtisans s'empressèrent autour du jeune roi. Mais avant tout le monde une femme s'était élancée, écartant les spectateurs et relevant Charles pâle comme un cadavre.

— On me tue, nourrice, on me tue, murmura le roi baigné de sueur et de sang.

— On te tue, mon Charles, s'écria la bonne femme en parcourant tous les visages avec un regard qui fit reculer jusqu'à Catherine elle-même ; et qui donc cela qui te tue ?

Charles poussa un faible soupir et s'évanouit tout à fait.

— Ah ! dit le médecin Ambroise Paré, qu'on avait envoyé chercher à l'instant même, ah ! voilà le roi bien malade !

— Maintenant, de gré ou de force, se dit l'implacable Catherine, il faudra bien qu'il accorde un délai.

Et elle quitta le roi pour aller joindre son second fils, qui attendait avec anxiété dans l'oratoire le résultat de cet entretien si important pour lui.

XII

L'HOROSCOPE.

E n sortant de l'oratoire, où elle venait d'apprendre à Henri d'Anjou tout ce qui s'était passé, Catherine avait trouvé René dans sa chambre.

C'était la première fois que la reine et l'astrologue se revoyaient depuis la visite que la reine lui avait faite à sa boutique du pont Saint-Michel; seulement, la veille, la reine lui avait écrit, et c'était la réponse à ce billet que René lui apportait en personne.

— Eh bien! lui demanda la reine, l'avez-vous vu?

— Oui.

— Comment va-t-il?

— Plutôt mieux que plus mal.

— Et peut-il parler?

— Non, l'épée a traversé le larynx.

— Je vous avais dit en ce cas de le faire écrire?

— J'ai essayé, lui-même a réuni toutes ses forces; mais sa main n'a pu tracer que deux lettres presque illisibles, puis il s'est évanoui : la veine jugulaire a été ouverte, et le sang qu'il a perdu lui a ôté toutes ses forces.

— Avez-vous lu ces lettres?

— Les voici.

René tira un papier de sa poche et le présenta à Catherine, qui le déplia vivement.

— Un M et un O, dit-elle... Serait-ce décidément ce la Mole, et toute cette comédie de Marguerite ne serait-elle qu'un moyen de détourner les soupçons?

— Madame, dit René, si j'osais émettre mon opinion dans une affaire où Votre Majesté hésite à former la sienne, je lui dirais que je crois M. de la Mole trop amoureux pour s'occuper sérieusement de politique.

— Vous croyez?

— Oui, et surtout trop amoureux de la reine de Navarre pour servir avec dévouement le roi, car il n'y a pas de véritable amour sans jalousie.

— Et vous le croyez donc tout à fait amoureux?

— J'en suis sûr.

— Aurait-il eu recours à vous?

— Oui.

— Et il vous a demandé quelque breuvage, quelque philtre?

— Non, nous nous en sommes tenus à la figure de cire?

— Piquée au cœur?

— Piquée au cœur.

— Et cette figure existe toujours?

— Oui.

— Elle est chez vous?

— Elle est chez moi.

— Il serait curieux, dit Catherine, que ces préparations cabalistiques eussent réellement l'effet qu'on leur attribue.

— Votre Majesté est plus que moi à même d'en juger.

— La reine de Navarre aime-t-elle M. de la Mole?

— Elle l'aime au point de se perdre pour lui. Hier elle l'a sauvé de la mort au risque de son honneur et de sa vie. Vous voyez, madame, et cependant vous doutez toujours..

— De quoi?

— De la science.

— C'est qu'aussi la science m'a trahie, dit Catherine en regardant fixement René, qui supporta admirablement bien ce regard.

— En quelle occasion?

— Oh! vous savez ce que je veux dire; à moins toutefois que ce soit le savant et non la science.

— Je ne sais ce que vous voulez dire, madame, répondit le Florentin.

— René, vos parfums ont-ils perdu leur odeur?

— Non, madame, quand ils sont employés par moi, mais il est possible qu'en passant par la main des autres...

Catherine sourit et hocha la tête.

— Votre opiat a fait merveille, René, dit-elle, et madame de Sauve a les lèvres plus fraîches et plus vermeilles que jamais.

— Ce n'est pas mon opiat qu'il faut en féliciter, madame; car la baronne de Sauve, usant du droit qu'a toute jolie femme d'être capricieuse, ne m'a plus reparlé de cet opiat, et moi, de mon côté, après la recommandation que m'avait faite Votre Majesté, j'ai jugé à propos de ne lui en point envoyer. Les boîtes sont donc toutes encore à la maison telles que vous les y avez laissées, moins une qui a disparu sans que je sache quelle personne me l'a prise ni ce que cette personne a voulu en faire.

— C'est bien, René, dit Catherine, peut-être plus tard reviendrons-nous là-dessus ; en attendant, parlons d'autre chose.

— J'écoute, madame.

— Que faut-il pour apprécier la durée probable de la vie d'une personne?

— Savoir d'abord le jour de sa naissance, l'âge qu'elle a et sous quel signe elle a vu le jour.

— Puis ensuite?

— Avoir de son sang et de ses cheveux.

— Et, si je vous porte de son sang et de ses cheveux, si je vous dis sous quel signe il a vu le jour, si je vous dis l'âge qu'il a, le jour de sa naissance, vous me direz, vous, l'époque probable de sa mort?

— Oui, à quelques jours près.

— C'est bien. J'ai de ses cheveux, je me procurerai de son sang.

— La personne est-elle née pendant le jour ou pendant la nuit?

— A cinq heures vingt-trois minutes du soir.

— Soyez demain à cinq heures chez moi, l'expérience doit être faite à l'heure précise de la naissance.

— C'est bien, dit Catherine, *nous y serons.*

René salua et sortit sans paraître avoir remarqué le *nous y serons,* qui indiquait cependant que, contre son habitude, Catherine ne viendrait pas seule.

Le lendemain, au point du jour, Catherine passa chez son fils. A minuit, elle avait fait demander de ses nouvelles, et on lui avait répondu que maître Ambroise Paré était près de lui et s'apprêtait à le saigner si la même agitation nerveuse continuait.

Encore tressaillant dans son sommeil, encore pâle du sang qu'il avait perdu, Charles dormait sur l'épaule de sa fidèle nourrice, qui, appuyée contre son lit, n'avait point depuis trois heures changé de position de peur de troubler le repos de son cher enfant.

Une légère écume venait poindre de temps en temps sur les lèvres du malade, et la nourrice l'essuyait avec une fine batiste brodée. Sur le chevet était un mouchoir tout maculé de larges taches de sang.

Catherine eut un instant l'idée de s'emparer de ce mouchoir, mais elle pensa que ce sang, mêlé comme il l'était à la salive qui l'avait détrempé, n'aurait peut-être pas la même efficacité; elle demanda à la nourrice si le médecin n'avait pas saigné son fils comme il lui avait fait dire qu'il le devait faire. La nourrice répondit que si, et que la saignée avait été si abondante, que Charles s'était évanoui deux fois.

La reine mère, qui avait quelque connaissance en médecine comme toutes les princesses de cette épo-

que, demanda à voir le sang; rien n'était plus facile, le médecin avait recommandé qu'on le conservât pour en étudier les phénomènes.

Il était dans une cuvette dans le cabinet à côté de la chambre. Catherine y passa pour l'examiner, remplit de la rouge liqueur un petit flacon qu'elle avait apporté dans cette intention; puis rentra cachant dans ses poches ses doigts, dont l'extrémité eût dénoncé la profanation qu'elle venait de commettre.

Au moment où elle reparaissait sur le seuil du cabinet, Charles rouvrit les yeux et fut frappé de la vue de sa mère. Alors rappelant, comme à la suite d'un rêve, toutes ses pensées empreintes de rancune :

— Ah! c'est vous, madame, dit-il. Eh bien! annoncez à votre fils bien-aimé, à votre Henri d'Anjou, que ce sera pour demain.

— Mon cher Charles, dit Catherine, ce sera pour le jour que vous voudrez. Tranquillisez-vous donc et dormez.

Charles, comme s'il eût cédé à ce conseil, ferma effectivement les yeux; et Catherine, qui l'avait donné comme on fait pour consoler un malade ou un enfant, sortit de sa chambre. Mais derrière elle, et lorsqu'il eut entendu se refermer la porte, Charles se redressa, et, tout à coup, d'une voix étouffée par l'accès dont il souffrait encore :

— Mon chancelier, cria-t-il, les sceaux, la cour... qu'on me fasse venir tout cela.

La nourrice, avec une tendre violence, ramena la tête du roi sur son épaule, et, pour le rendormir, essaya de le bercer comme lorsqu'il était enfant.

— Non, non, nourrice, je ne dormirai plus. Appelle mes gens, je veux travailler ce matin.

Quand Charles parlait ainsi, il fallait obéir; et la nourrice elle-même, malgré les priviléges que son royal nourrisson lui avait conservés, n'osait aller contre ses commandements. On fit venir ceux que le roi demandait, et la séance fut fixée, non pas au lendemain, c'était chose impossible, mais à cinq jours de là.

Cependant, à l'heure convenue, c'est-à-dire à cinq heures, la reine mère et le duc d'Anjou se rendaient chez René, lequel, prévenu, comme on le sait, de cette visite, avait tout préparé pour la séance mystérieuse.

Dans la chambre à droite, c'est-à-dire dans la chambre aux sacrifices, rougissant, sur un réchaud ardent, une lame d'acier destinée à représenter, par ses capricieuses arabesques, les événements de la destinée sur laquelle on consultait l'oracle; sur l'autel était préparé le livre des sorts, et, pendant la nuit, qui avait été fort claire, René avait pu étudier la marche et l'attitude des constellations.

Henri d'Anjou entra le premier; il avait de faux cheveux, un masque couvrait sa figure et un grand manteau de nuit déguisait sa taille. Sa mère vint

Catherine ôta son masque.

ensuite; et, si elle n'eût pas su d'avance que c'était son fils qui l'attendait là, elle-même n'eût pu le reconnaître. Catherine ôta son masque; le duc d'Anjou, au contraire, garda le sien.

— As-tu fait cette nuit tes observations? demanda Catherine.

— Oui, madame, dit-il; et la réponse des astres m'a déjà appris le passé. Celui pour qui vous m'interrogez a, comme toutes les personnes nées sous le signe de l'écrevisse, le cœur ardent et d'une fierté sans exemple. Il est puissant, il a vécu près d'un quart de siècle; il a jusqu'à présent obtenu du ciel gloire et richesse. Est-ce cela, madame?

— Peut-être, dit Catherine.

— Avez-vous les cheveux et le sang?

— Les voici.

Et Catherine remit au nécromancien une boucle de cheveux d'un blond fauve et une petite fiole de sang.

René prit la fiole, la secoua pour bien réunir la fibrine et la sérosité, et laissa tomber sur la lame rougie une large goutte de cette chair coulante, qui bouillonna à l'instant même et s'extravasa bientôt en dessins fantastiques.

— Oh! madame, s'écria René, je le vois se tordre en d'atroces douleurs. Entendez-vous comme il gémit, comme il crie à l'aide! voyez-vous comme tout devient sang autour de lui, voyez-vous comme enfin autour de son lit de mort s'apprêtent de grands combats! Tenez, voici les lances; tenez, voici les épées.

— Sera-ce long? demanda Catherine palpitante d'une émotion indicible et arrêtant la main de Henri d'Anjou, qui, dans son avide curiosité, se penchait au-dessus du brasier.

René s'approcha de l'autel et répéta une prière cabalistique, mettant à cette action un feu et une conviction qui gonflaient les veines de ses tempes et lui donnaient ces convulsions prophétiques et ces tressaillements nerveux qui prenaient les pythies antiques sur le trépied et les poursuivaient jusque sur leur lit de mort.

Enfin il se releva et annonça que tout était prêt, prit d'une main le flacon encore aux trois quarts plein et de l'autre la boucle de cheveux; puis, commandant à Catherine d'ouvrir le livre au hasard et de laisser tomber sa vue sur le premier endroit venu, il versa sur la lame d'acier tout le sang et jeta dans le brasier tous les cheveux en prononçant une phrase cabalistique composée de mots hébreux auxquels il n'entendait rien lui-même.

Aussitôt, le duc d'Anjou et Catherine virent s'étendre sur cette lame une figure blanche comme celle d'un cadavre enveloppé de son suaire.

Une autre figure, qui semblait celle d'une femme, était inclinée sur la première.

En même temps, les cheveux s'enflammèrent en donnant un seul jet de feu, clair, rapide, dardé comme une langue rouge.

— Un an! s'écria René, un an à peine, et cet homme sera mort, et une femme pleurera seule sur lui. Mais non, là-bas, là-bas, au bout de la lame, une autre femme encore, qui tient comme un enfant dans ses bras.

Catherine regarda son fils, et, toute mère qu'elle était, sembla lui demander quelles étaient ces deux femmes.

Mais René achevait à peine, que la plaque d'acier redevint blanche; tout s'y était graduellement effacé.

Alors Catherine ouvrit le livre au hasard et lut, d'une voix dont, malgré toute sa force, elle ne pouvait cacher l'altération, le distique suivant :

Ains a peri cil que l'on redoutoit,
Plus tôt, trop tôt, si prudence n'étoit.

Un profond silence régna quelque temps autour du brasier.

— Et pour celui que tu sais, demanda Catherine, quels sont les signes de ce mois?

— Florissants comme toujours, madame. A moins de vaincre le destin par une lutte de dieu à dieu, l'avenir est bien certainement à cet homme. Cependant...

— Cependant, quoi?

— Une des étoiles qui composent sa pléiade est restée pendant le temps de mes observations couverte d'un nuage noir.

— Ah! s'écria Catherine, un nuage noir... Il y aurait donc quelque espérance?

— De qui parlez-vous, madame? demanda le duc d'Anjou.

Catherine emmena son fils loin de la lueur du brasier et lui parla à voix basse.

Pendant ce temps, René s'agenouillait, et, à la clarté de la flamme, versant dans sa main une dernière goutte de sang demeurée au fond de la fiole :

— Bizarre contradiction, disait-il, et qui prouve combien peu sont solides les témoignages de la science simple que pratiquent les hommes vulgaires! Pour tout autre que moi, pour un médecin, pour un savant, pour maître Ambroise Paré lui-même, voilà un sang si pur, si fécond, si plein de mordant et de sucs animaux, qu'il promet de longues années au corps dont il est sorti; — et cependant toute cette vigueur doit disparaître bientôt, toute cette vie doit s'éteindre avant un an!

Catherine et Henri d'Anjou s'étaient retournés et écoutaient. Les yeux du prince brillaient à travers son masque.

— Ah! continua René, c'est qu'aux savants ordinaires le présent seul appartient; tandis qu'à nous appartiennent le passé et l'avenir.

— Ainsi donc, continua Catherine, vous persistez à croire qu'il mourra avant une année?

— Aussi certainement que nous sommes ici trois personnes vivantes qui un jour reposeront à leur tour dans le cercueil.

— Cependant vous disiez que le sang était pur et fécond, vous disiez que ce sang promettait une longue vie?

— Oui, si les choses suivaient leur cours naturel. Mais n'est-il pas possible qu'un accident...

— Ah! oui, vous entendez, dit Catherine à Henri, un accident...

— Hélas! dit celui-ci, raison de plus pour demeurer.

— Oh! quant à cela, n'y songez plus, c'est chose impossible.

Alors se retournant vers René :

— Merci, dit le jeune homme en déguisant le timbre de sa voix, merci, prends cette bourse.

— Venez, comte, dit Catherine donnant à dessein à son fils un titre qui devait dérouter les conjectures de René.

Et ils partirent.

— Oh ! ma mère, vous voyez, dit Henri, un accident !... et, si cet accident-là arrive, je ne serai point là ; je serai à quatre cents lieues de vous...

— Quatre cents lieues se font en huit jours, mon fils.

— Oui, mais sait-on si ces gens-là me laisseront revenir ! Que ne puis-je attendre, ma mère !... »

— Qui sait ! dit Catherine, cet accident dont parle René n'est-il pas celui qui, depuis hier, couche le roi sur un lit de douleurs ? Écoutez, rentrez de votre côté, mon enfant ; moi, je vais passer par la petite porte du cloître des Augustines, ma suite m'attend dans ce couvent. Allez, Henri, allez, et gardez-vous d'irriter votre frère, si vous le voyez.

XIII

LES CONFIDENCES.

a première chose qu'apprit le duc d'Anjou en arrivant au Louvre, c'est que l'entrée solennelle des ambassadeurs était fixée au cinquième jour. Les tailleurs et les joailliers attendaient le prince avec de magnifiques habits et de superbes parures que le roi avait commandés pour lui.

Pendant qu'il les essayait avec une colère qui mouillait ses yeux de larmes, Henri de Navarre s'égayait fort d'un magnifique collier d'émeraudes, d'une épée à poignée d'or et d'une bague précieuse que Charles lui avait envoyés le matin même.

D'Alençon venait de recevoir une lettre, et s'était renfermé dans sa chambre pour la lire en toute liberté.

Quant à Coconas, il demandait son ami à tous les échos du Louvre.

En effet, comme on le pense bien, Coconas, assez peu surpris de ne pas voir rentrer la Mole de toute la nuit, avait commencé dans la matinée à concevoir quelque inquiétude : il s'était en conséquence mis à la recherche de son ami, commençant son investigation par l'hôtel de la Belle-Étoile, passant de l'hôtel de la Belle-Étoile à la rue Cloche-Percée, de la rue Cloche-Percée à la rue Tizon, de la rue Tizon au pont Saint-Michel, enfin du pont Saint-Michel au Louvre.

Cette investigation avait été faite, vis-à-vis de ceux auxquels elle s'adressait, d'une façon tantôt si originale, tantôt si exigeante, ce qui est facile à concevoir quand on connaît le caractère excentrique de Coconas, qu'elle avait suscité entre lui et trois seigneurs de la cour des explications qui avaient fini

Les tailleurs et les joailliers attendaient le prince. — PAGE 63.

à la mode de l'époque, c'est-à-dire sur le terrain. Coconas avait mis à ces rencontres la conscience qu'il mettait d'ordinaire à ces sortes de choses; il avait tué le premier et blessé les deux autres, en disant :

— Ce pauvre la Mole, il savait si bien le latin !

C'était au point que le dernier, qui était le baron de Boissey, lui avait dit en tombant :

— Ah ! pour l'amour du ciel, Coconas, varie un peu, et dis au moins qu'il savait le grec.

Enfin, le bruit de l'aventure du corridor avait transpiré; Coconas s'en était gonflé de douleur, car un instant il avait cru que tous ces rois et tous ces princes lui avaient tué son ami, et l'avaient jeté dans quelque oubliette, ou l'avaient enterré dans quelque coin.

Il apprit que d'Alençon avait été de la partie, et, passant par-dessus la majesté qui entourait le prince du sang, il l'alla trouver et lui demanda une explication comme il l'eût fait envers un simple gentilhomme.

D'Alençon eut d'abord bonne envie de mettre à la porte l'impertinent qui venait lui demander compte de ses actions; mais Coconas parlait d'un ton de

D'Alençon eut d'abord bonne envie de mettre à la porte l'impertinent. — Page 64.

de voix si bref, ses yeux flamboyaient d'un tel éclat, l'aventure des trois duels en moins de vingt-quatre heures avait placé le Piémontais si haut, qu'il réfléchit, et qu'au lieu de se livrer à son premier mouvement il répondit à son gentilhomme avec un charmant sourire :

— Mon cher Coconas, il est vrai que le roi, furieux d'avoir reçu sur l'épaule une aiguière d'argent, le duc d'Anjou, mécontent d'avoir été coiffé avec une compote d'orange, et le duc de Guise humilié d'avoir été souffleté avec un quartier de sanglier, ont fait la partie de tuer M. de la Mole; mais un ami de votre ami a détourné le coup. La partie a donc manqué, je vous en donne ma parole de prince.

— Ah! fit Coconas respirant sur cette assurance comme un soufflet de forge, ah! mordi! monseigneur, voilà qui est bien, et je voudrais connaître cet ami pour lui prouver ma reconnaissance.

M. d'Alençon ne répondit rien, mais sourit plus agréablement encore qu'il ne l'avait fait; ce qui laissa croire à Coconas que cet ami n'était autre que le prince lui-même.

— Eh bien! monseigneur, reprit-il, puisque vous

avez tant fait que de me dire le commencement de l'histoire, mettez le comble à vos bontés en me racontant la fin. On voulait le tuer, mais on ne l'a pas tué, me dites-vous; voyons! qu'en a-t-on fait? Je suis courageux, allez! dites, et je sais supporter une mauvaise nouvelle. On l'a jeté dans quelque cul de basse-fosse, n'est-ce pas? Tant mieux, cela le rendra circonspect. Il ne veut jamais écouter mes conseils. D'ailleurs, on l'en tirera, mordi! les pierres ne.sont pas dures pour tout le monde.

D'Alençon hocha la tête.

— Le pis de tout cela, dit-il, mon brave Coconas, c'est que depuis cette aventure ton ami a disparu, sans qu'on sache où il est passé.

— Mordi! s'écria le Piémontais en pâlissant de nouveau, fût-il passé en enfer, je saurai où il est.

— Écoute, dit d'Alençon, qui avait, mais par des motifs bien différents, aussi bonne envie que Coconas de savoir où était la Mole, je te donnerai un conseil d'ami.

— Donnez, monseigneur, dit Coconas, donnez.

— Va trouver la reine Marguerite, elle doit savoir ce qu'est devenu celui que tu pleures.

— S'il faut que je l'avoue à Votre Altesse, dit Coconas, j'y avais déjà pensé, mais je n'avais point osé; car, outre que madame Marguerite m'impose plus que je ne saurais dire, j'avais peur de la trouver dans les larmes. Mais, puisque Votre Altesse m'assure que la Mole n'est pas mort, et que Sa Majesté doit savoir où il est, je vais faire provision de courage et aller la trouver.

— Va, mon ami, va, dit le duc François. Et, quand tu auras des nouvelles, donne-m'en à moi-même; car je suis en vérité aussi inquiet que toi. Seulement, souviens-toi d'une chose, Coconas…

— Laquelle?

— Ne dis pas que tu viens de ma part, car, en commettant cette imprudence, tu pourrais bien ne rien apprendre.

— Monseigneur, dit Coconas, du moment où Votre Altesse me recommande le secret sur ce point, je serai muet comme une tanche ou comme la reine mère.—Bon prince, excellent prince, prince magnanime, murmura Coconas en se rendant chez la reine de Navarre.

Marguerite attendait Coconas, car le bruit de son désespoir était arrivé jusqu'à elle, et, en apprenant ar quels exploits ce désespoir s'était signalé, elle vait presque pardonné à Coconas la façon quelque u brutale dont il traitait son amie madame la du-esse de Nevers, à laquelle le Piémontais ne s'é-it point adressé à cause d'une grosse brouille exis-nt déjà depuis deux ou trois jours entre eux. Il t donc introduit chez la reine aussitôt qu'an-noncé.

Coconas entra, sans pouvoir surmonter ce certain embarras dont il avait parlé à d'Alençon, qu'il éprouvait toujours en face de la reine et qui lui

était bien plus inspiré par la supériorité de l'esprit que par celle du rang; mais Marguerite l'accueillit avec un sourire qui le rassura tout d'abord.

— Eh! madame, dit-il, rendez-moi mon ami, je vous en supplie, ou dites-moi tout au moins ce qu'il est devenu; car sans lui je ne puis pas vivre. Supposez Euryale sans Nisus, Damon sans Pythias, ou Oreste sans Pylade, et ayez pitié de mon infortune en faveur d'un des héros que je viens de vous citer, et dont le cœur, je vous le jure, ne l'emportait pas en tendresse sur le mien.

Marguerite sourit, et, après avoir fait promettre le secret à Coconas, elle lui raconta la fuite par la fenêtre.

Quant au lieu de son séjour, si instantes que fussent les prières du Piémontais, elle garda sur ce point le plus profond silence. Cela ne satisfaisait qu'à demi Coconas, aussi se laissa-t-il aller à des aperçus diplomatiques de la plus haute sphère. Il en résulta que Marguerite vit clairement que le duc d'Alençon était de moitié dans le désir qu'avait son gentilhomme de connaître ce qu'était devenu la Mole.

— Eh bien! dit la reine, si vous voulez absolument savoir quelque chose de positif sur le compte de votre ami, demandez au roi Henri de Navarre, c'est le seul qui ait le droit de parler; quant à moi, tout ce que je puis vous dire, c'est que celui que vous cherchez est vivant : croyez-en ma parole.

— J'en crois une chose plus certaine encore, madame, répondit Coconas : ce sont vos beaux yeux qui n'ont point pleuré.

Puis, croyant qu'il n'y avait rien à ajouter à une phrase qui avait le double avantage de rendre sa pensée et d'exprimer la haute opinion qu'il avait du mérite de la Mole, Coconas se retira, en ruminant un raccommodement avec madame de Nevers, non pas pour elle personnellement, mais pour savoir d'elle ce qu'il n'avait pu savoir de Marguerite.

Les grandes douleurs sont des situations anormales dont l'esprit secoue le joug aussi vite qu'il lui est possible. L'idée de quitter Marguerite avait d'abord brisé le cœur de la Mole, et c'était bien plutôt pour sauver la réputation de la reine que pour préserver sa propre vie qu'il avait consenti à fuir.

Aussi, dès le lendemain au soir, était-il revenu à Paris pour revoir Marguerite à son balcon. Marguerite, de son côté, comme si une voix secrète lui eût appris le retour du jeune homme, avait passé toute la soirée à sa fenêtre; il en résulta que tous deux s'étaient revus avec ce bonheur indicible qui accompagne les jouissances défendues. Il y a même plus, l'esprit mélancolique et romanesque de la Mole trouvait un certain charme à ce contre-temps. Cependant, comme l'amant véritablement épris n'est heureux qu'un moment, celui pendant lequel il voit ou possède, et souffre pendant tout le temps de l'absence, la Mole, ardent de revoir Marguerite, s uecupa d'organiser au plus vite l'événement qui devait la lui rendre, c'est-à-dire la fuite du roi de Navarre.

Quant à Marguerite, elle se laissait, de son côté, aller au bonheur d'être aimée avec un dévouement si pur. Souvent elle s'en voulait de ce qu'elle regardait comme une faiblesse; elle, cet esprit viril, méprisant les pauvretés de l'amour vulgaire, insensible aux minuties qui en font pour les âmes tendres le plus doux, le plus délicat, le plus désirable de tous les bonheurs, elle trouvait sa journée, sinon heureusement remplie, du moins heureusement terminée, quand, vers neuf heures, paraissant à son balcon vêtue d'un peignoir blanc, elle apercevait sur le quai, dans l'ombre, un cavalier dont la main se posait sur ses lèvres, sur son cœur, c'était alors une toux significative qui rendait à l'amant le souvenir de la voix aimée. C'était quelquefois aussi un billet vigoureusement lancé par une petite main et qui enveloppait quelque bijou précieux, mais bien plus précieux encore pour avoir appartenu à celle qui l'envoyait que pour la matière qui lui donnait sa valeur, et qui allait résonner sur le pavé à quelques pas du jeune homme. Alors la Mole, pareil à un milan, fondait sur cette proie, la serrait dans son sein, répondait par la même voie, et Marguerite ne quittait son balcon qu'après avoir entendu se perdre dans la nuit les pas du cheval poussé à toute bride pour venir, et qui, pour s'éloigner, semblait d'une matière aussi inerte que le fameux colosse qui perdit Troie.

Voilà pourquoi la reine n'était pas inquiète du sort de la Mole, auquel, du reste, de peur que ses pas ne fussent épiés, elle refusait opiniâtrément tout autre rendez-vous que ces entrevues à l'espagnole, qui duraient depuis sa fuite et se renouvelaient dans la soirée de chacun des jours qui s'écoulaient dans l'attente de la réception des ambassadeurs, réception remise à quelques jours, comme on l'a vu, par les ordres exprès d'Ambroise Paré.

La veille de cette réception, vers neuf heures du soir, comme tout le monde au Louvre était préoccupé des préparatifs du lendemain, Marguerite ouvrit sa fenêtre et s'avança sur le balcon; mais à peine y fut-elle, que, sans attendre la lettre de Marguerite, la Mole, plus pressé que de coutume, envoya la sienne, qui vint, avec son adresse accoutumée, tomber aux pieds de sa royale maîtresse. Marguerite comprit que la missive devait renfermer quelque chose de particulier, elle rentra pour la lire.

Le billet, sur le *recto* de la première page, renfermait ces mots :

« Madame, il faut que je parle au roi de Navarre. L'affaire est urgente. J'attends. »

Et, sur le second *recto*, ces mots, que l'on pouvait isoler des premiers en séparant les deux feuilles :

« Ma dame et ma reine, faites que je puisse vous donner un de ces baisers que je vous envoie. J'attends. »

Marguerite achevait à peine cette seconde partie de la lettre, qu'elle entendit la voix de Henri de Navarre, qui, avec sa réserve habituelle, frappait à la porte commune et demandait à Gillonne s'il pouvait entrer.

La reine divisa aussitôt la lettre, mit une des pages dans son corset, l'autre dans sa poche, courut à la fenêtre, qu'elle ferma, et, s'élançant vers la fenêtre :

— Entrez, sire, dit-elle.

Si doucement, si promptement, si habilement que Marguerite eût fermé cette fenêtre, la commotion en était arrivée jusqu'à Henri, dont les sens toujours tendus avaient, au milieu de cette société dont il se défiait si fort, presque acquis l'exquise délicatesse où ils sont portés chez l'homme vivant dans l'état sauvage. Mais le roi de Navarre n'était pas un de ces tyrans qui veulent empêcher leurs femmes de prendre l'air et de contempler les étoiles.

Henri était souriant et gracieux comme d'habitude.

— Madame, dit-il, tandis que tous nos gens de cour essayent leurs habits de cérémonie, j'ai pensé à venir échanger avec vous quelques mots de mes affaires, que vous continuez de regarder comme les vôtres, n'est-ce pas?

— Certainement, monsieur, répondit Marguerite, nos intérêts ne sont-ils pas toujours les mêmes?

— Oui, madame, et c'est pour cela que je voulais vous demander ce que vous pensez de l'affectation que M. le duc d'Alençon met depuis quelques jours à me fuir, à ce point que, depuis avant-hier, il s'est retiré à Saint-Germain. Ne serait-ce pas pour lui, soit un moyen de partir seul, car il est peu surveillé, soit un moyen de ne point partir du tout? Votre avis, s'il vous plaît, madame ; il sera, je vous l'avoue, d'un grand poids pour affermir le mien.

— Votre Majesté a raison de s'inquiéter du silence de mon frère. J'y ai songé aujourd'hui toute la journée, et mon avis est que, les circonstances ayant changé, il a changé avec elles.

— C'est-à-dire, n'est-ce pas, que, voyant le roi Charles malade, le duc d'Anjou roi de Pologne, il ne serait pas fâché de demeurer à Paris pour garder à vue la couronne de France?

— Justement.

— Soit. Je ne demande pas mieux, dit Henri : qu'il reste, seulement, cela change tout notre plan; car il me faut, pour partir seul, trois fois les garanties que j'aurais demandées pour partir avec votre frère, dont le nom et la présence dans l'entreprise me sauvegardaient. Ce qui m'étonne seulement, c'est de ne pas entendre parler de de Mouy. Ce n'est point son habitude de demeurer ainsi sans bouger. N'en auriez-vous point eu des nouvelles, madama ?

— Moi ! sire, dit Marguerite étonnée ; et comment voulez-vous...

— Eh ! pardieu, ma mie, rien ne serait plus naturel ; vous avez bien voulu, pour me faire plaisir, sauver la vie au petit la Mole... Ce garçon a dû aller à Mantes... et, quand on y va, on en peut bien revenir...

— Ah ! voilà qui me donne la clef d'une énigme dont je cherchais vainement le mot, répondit Marguerite. J'avais laissé la fenêtre ouverte, et j'ai trouvé, en rentrant, sur mon tapis, une espèce de billet.

— Voyez-vous cela ! dit Henri.

— Un billet auquel d'abord je n'ai rien compris, et auquel je n'ai attaché aucune importance, continua Marguerite ; peut-être avais-je tort et vient-il de ce côté-là.

— C'est possible, dit Henri ; j'oserai même dire que c'est probable. Peut-on voir ce billet ?

— Certainement, sire, répondit Marguerite en remettant au roi celle des deux feuilles de papier qu'elle avait introduite dans sa poche.

Le roi jeta les yeux dessus.

— N'est-ce point l'écriture de M. de la Mole ? dit-il.

— Je ne sais, répondit Marguerite ; le caractère m'en a paru contrefait.

— N'importe, lisons, dit Henri.

Et il lut :

« Madame, il faut que je parle au roi de Navarre. L'affaire est urgente. J'attends. »

— Ah ! oui-da ! continua Henri... Voyez-vous, il dit qu'il attend !

— Certainement, je le vois, dit Marguerite. Mais que voulez-vous ?

— Eh ! ventre-saint-gris ! je veux qu'il vienne.

— Qu'il vienne ! s'écria Marguerite en fixant sur son mari ses beaux yeux étonnés ; comment pouvez-vous dire une chose pareille, sire ? Un homme que le roi a voulu tuer... qui est signalé, menacé... Qu'il vienne, dites-vous ? est-ce que c'est possible !... Les portes sont-elles faites pour ceux qui ont été...

— Obligés de fuir par la fenêtre... vous voulez dire ?

— Justement, et vous achevez ma pensée.

— Eh bien ! mais, s'ils connaissent le chemin de la fenêtre, qu'ils reprennent ce chemin, puisqu'ils ne peuvent absolument pas entrer par la porte. C'est tout simple, cela.

— Vous croyez ! dit Marguerite rougissant de plaisir à l'idée de se rapprocher de la Mole.

— J'en suis sûr.

— Mais comment monter ? demanda la reine.

— N'avez-vous donc pas conservé l'échelle de corde que je vous avais envoyée ? Ah ! je ne reconnaîtrais point là votre prévoyance habituelle.

— Si fait, sire, dit Marguerite.

— Alors, c'est parfait, dit Henri.

— Qu'ordonne donc Votre Majesté ?

— Mais c'est tout simple, dit Henri, attachez-la à votre balcon, et la laissez pendre. Si c'est de Mouy qui attend — et je serais tenté de le croire — si c'est de Mouy qui attend et qui veuille monter, il montera, ce digne ami.

Et, sans perdre de son flegme, Henri prit la bougie pour éclairer Marguerite dans la recherche qu'elle s'apprêtait à faire de l'échelle ; la recherche ne fut pas longue, elle était enfermée dans une armoire du fameux cabinet.

— Là, c'est cela, dit Henri ; maintenant, madame, si ce n'est pas trop exiger de votre complaisance, attachez, je vous prie, cette échelle au balcon.

— Pourquoi moi et non pas vous, sire ? dit Marguerite.

— Parce que les meilleurs conspirateurs sont les plus prudents. La vue d'un homme effaroucherait peut-être notre ami, vous comprenez...

Marguerite sourit et attacha l'échelle.

— Là, dit Henri en restant caché dans l'angle de l'appartement ; montrez-vous bien ; maintenant, faites voir l'échelle. A merveille, je suis sûr que de Mouy va monter.

En effet, dix minutes après, un homme ivre de joie enjamba le balcon, et, voyant que la reine ne venait pas au-devant de lui, demeura quelques secondes hésitant. Mais, à défaut de Marguerite, Henri s'avança.

— Tiens, dit-il gracieusement, ce n'est point de Mouy, c'est M. de la Mole ; bonsoir, monsieur de la Mole ; entrez donc, je vous prie.

La Mole demeura un instant stupéfait. Peut-être, s'il eût été encore suspendu à son échelle, au lieu d'être posé de pied ferme sur le balcon, fût-il tombé en arrière.

— Vous avez désiré parler au roi de Navarre pour affaires urgentes, dit Marguerite ; je l'ai fait prévenir, et le voilà.

Henri alla fermer la fenêtre.

— Je t'aime, dit Marguerite en serrant vivement la main du jeune homme.

— Eh bien ! monsieur, fit Henri en présentant une chaise à la Mole, que disons-nous ?

— Nous disons, sire, répondit celui-ci, que j'ai quitté M. de Mouy à la barrière. Il désire savoir si Maurevel a parlé et si sa présence dans la chambre de Votre Majesté est connue.

— Pas encore, mais cela ne peut tarder ; il faut donc nous hâter.

— Votre opinion est la sienne, sire, et, si demain, pendant la soirée, M. d'Alençon est prêt à partir, de Mouy se trouvera à la porte Saint-Marcel avec cent cinquante hommes, cinq cents vous attendront à Fontainebleau ; alors vous gagnerez Blois, Angoulême et Bordeaux.

— Madame, dit Henri en se tournant vers sa

Un homme ivre de joie enjamba le balcon. — Page 68.

femme, demain, pour mon compte, je serai prêt, le serez-vous?

Les yeux de la Mole se fixèrent sur ceux de Marguerite avec une profonde anxiété.

— Vous avez ma parole, dit la reine : partout où vous irez, je vous suis; mais, vous le savez, il faut que M. d'Alençon parte en même temps que nous. Pas de milieu avec lui, il nous sert ou nous trahit; s'il hésite, ne bougeons pas.

— Sait-il quelque chose de ce projet, monsieur de la Mole? demanda Henri.

— Il a dû, il y a quelques jours, recevoir une lettre de M. de Mouy.

— Ah! ah! dit Henri, et il ne m'a parlé de rien!

— Défiez-vous, monsieur, dit Marguerite, défiez-vous.

— Soyez tranquille, je suis sur mes gardes. Comment faire tenir une réponse à de Mouy?

— Ne vous inquiétez de rien. sire. A droite ou à gauche de Votre Majesté, visible ou invisible, demain, pendant la réception des ambassadeurs, il sera là, un mot dans le discours de la reine qui lui fasse comprendre si vous consentez ou non, s'il doit fuir ou vous attendre. Si le duc d'Alençon refuse, il ne demande que quinze jours pour tout réorganiser en votre nom.

— En vérité, dit Henri, de Mouy est un homme précieux. Pouvez-vous intercaler dans votre discours la phrase attendue, madame?

— Rien de plus facile, répondit Marguerite.

— Alors, dit Henri, je verrai demain M. d'Alençon; que de Mouy soit à son poste et comprenne à demi-mot.

— Il y sera, sire.

— Eh bien! monsieur de la Mole, dit Henri, allez lui porter ma réponse. Vous avez sans doute dans les environs un cheval, un serviteur?

— Orthon est là qui m'attend sur le quai.

— Allez le rejoindre, monsieur le comte. Oh! non point par la fenêtre; c'est bon dans les occasions extrêmes. Vous pourriez être vu, et, comme on ne saurait pas que c'est pour moi que vous vous exposez ainsi, vous compromettriez la reine.

— Mais par où, sire?

— Si vous ne pouvez pas entrer seul au Louvre, vous en pouvez sortir avec moi, qui ai le mot d'ordre. Vous avez votre manteau, j'ai le mien; nous

nous envelopperons tous deux, et nous traverserons le guichet sans difficulté. D'ailleurs, je serai aise de donner quelques ordres particuliers à Orthon. Attendez ici, je vais voir s'il n'y a personne dans les corridors.

Henri, de l'air du monde le plus naturel, sortit pour aller explorer le chemin. La Mole resta seul avec la reine.

— Oh! quand vous reverrai-je? dit la Mole.

— Demain soir, si nous fuyons; un de ces soirs, dans la maison de la rue Cloche-Percée, si nous ne fuyons pas.

— Monsieur de la Mole, dit Henri en rentrant, vous pouvez venir, il n'y a personne.

La Mole s'inclina respectueusement devant la reine.

— Donnez-lui votre main à baiser, madame, dit Henri, M. de la Mole n'est pas un serviteur ordinaire.

Marguerite obéit.

— A propos, dit Henri, serrez l'échelle de corde avec soin; c'est un meuble précieux pour des conspirateurs; et, au moment où l'on s'y attend le moins, on peut avoir besoin de s'en servir. Venez, monsieur de la Mole, venez.

XIV

LES AMBASSADEURS.

L e lendemain, toute la population de Paris s'était portée vers le faubourg Saint-Antoine, par lequel il avait été décidé que les ambassadeurs polonais feraient leur entrée. — Une haie de Suisses contenait la foule, et des détachements de cavaliers protégeaient la circulation des seigneurs et des dames de la cour qui se portaient au-devant du cortége.

Bientôt parut, à la hauteur de l'abbaye Saint-Antoine, une troupe de cavaliers vêtus de rouge et de jaune, avec des bonnets et des manteaux fourrés, et tenant à la main des sabres larges et recourbés comme les cimeterres des Turcs.

Les officiers marchaient sur les flancs des lignes.

Derrière cette première troupe en venait une seconde équipée avec un luxe tout à fait oriental. — Elle précédait les ambassadeurs, qui, au nombre de quatre, représentaient magnifiquement le plus mythologique des royaumes chevaleresques du seizième siècle.

L'un de ces ambassadeurs était l'évêque de Cracovie. Il portait un costume demi-pontifical, demi-guerrier, mais éblouissant d'or et de pierreries. Son cheval blanc à longs crins flottants et au pas relevé semblait souffler le feu par ses naseaux ; personne n'aurait pensé que depuis un mois le noble animal faisait quinze lieues chaque jour par des chemins que le mauvais temps avait rendus presque impraticables.

Près de l'évêque marchait le palatin Lasco, puissant seigneur si rapproché de la couronne, qu'il avait la richesse d'un roi comme il en avait l'orgueil.

Après les deux ambassadeurs principaux qu'accompagnaient deux autres palatins de haute naissance, venait une quantité de seigneurs polonais, dont les chevaux, harnachés de soie, d'or et de pierreries, excitèrent la bruyante approbation du peuple. En effet, les cavaliers français, malgré la richesse de leurs équipages, étaient complétement éclipsés par ces nouveaux venus, qu'ils appelaient dédaigneusement des barbares.

Jusqu'au dernier moment, Catherine avait espéré que la réception serait remise encore, et que la décision du roi céderait à sa faiblesse, qui continuait. Mais, lorsque le jour fut venu, lorsqu'elle vit Charles, pâle comme un spectre, revêtir le splendide manteau royal, elle comprit qu'il fallait plier en apparence sous cette volonté de fer, et elle commença de croire que le plus sûr parti pour Henri d'Anjou était l'exil magnifique auquel il était condamné.

Charles, à part les quelques mots qu'il avait prononcés lorsqu'il avait rouvert les yeux, au moment où sa mère sortait du cabinet, n'avait point parlé à Catherine depuis la scène qui avait amené la crise à laquelle il avait failli succomber. Chacun, dans le Louvre, savait qu'il y avait eu une altercation terrible entre eux sans connaître la cause de cette altercation, et les plus hardis tremblaient devant cette froideur et ce silence, comme tremblent les oiseaux devant le calme menaçant qui précède l'orage.

Cependant tout s'était préparé au Louvre, non pas comme pour une fête, il est vrai, mais comme pour quelque lugubre cérémonie. L'obéissance de chacun avait été morne ou passive. On savait que Catherine avait presque tremblé, et tout le monde tremblait.

La grande salle de réception du palais avait été préparée, et, comme ces sortes de séances étaient ordinairement publiques, les gardes et les sentinelles avaient reçu l'ordre de laisser entrer, avec los ambassadeurs, tout ce que les appartements et les cours pourraient contenir de populaire.

Quant à Paris, son aspect était toujours celui que présente la grande ville en pareille circonstance, c'est-à-dire empressement et curiosité. Seulement, quiconque eût bien considéré ce jour-là la population de la capitale eût reconnu parmi les groupes, composés de ces honnêtes figures de bourgeois naïvement béantes, bon nombre d'hommes enveloppés dans de grands manteaux, se répondant les uns aux autres par des coups d'œil, des signes de la main quand ils étaient à distance, et échangeant à voix basse quelques mots rapides et significatifs toutes les fois qu'ils se rapprochaient. Ces hommes, au reste, paraissaient fort préoccupés du cortége, le suivaient des premiers, et paraissaient recevoir leurs ordres d'un vénérable vieillard, dont les yeux noirs et vifs

Les discours commencèrent. — PAGE **73**.

faisaient, malgré sa barbe blanche et ses sourcils grisonnants, ressortir la verte activité. En effet, ce vieillard, soit par ses propres moyens, soit qu'il fût aidé par les efforts de ses compagnons, parvint à se glisser des premiers dans le Louvre, et, grâce à la complaisance du chef des Suisses, digne huguenot, fort peu catholique malgré sa conversion, trouva moyen de se placer derrière les ambassadeurs, juste en face de Marguerite et de Henri de Navarre.

Henri, prévenu par la Mole que de Mouy devait, sous un déguisement quelconque, assister à la séance, jetait les yeux de tous côtés. Enfin ses regards ren-

contrèrent ceux du vieillard et ne le quittèrent plus : un signe de de Mouy avait fixé tous les doutes du roi de Navarre. Car de Mouy était si bien déguisé, que Henri lui-même avait douté que ce vieillard à barbe blanche pût être le même que cet intrépide chef des huguenots qui avait fait, cinq ou six jours auparavant, une si rude défense.

Un mot de Henri, prononcé à l'oreille de Marguerite, fixa les regards de la reine sur de Mouy. Puis alors ses beaux yeux s'égarèrent dans les profondeurs de la salle ; elle cherchait la Mole, mais inutilement. La Mole n'y était pas.

Charles répondit par une adhésion courte et précise.

Les discours commencèrent. Le premier fut au roi. Lasco lui demandait, au nom de la diète, son assentiment à ce que la couronne de Pologne fût offerte à un prince de la maison de France.

Charles répondit par une adhésion courte et précise, présentant le duc d'Anjou, son frère, du courage duquel il fit un grand éloge aux envoyés polonais. Il parlait en français ; un interprète traduisait sa réponse après chaque période. Et, pendant que l'interprète parlait à son tour, on pouvait voir le roi approcher de sa bouche un mouchoir qui, à chaque fois, s'en éloignait teint de sang.

Quand la réponse de Charles fut terminée, Lasco se tourna vers le duc d'Anjou, s'inclina et commença un discours latin, dans lequel il lui offrait le trône au nom de la nation polonaise.

Le duc répondit dans la même langue, et d'une voix dont il cherchait en vain à contenir l'émotion, qu'il acceptait avec reconnaissance l'honneur qui lui était décerné. Pendant tout le temps qu'il parla, Charles resta debout, les lèvres serrées, l'œil fixé sur lui, immobile et menaçant comme l'œil d'un aigle.

Quand le duc d'Anjou eut fini, Lasco prit la couronne des Jagellons, posée sur un coussin de velours rouge, et, tandis que deux seigneurs polonais revêtaient le duc d'Anjou du manteau royal, il déposa la couronne entre les mains de Charles.

Charles fit un signe à son frère. Le duc d'Anjou vint s'agenouiller devant lui, et, de ses propres mains, Charles lui posa la couronne sur la tête : alors les deux rois échangèrent un des plus haineux baisers que se soient jamais donnés deux frères.

Aussitôt un héraut cria :

« Alexandre-Édouard-Henri de France, duc d'Anjou, vient d'être couronné roi de Pologne. Vive le roi de Pologne ! »

Toute l'assemblée répéta d'un seul cri : Vive le roi de Pologne !

Alors Lasco se tourna vers Marguerite. Le discours de la belle reine avait été gardé pour le dernier. Or, comme c'était une galanterie qui lui avait été accordée pour faire briller son beau génie, comme on disait alors, chacun porta une grande attention à la réponse, qui devait être en latin. Nous avons vu que Marguerite l'avait composée elle-même.

Le discours de Lasco fut plutôt un éloge qu'un discours. Il avait cédé, tout Sarmate qu'il était, à l'admiration qu'inspirait à tous la belle reine de Navarre ; et, empruntant la langue à Ovide, mais le style à Ronsard, il dit que, partis de Varsovie au milieu de la plus profonde nuit, ils n'auraient su, lui et ses compagnons, comment retrouver leur chemin, si, comme les rois mages, ils n'avaient eu deux étoiles pour les guider. Étoiles qui devenaient de plus en plus brillantes à mesure qu'ils approchaient de la France, et qu'ils reconnaissaient maintenant n'être autre chose que les deux beaux yeux de la reine de Navarre. Enfin, passant de l'Évangile au Coran, de la Syrie à l'Arabie-Pétrée, de Nazareth à la Mecque, il termina en disant qu'il était tout prêt à faire ce que faisaient les sectateurs ardents du prophète, qui, une fois qu'ils avaient eu le bonheur de contempler son tombeau, se crevaient les yeux ; jugeant que, après avoir joui d'une si belle vue, rien dans ce monde ne valait plus la peine d'être admiré.

Ce discours fut couvert d'applaudissements de la part de ceux qui parlaient latin, parce qu'ils partageaient l'opinion de l'orateur ; de la part de ceux qui ne l'entendaient point, parce qu'ils voulaient avoir l'air de l'entendre.

Marguerite fit d'abord une gracieuse révérence au galant Sarmate, puis, tout en répondant à l'ambassadeur, fixant les yeux sur de Mouy, elle commença en ces termes :

« *Quod nunc hac in aula insperati adestis exultaremus eao et coniux. nisi ideo immineret calami-*

tas, scilicet non solum fratris sed etiam amici orbitas (1). »

Ces paroles avaient deux sens, et, tout en s'adressant à de Mouy, pouvaient s'adresser à Henri d'Anjou. Aussi ce dernier salua-t-il en signe de reconnaissance.

Charles ne se rappela point avoir lu cette phrase dans le discours qui lui avait été communiqué quelques jours auparavant ; mais il n'attachait point grande importance aux paroles de Marguerite, qu'il savait être un discours de simple courtoisie. D'ailleurs, il comprenait fort mal le latin.

Marguerite continua :

« *Adeo dolemur a te dividi ut tecum proficisci maluissemus. Sed idem fatum quo nunc sine ulla mora Luttecia cedere juberis, hac in urbe detinet. Proficscere ergo, frater; proficiscere, amice; proficiscere sine nobis; proficiscentem sequuntur spes et desideria nostra* (2). »

On devine aisément que de Mouy écoutait avec une attention profonde ces paroles, qui, adressées aux ambassadeurs, étaient prononcées pour lui seul. Henri avait bien déjà deux ou trois fois tourné la tête négativement sur les épaules, pour faire comprendre au jeune huguenot que d'Alençon avait refusé ; mais ce geste, qui pouvait être un effet du hasard, eût paru insuffisant à de Mouy, si les paroles de Marguerite ne fussent venues le confirmer. Or, tandis qu'il regardait Marguerite et l'écoutait de toute son âme, ses deux yeux noirs, si brillants sous leurs sourcils gris, frappèrent Catherine, qui tressaillit comme à une commotion électrique, et qui ne détourna plus son regard de ce côté de la salle.

— Voilà une figure étrange, murmura-t-elle tout en continuant à composer son visage selon les lois du cérémonial. Qui donc est cet homme qui regarde si attentivement Marguerite, et que, de leur côté, Marguerite et Henri regardent si attentivement ?

Cependant la reine de Navarre continuait son discours, qui, à partir de ce moment, répondait aux politesses de l'envoyé polonais, tandis que Catherine se creusait la tête, cherchant quel pouvait être le nom de ce beau vieillard, lorsque le maître des cérémonies, s'approchant d'elle par derrière, lui remit un sachet de satin parfumé contenant un pa-

(1) Votre présence inespérée dans cette cour nous comblerait de joie, moi et mon mari, si elle n'amenait un grand malheur, c'est-à-dire non-seulement la perte d'un frère, mais encore celle d'un ami.

(2) Nous sommes désespérés d'être séparés de vous, quand nous eussions préféré partir avec vous. Mais le même destin qui veut que vous quittiez sans retard Paris, nous enchaîne, nous, dans cette ville. Partez donc, cher frère ; partez donc, cher ami ; partez sans nous. Notre espérance et nos désirs vous suivront.

pier plié en quatre. Elle ouvrit le sachet, tira le papier et lut ces mots :

« Maurevel, à l'aide d'un cordial que je viens de lui donner, a enfin repris quelque force et est parvenu à écrire le nom de l'homme qui se trouvait dans la chambre du roi de Navarre. Cet homme, c'est M. de Mouy. »

— De Mouy... pensa la reine, eh bien! j'en avais le pressentiment. Mais ce vieillard... Eh! *cospetto!...* ce vieillard, c'est...

Catherine demeura l'œil fixe, la bouche béante. Puis, se penchant à l'oreille du capitaine des gardes qui se tenait à son côté :

— Regardez, monsieur de Nancey, lui dit-elle, mais sans affectation ; regardez le seigneur Lasco, celui qui parle en ce moment. Derrière lui — c'est cela — voyez-vous un vieillard à barbe blanche, en habit de velours noir ?

— Oui, madame, répondit le capitaine.

— Bon, ne le perdez pas de vue.

— Celui auquel le roi de Navarre fait un signe?

— Justement. Placez-vous à la porte du Louvre avec dix hommes, et, quand il sortira, invitez-l de la part du roi à dîner. S'il vous suit, conduisez-le dans une chambre où vous le retiendrez prisonnier. S'il vous résiste, emparez-vous-en mort ou vif. Allez, allez.

Heureusement Henri, fort peu occupé du discours de Marguerite, avait l'œil arrêté sur Catherine et n'avait point perdu une seule expression de son visage. En voyant les yeux de la reine mère fixés avec un si grand acharnement sur de Mouy, il s'inquiéta ; — en lui voyant donner un ordre au capitaine des gardes, il comprit tout.

Ce fut en ce moment qu'il fit le geste qu'avait surpris M. de Nancey, et qui, dans la langue des signes, voulait dire :

— Vous êtes découvert, sauvez-vous à l'instant même.

De Mouy comprit ce geste, qui couronnait si bien la portion du discours de Marguerite qui lui était adressée. Il ne se le fit pas dire à deux fois, il se perdit dans la foule et disparut.

Mais Henri ne fut tranquille que lorsqu'il eut vu M. de Nancey revenir à Catherine, et qu'il eut compris, à la contraction du visage de la reine mère, que celui-ci lui annonçait qu'il était arrivé trop tard. L'audience était finie. Marguerite échangeait encore quelques paroles non officielles avec Lasco. Le roi se leva chancelant, salua, et sortit appuyé sur l'épaule d'Ambroise Paré, qui ne le quittait pas depuis l'accident qui lui était arrivé.

Catherine, pâle de colère, et Henri, muet de douleur, le suivirent.

Quant au duc d'Alençon, il s'était complétement effacé pendant la cérémonie. Et pas une fois le regard de Charles, qui ne s'était pas écarté un instant du duc d'Anjou, ne s'était fixé sur lui.

Le nouveau roi de Pologne se sentait perdu. Loin de sa mère, enlevé par ces barbares du Nord, il était semblable à Antée, ce fils de la Terre, qui perdait ses forces soulevé dans les bras d'Hercule. Une fois hors de la frontière, le duc d'Anjou se regardait comme à tout jamais exclu du trône de France.

Aussi, au lieu de suivre le roi, ce fut chez sa mère qu'il se retira.

Il la trouva non moins sombre et non moins préoccupée que lui-même, car elle songeait à cette tête fine et moqueuse qu'elle n'avait point perdue de vue pendant la cérémonie, à ce Béarnais, auquel la destinée semblait faire place en balayant autour de lui les rois, princes, assassins, ses ennemis et ses obstacles.

En voyant son fils bien-aimé pâle sous sa couronne, brisé sous son manteau royal, joignant sans rien dire, en signe de supplication, ses belles mains, qu'il tenait d'elle, Catherine se leva et alla à lui.

— O ma mère! s'écria le roi de Pologne, me voilà condamné à mourir dans l'exil.

— Mon fils, lui dit Catherine, oubliez-vous si vite la prédiction de René! Soyez tranquille, vous n'y demeurerez pas longtemps.

— Ma mère, je vous en conjure, dit le duc d'Anjou, au premier bruit, au premier soupçon que la couronne de France peut être vacante, prévenez-moi...

— Soyez tranquille, mon fils, dit Catherine, jusqu'au jour que nous attendons tous deux il y aura incessamment dans mon écurie un cheval sellé, et dans mon antichambre un courrier prêt à partir pour la Pologne.

XV

ORESTE ET PYLADE.

enri d'Anjou parti, on eût dit que la paix et le bonheur étaient revenus s'asseoir dans le Louvre au foyer de cette famille d'Atrides.

Charles, oubliant sa mélancolie, reprenait sa vigoureuse santé, chassant avec Henri et parlant de chasse avec lui les jours où il ne pouvait chasser; ne lui reprochant qu'une chose, son apathie pour la chasse au vol, et disant qu'il serait un prince parfait s'il savait dresser les faucons, les gerfauts et les tiercelets comme il savait dresser braques et courants.

Catherine était redevenue bonne mère ; douce à Charles et à d'Alençon, caressante à Henri et à Marguerite, gracieuse à madame de Nevers et à madame de Sauve, et, sous prétexte que c'était en accomplissant un ordre d'elle qu'il avait été blessé, elle avait poussé la bonté d'âme jusqu'à aller voir deux fois Maurevel convalescent dans sa maison de la rue de la Cerisaie.

Marguerite continuait ses amours à l'espagnole.

Tous les soirs elle ouvrait sa fenêtre et correspondait avec la Mole par gestes et par écrit; et, dans chacune de ses lettres, le jeune homme rappelait à sa belle reine qu'elle lui avait promis quelques doux instants en récompense de son exil, rue Cloche-Percée.

Une seule personne au monde était seule et dépareillée dans le Louvre redevenu si calme et si paisible. Cette personne, c'était notre ami le comte Annibal de Coconas.

Certes, c'était quelque chose que de savoir la Mole vivant ; c'était beaucoup que d'être toujours le préféré de madame de Nevers, la plus rieuse et la plus fantasque de toutes les femmes. Mais tout le bonheur de ce tête-à-tête que la belle duchesse lui accordait, tout le repos d'esprit donné par Marguerite à Coconas sur le sort de leur ami commun, ne valaient point aux yeux du Piémontais une heure passée avec la Mole chez l'ami la Hurière, devant un pot de vin doux, ou bien une de ces courses dévergondées faites dans tous ces endroits de Paris où un honnête gentilhomme pouvait attraper des accrocs à sa peau, à sa bourse ou à son habit.

Madame de Nevers, il faut l'avouer à la honte de l'humanité, supportait impatiemment cette rivalité de la Mole. Ce n'est point qu'elle détestât le Provençal, au contraire. Entraînée par cet instinct irrésistible qui porte toute femme à être coquette malgré elle avec l'amant d'une autre femme, surtout quand cette femme est son amie, elle n'avait point épargné à la Mole les éclairs de ses yeux d'émeraude, et Coconas eût pu envier les franches poignées de main et les frais d'amabilité faits par la duchesse en faveur de son ami pendant ces jours de caprice où l'astre du Piémontais semblait pâlir dans le ciel de sa belle maîtresse ; mais Coconas, qui eût égorgé quinze personnes pour un seul clin d'œil de sa dame, était si peu jaloux de la Mole, qu'il lui avait souvent fait à l'oreille, à la suite de ces inconséquences de la duchesse, certaines offres qui avaient fait rougir le Provençal.

Il résulte de cet état de choses que Henriette, que l'absence de la Mole privait de tous les avantages que lui procurait la compagnie de Coconas, c'est-à-dire de son intarissable gaieté et de ses insatiables caprices de plaisir, vint un jour trouver Marguerite pour la supplier de lui rendre ce tiers obligé, sans lequel l'esprit et le cœur de Coconas allaient s'évaporant de jour en jour.

Marguerite, toujours compatissante et d'ailleurs pressée par les prières de la Mole et les désirs de son propre cœur, donna rendez-vous pour le lendemain à Henriette dans la maison aux deux portes, afin d'y traiter à fond ces matières dans une conversation que personne ne pourrait interrompre.

Coconas reçut d'assez mauvaise grâce le billet d'Henriette qui le convoquait rue Tizon pour neuf heures et demie. Il ne s'en achemina pas moins vers le lieu du rendez-vous, où il trouva Henriette déjà courroucée d'être arrivée la première.

— Fi ! monsieur, dit-elle, que c'est mal appris de faire attendre ainsi — je ne dirai pas une princesse, mais une femme !

— Oh! attendre, dit Coconas, voilà bien un mot à vous, par exemple ! Je parie au contraire que nous sommes en avance.

— Monsieur de Coconas, vous êtes un impertinent. — Page 78.

— Moi, oui.

— Bah! moi aussi; il est tout au plus dix heures, je parie.

— Eh bien! mon billet portait neuf heures et demie.

— Aussi étais-je parti du Louvre à neuf heures, car je suis de service près de M. le duc d'Alençon, soit dit en passant, ce qui fait que je serai obligé de vous quitter dans une heure.

— Ce qui vous enchante?

— Non, ma foi! attendu que M. d'Alençon est un maître fort maussade et fort quinteux; et que, pour être querellé, j'aime encore mieux l'être par de jolies lèvres comme les vôtres que par une bouche de travers comme la sienne.

— Allons! dit la duchesse, voilà qui est un peu mieux cependant... Vous disiez donc que vous étiez sorti à neuf heures du Louvre?

— Oh! mon Dieu oui, dans l'intention de venir droit ici, quand, au coin de la rue de Grenelle, j'aperçois un homme qui ressemble à la Mole.

— Bon! encore la Mole.

— Toujours, avec ou sans votre permission.

— Brutal.

— Bon! dit Coconas, nous allons recommencer nos galanteries.

— Non, mais finissez-en avec vos récits.

— Ce n'est pas moi qui demande à les faire, c'est vous qui me demandez pourquoi je suis en retard.

— Sans doute, est-ce à moi d'arriver la première?

— Eh! vous n'avez personne à chercher, vous!

— Vous êtes assommant, mon cher, mais continuez. Enfin, au coin de la rue de Grenelle, vous apercevez un homme qui ressemble à la Mole... Mais qu'avez-vous donc à votre pourpoint, du sang?

— Bon! en voilà encore un qui m'aura éclaboussé en tombant.

— Vous vous êtes battu?

— Je le crois bien.

— Pour votre la Mole?

— Pour qui voulez-vous que je me batte, pour une femme?

— Merci.

— Je le suis donc, cet homme qui avait l'impudence d'emprunter des airs de mon ami. Je le rejoins à la rue Coquillière, je le devance, je le regarde sous le nez à la lueur d'une boutique. Ce n'était pas lui.

— Bon! c'était bien fait.

— Oui, mais mal lui en a pris. « Monsieur, lui ai-je dit, vous êtes un fat de vous permettre de ressembler de loin à mon ami M. de la Mole, lequel est un cavalier accompli; tandis que de près on voit bien que vous n'êtes qu'un truand. » — Sur ce, il a mis l'épée à la main et moi aussi. A la troisième passe, voyez le mal appris! il est tombé en m'éclaboussant.

— Et lui avez-vous porté secours au moins?

— J'allais le faire quand est passé un cavalier. Ah! cette fois, duchesse, je suis sûr que c'était la Mole. Malheureusement le cheval courait au galop. Je me suis mis à courir après le cheval, et les gens qui s'étaient rassemblés pour me voir battre, à courir derrière moi. Or, comme on eût pu me prendre pour un voleur, suivi que j'étais de toute cette canaille qui hurlait après mes chausses, j'ai été obligé de me retourner pour les mettre en fuite, ce qui m'a fait perdre un certain temps. Pendant ce temps, le cavalier avait disparu. Je me suis mis à sa poursuite, je me suis informé, j'ai demandé, donné la couleur du cheval; mais, baste! inutile, personne ne l'avait remarqué. Enfin, de guerre lasse, je suis venu ici.

— De guerre lasse! dit la duchesse, comme c'est obligeant!

— Écoutez, chère amie, dit Coconas en se renversant nonchalamment dans un fauteuil, vous m'allez encore persécuter à l'endroit de ce pauvre la Mole; eh bien! vous aurez tort: car enfin, l'amitié, voyez-vous... Je voudrais avoir son esprit ou sa science, à ce pauvre ami; je trouverais quelque

comparaison qui vous ferait palpe ma pensée. L'amitié, voyez-vous, c'est une étoile, tandis que l'amour... l'amour — eh bien! je la tiens, la comparaison— l'amour n'est qu'une bougie. Vous me direz qu'il y en a de plusieurs espèces...

— D'amours?

— Non! de bougies, et que dans ces espèces il y en a de préférables : la rose, par exemple — va pour la rose — c'est la meilleure: mais, toute rose qu'elle est, la bougie s'use, tandis que l'étoile brille toujours. A cela vous me répondrez que quand la bougie est usée on en met une autre dans le flambeau.

— Monsieur de Coconas, vous êtes un fat!

— Là!

— Monsieur de Coconas, vous êtes un impertinent!

— Là! là!

— Monsieur de Coconas, vous êtes un drôle!

— Madame, je vous préviens que vous allez me faire regretter trois fois plus la Mole.

— Vous ne m'aimez plus.

— Au contraire, duchesse — vous ne vous y connaissez pas — je vous idolâtre. Mais je puis vous aimer, vous chérir, vous idolâtrer, et, dans mes moments perdus, faire l'éloge de mon ami.

— Vous appelez vos moments perdus ceux où vous êtes près de moi, alors?

— Que voulez-vous! ce pauvre la Mole, il est sans cesse présent à ma pensée.

— Vous me le préférez, c'est indigne! Tenez, Annibal, je vous déteste! Osez être franc, dites-moi que vous me le préférez. Annibal, je vous préviens que si vous me préférez quelque chose au monde...

— Henriette, la plus belle des duchesses! pour votre propre tranquillité, croyez-moi, ne me faites point de questions indiscrètes. Je vous aime plus que toutes les femmes, mais j'aime la Mole plus que tous les hommes.

— Bien répondu, dit soudain une voix étrangère.

Et une tapisserie de damas soulevée devant un grand panneau, qui, en glissant dans l'épaisseur de la muraille, ouvrait une communication entre les deux appartements, laissa voir la Mole pris dans le cadre de cette porte, comme un beau portrait du Titien dans sa bordure dorée.

— La Mole! cria Coconas sans faire attention à Marguerite et sans se donner le temps de la remercier de la surprise qu'elle lui avait ménagée: la Mole, mon ami! mon cher la Mole!

Et il s'élança dans les bras de son ami, renversant le fauteuil sur lequel il était assis et la table qui se trouvait sur son chemin.

La Mole lui rendit avec effusion ses accolades; mais tout en les lui rendant :

— Pardonnez-moi, madame, dit-il en s'adressant à la duchesse de Nevers, si mon nom prononcé entre vous a pu quelquefois troubler votre charmant ménage; certes, ajouta-t-il en jetant un regard d'indicible tendresse à Marguerite, il n'a pas tenu à moi que je vous revisse plus tôt.

— Tu vois, dit à son tour Marguerite, tu vois, Henriette, que j'ai tenu parole : le voici.

— Est-ce donc aux seules prières de madame la duchesse que je dois ce bonheur? demanda la Mole.

— A ses seules prières, répondit Marguerite.

Puis, se tournant vers la Mole :

— La Mole, continua-t-elle, je vous permets de ne pas croire un mot de ce que je dis.

Pendant ce temps, Coconnas, qui avait dix fois serré son ami contre son cœur, qui avait tourné vingt fois autour de lui, qui avait approché un candélabre de son visage pour le regarder tout à son aise, alla s'agenouiller devant Marguerite et baisa le bas de sa robe.

— Ah! c'est heureux, dit la duchesse de Nevers; vous allez me trouver supportable, à présent.

— Mordi! s'écria Coconnas, je vais vous trouver comme toujours, adorable, seulement je vous le dirai de meilleur cœur; et puissé-je avoir là une trentaine de Polonais, de Sarmates, et autres barbares hyperboréens, pour leur faire confesser que vous êtes la reine des belles.

— Eh! doucement, doucement, Coconnas, dit la Mole, et madame Marguerite donc...

— Oh! je ne m'en dédis pas, s'écria Coconnas avec cet accent, demi-sérieux, demi-bouffon, qui n'appartenait qu'à lui, madame Henriette est la reine des belles, et madame Marguerite est la belle des reines.

— Mais, quoi qu'il pût dire ou faire, le Piémontais, tout entier au bonheur d'avoir retrouvé son cher la Mole, n'avait des yeux que pour lui.

— Allons, allons, ma belle reine, dit madame de Nevers, venez, et laissons ces parfaits amis causer une heure ensemble; ils ont mille choses à se dire qui viendraient se mettre en travers de notre conversation. C'est dur pour nous, mais c'est le seul remède qui puisse, je vous en préviens, rendre l'entière santé à M. Annibal. Faites donc cela pour moi, ma reine! puisque j'ai la sottise d'aimer cette vilaine tête-là, comme dit son ami la Mole.

Marguerite glissa quelques mots à l'oreille de la Mole, qui, si désireux qu'il fût de revoir son ami, aurait bien voulu que la tendresse de Coconnas fût moins exigeante. Pendant ce temps, Coconnas essayait, à force de protestations, de ramener un franc sourire et une douce parole sur les lèvres d'Henriette; résultat auquel il arriva facilement.

Alors les deux femmes passèrent dans la chambre à côté, où les attendait le souper.

Les deux amis demeurèrent seuls.

Les premiers détails — on le comprend bien — que demanda Coconnas à son ami, furent ceux de la fatale soirée qui avait failli lui coûter la vie. A me-

sure que la Mole avançait dans sa narration, le Piémontais, qui, sur ce point, cependant, on le sait, n'était pas facile à émouvoir, frissonnait de tous ses membres.

— Et pourquoi, lui demanda-t-il, au lieu de courir les champs comme tu l'as fait, et de me donner des inquiétudes que tu m'as données, ne t'es-tu point réfugié près de notre maître! Le duc, qui t'avait défendu, t'aurait caché. J'eusse vécu près de toi, et ma tristesse, quoique feinte, n'en eût pas moins abusé les niais de la cour.

— Notre maître, dit la Mole à voix basse, le duc d'Alençon?

— Oui. D'après ce qu'il m'a dit, j'ai dû croire que c'est à lui que tu dois la vie.

— Je dois la vie au roi de Navarre, répondit la Mole.

— Oh! oh! fit Coconnas, en es-tu sûr?

— A n'en point douter.

— Oh! le bon, l'excellent roi! Mais le duc d'Alençon, que faisait-il, lui, dans tout cela?

— Il tenait la corde pour m'étrangler.

— Mordi! s'écria Coconnas, es-tu sûr de ce que tu dis, la Mole? Comment! ce prince pâle, ce roquet, ce pituiteux, étrangler mon ami! ah! mordi! dès demain, je veux lui dire ce que je pense de cette action.

— Es-tu fou?

— C'est vrai, il recommencerait... Mais n'importe, cela ne se passera point ainsi.

— Allons, allons, Coconnas, calme-toi, et tâche de ne pas oublier qu'onze heures et demie viennent de sonner et que tu es de service ce soir.

— Je m'en soucie bien de son service! Ah! bon, qu'il compte là-dessus! Mon service! Moi! servir un homme qui a tenu la corde!... Tu plaisantes!... Non!... C'est providentiel. Il est dit que je devais te retrouver pour ne plus te quitter. Je reste ici.

— Mais, malheureux, réfléchis donc, tu n'es pas ivre.

— Heureusement; car, si je l'étais, je mettrais le feu au Louvre.

— Voyons, Annibal, reprit la Mole, sois raisonnable. Retourne là-bas. Le service est chose sacrée.

— Retournes-tu avec moi?

— Impossible.

— Penserait-on encore à te tuer?

— Je ne crois pas. Je suis trop peu important pour qu'il y ait contre moi un complot arrêté, une résolution suivie. Dans un moment de caprice, on a voulu me tuer, et c'est tout : les princes étaient en gaieté ce soir-là.

— Que fais-tu alors?

— Moi, rien : j'erre, je me promène.

— Eh bien! je me promènerai comme toi, j'errerai avec toi. C'est un charmant état. Puis, si l'on t'attaque, nous serons deux, et nous leur donnerons

Et il s'élança dans les bras de son ami. — Page 78.

du fil à retordre. Ah! qu'il y vienne, ton insecte de duc! je le cloue comme un papillon à la muraille!

— Mais demande-lui un congé, au moins!

— Oui, définitif.

— Préviens-le que tu le quittes, en ce cas.

— Rien de plus juste. J'y consens. Je vais lui écrire.

— Lui écrire, c'est bien leste, Coconas, à un prince du sang!

— Oui, du sang! du sang de mon ami. Prends garde, s'écria Coconas en roulant ses gros yeux tragiques, prends garde que je m'amuse aux choses de l'étiquette.

— Au fait, se dit la Mole, dans quelques jours il n'aura plus besoin du prince, ni de personne; car, s'il veut venir avec nous, nous l'emmènerons.

Coconas prit donc la plume sans plus longue opposition de son ami; et, tout couramment, composa le morceau d'éloquence que l'on va lire.

« Monseigneur,

« Il n'est pas que Votre Altesse, versée dans les auteurs de l'antiquité comme elle l'est, ne con-

Maître la Hurière porta au Louvre la respectueuse missive. — Page 82.

naisse l'histoire touchante d'Oreste et de Pylade, qui étaient deux héros fameux par leurs malheurs et leur amitié. Mon ami la Mole n'est pas moins malheureux qu'Oreste, et moi je ne suis pas moins tendre que Pylade. Il a, dans ce moment-ci, de grandes occupations qui réclament mon aide. Il est donc impossible que je me sépare de lui. Ce qui fait que, sauf l'approbation de Votre Altesse, je prends un petit congé, déterminé que je suis de m'attacher à sa fortune, quelque part qu'elle me conduise : c'est dire à Votre Altesse combien est grande la violence qui m'arrache de son service, en raison de

quoi je ne désespère pas d'obtenir mon pardon, et j'ose continuer de me dire avec respect,

« De Votre Altesse royale,

« Monseigneur,

« Le très-humble et très-obéissant

« ANNIBAL, COMTE DE COCONAS,

« ami inséparable de M. de la Mole. »

Ce chef-d'œuvre terminé, Coconas le lut à haute voix à la Mole, qui haussa les épaules.

— Eh bien ! qu'en dis-tu ? demanda Coconas, qui

2

n'avait pas vu le mouvement, ou qui avait fait semblant de ne pas le voir.

— Je dis, répondit la Mole, que M. d'Alençon va se moquer de nous.

— De nous?

— Conjointement.

— Cela vaut encore mieux, ce me semble, que de nous étrangler séparément.

— Bah! dit la Mole en riant, l'un n'empêchera peut-être point l'autre.

— Eh bien! tant pis, arrive qu'arrive; j'envoie la lettre demain matin. Où allons-nous coucher en sortant d'ici?

— Chez maître la Hurière. Tu sais, dans cette petite chambre où tu voulais me daguer quand nous n'étions pas encore Oreste et Pylade!

— Bien, je ferai porter ma lettre au Louvre par notre hôte.

En ce moment le panneau s'ouvrit.

— Eh bien! demandèrent ensemble les deux princesses, où en sont Pylade et Oreste?

— Mordi! madame, répondit Coconas, Pylade et Oreste meurent de faim et d'amour.

Ce fut effectivement maître la Hurière qui, le lendemain, à neuf heures du matin, porta au Louvre la respectueuse missive de maître Annibal de Coconas.

XVI

ORTHON.

enri, même après le refus du duc d'Alençon, qui remettait tout en question, jusqu'à son existence, était devenu, s'il était possible, encore plus grand ami du prince qu'il ne l'était auparavant.

Catherine conclut de cette intimité que les deux princes, non-seulement s'entendaient, mais encore conspiraient ensemble. Elle interrogea là-dessus Marguerite, mais Marguerite était sa digne fille; et la reine de Navarre, dont le principal talent était d'éviter une explication scabreuse, se garda si bien des questions de sa mère, qu'après avoir répondu à toutes elle la laissa plus embarrassée qu'auparavant.

La Florentine n'eut donc plus pour la conduire que cet instinct intrigant qu'elle avait apporté de la Toscane, le plus intrigant des petits États de cette époque, et ce sentiment de haine qu'elle avait puisé à la cour de France, qui était la cour la plus divisée d'intérêts et d'opinions de ce temps.

Elle comprit d'abord qu'une partie de la force du Béarnais lui venait de son alliance avec le duc d'Alençon, et elle résolut de l'isoler.

Du jour où elle eut pris cette résolution, elle entoura son fils avec la patience et le talent du pêcheur, qui, lorsqu'il a laissé tomber les plombs loin du poisson, les traîne insensiblement jusqu'à ce que de tous côtés ils aient enveloppé sa proie.

Le duc François s'aperçut de ce redoublement de caresses, et, de son côté, fit un pas vers sa mère. Quant à Henri, il feignit de ne rien voir et surveilla son allié de plus près qu'il n'avait fait encore.

Chacun attendait un événement.

Or, tandis que chacun était dans l'attente de cet événement, certain pour les uns, probable pour les autres, un matin que le soleil s'était levé rose et distillant cette tiède chaleur et ce doux parfum qui annoncent un beau jour, un homme pâle, appuyé sur un bâton et marchant péniblement, sortit d'une petite maison sise derrière l'Arsenal, et s'achemina par la rue du Petit-Musc.

Vers la porte Saint-Antoine, et après avoir longé cette promenade qui tournait comme une prairie marécageuse autour des fossés de la Bastille, il laissa le grand boulevard à sa gauche et entra dans le jardin de l'Arbalète, dont le concierge le reçut avec de grandes salutations.

Il n'y avait personne dans ce jardin, qui, comme l'indique son nom, appartenait à une société particulière: celle des arbalétriers. Mais, y eût-il des promeneurs, l'homme pâle était digne de tout leur intérêt, car sa longue moustache, son pas qui conservait une allure militaire, bien qu'il fût ralenti par la souffrance, indiquaient assez que c'était quelque officier blessé dans une occasion récente qui essayait ses forces par un exercice modéré et reprenait la vie au soleil.

Cependant, chose étrange! lorsque le manteau dont, malgré la chaleur naissante, cet homme en apparence inoffensif était enveloppé s'ouvrait, il laissait voir deux longs pistolets pendant aux agrafes d'argent de sa ceinture, laquelle serrait en outre un large poignard et soutenait une longue épée qu'il semblait ne pouvoir tirer, tant elle était colossale, et qui, complétant cet arsenal vivant, battait de son fourreau deux jambes amaigries et tremblantes. En outre, et pour surcroît de précautions, le promeneur, tout solitaire qu'il était, lançait à chaque pas un regard scrutateur, comme pour interroger chaque détour d'allée, chaque buisson, chaque fossé.

Ce fut ainsi que cet homme pénétra dans le jardin, gagna pa siblement une espèce de petite tonnelle donnant sur les boulevards, dont il n'était séparé que par une haie épaisse et un petit fossé qui formait sa double clôture. Là, il s'étendit sur un banc de gazon à portée d'une table où le gardien de l'établissement, qui joignait à son titre de concierge l'industrie de gargotier, vint au bout d'un instant lui apporter une espèce de cordial.

Le malade était là depuis dix minutes, et avait à plusieurs reprises porté à sa bouche la tasse de faïence dont il dégustait le contenu à petites gorgées, lorsque tout à coup son visage prit, malgré l'intéressante pâleur qui le couvrait, une expression effrayante. Il venait d'apercevoir, venant de la Croix-Faubin, par un sentier qui est aujourd'hui la rue de Naples, un cavalier enveloppé d'un grand manteau, lequel s'arrêta proche du bastion et attendit.

Il y était depuis cinq minutes, et l'homme au visage pâle, que le lecteur a peut-être déjà reconnu pour Maurevel, avait à peine eu le temps de se remettre de l'émotion que lui avait causée sa présence, lorsqu'un jeune homme au justaucorps serré comme celui d'un page arriva par le chemin qui fut depuis la rue des Fossés-Saint-Nicolas et rejoignit le cavalier.

Perdu dans sa tonnelle de feuillage, Maurevel pouvait tout voir et même tout entendre sans peine, et, quand on saura que le cavalier était de Mouy, et le jeune homme au justaucorps serré Orthon, on jugera si les oreilles et les yeux étaient occupés.

L'un et l'autre regardèrent autour d'eux avec la plus minutieuse attention, Maurevel retenait son souffle.

— Vous pouvez parler, monsieur, dit le premier Orthon, qui, étant le plus jeune, était le plus confiant, personne ne nous voit ni ne nous écoute.

— C'est bien, dit de Mouy, tu vas aller chez madame de Sauve, tu remettras ce billet à elle-même, si tu la trouves chez elle : si elle n'y est pas, tu le déposeras derrière le miroir où le roi avait l'habitude de mettre les siens; puis tu attendras dans le Louvre. Si l'on te donne une réponse, tu l'apporteras où tu sais : si tu n'en as pas, tu viendras me chercher ce soir avec un poitrinal à l'endroit que je t'ai désigné et d'où je sors.

— Bien, dit Orthon; je sais.

— Moi, je te quitte; j'ai fort affaire pendant toute la journée. Ne te hâte pas, toi, ce serait inutile; tu n'as pas besoin d'arriver au Louvre avant qu'*il* y soit, et je crois qu'*il* prend une leçon de chasse au vol ce matin. Va, et montre-toi hardiment. Tu es rétabli, tu viens remercier madame de Sauve des bontés qu'elle a eues pour toi pendant ta convalescence. Va, enfant, va.

Maurevel écoutait, les yeux, les cheveux hérissés, la sueur sur le front. Son premier mouvement avait été de détacher un pistolet de son agrafe et d'ajuster de Mouy, mais un mouvement qui avait entr'ouvert son manteau lui avait montré sous ce manteau une cuirasse bien ferme et bien solide. Il était donc probable que la balle s'aplatirait sur cette cuirasse, ou qu'elle frapperait dans quelque endroit du corps où la blessure qu'elle ferait ne serait pas mortelle. D'ailleurs, il pensa que de Mouy, vigoureux et bien armé, aurait bon marché de lui, blessé comme il l'était, et, avec un soupir, il retira à lui son pistolet, déjà étendu vers le huguenot.

— Quel malheur, murmura-t-il, de ne pouvoir l'abattre ici, sans autre témoin que ce brigandeau, à qui mon second coup irait si bien!

Mais en ce moment Maurevel réfléchit que ce billet donné à Orthon, et qu'Orthon devait remettre à madame de Sauve, était peut-être plus important que la vie même du chef huguenot.

— Ah! dit-il, tu m'échappes encore ce matin; soit. Éloigne-toi sain et sauf, mais j'aurai mon tour demain : dussé-je te suivre jusque dans l'enfer, dont tu es sorti pour me perdre si je ne te perds.

En ce moment, de Mouy croisa son manteau sur son visage et s'éloigna rapidement dans la direction des marais du Temple. Orthon reprit les fossés qui le conduisaient au bord de la rivière.

Alors Maurevel, se soulevant avec plus de vigueur et d'agilité qu'il n'osait l'espérer, regagna la rue de la Cerisaie, rentra chez lui, fit seller un cheval, et, tout faible qu'il était, au risque de rouvrir ses blessures, prit au galop la rue Saint-Antoine, gagna les quais et s'enfonça dans le Louvre.

Cinq minutes après qu'il eut disparu sous le guichet, Catherine savait tout ce qui venait de se passer, et Maurevel recevait les mille écus d'or qui lui avaient été promis pour l'arrestation du roi de Navarre.

— Oh! dit alors Catherine, ou je me trompe bien,

ou ce de Mouy sera la tache noire que René a trouvée dans l'horoscope de ce Béarnais maudit.

Un quart d'heure après Maurevel, Orthon entrait au Louvre, se faisait voir comme le lui avait recommandé de Mouy, et gagnait l'appartement de madame de Sauve après avoir parlé à plusieurs commensaux du palais.

Dariole seule était chez sa maîtresse, Catherine venait de demander cette dernière pour transcrire certaines lettres importantes, et, depuis cinq minutes, elle était chez la reine.

— C'est bien, dit Orthon, j'attendrai.

Et, profitant de sa familiarité dans la maison, le jeune homme passa dans la chambre à coucher de la baronne, et, après s'être bien assuré qu'il était seul, il déposa le billet derrière le miroir.

Au moment même où il éloignait sa main de la glace, Catherine entra.

Orthon pâlit, car il semblait que le regard rapide et perçant de la reine mère s'était tout d'abord porté sur le miroir.

— Que fais-tu là, petit, demanda Catherine, ne cherches-tu point madame de Sauve?

— Oui, madame; il y avait longtemps que je ne l'avais vue, et, en tardant encore à la venir remercier, je craignais de passer pour un ingrat.

— Tu l'aimes donc bien, cette chère Charlotte?

— De toute mon âme, madame.

— Et tu es fidèle, à ce qu'on dit?

— Votre Majesté comprendra que c'est une chose bien naturelle quand elle saura que madame de Sauve a eu de moi des soins que je ne méritais pas, n'étant qu'un simple serviteur.

— Et dans quelle occasion a-t-elle eu de toi ces soins? demanda Catherine feignant d'ignorer l'événement arrivé au jeune garçon.

— Madame, lorsque je fus blessé.

— Ah! pauvre enfant! dit Catherine, tu as été blessé.

— Oui, madame.

— Et quand cela?

— Le soir où l'on vint pour arrêter le roi de Navarre. J'eus si grand'peur en voyant des soldats, que je criai, j'appelai; l'un d'eux me donna un coup sur la tête et je tombai évanoui.

— Pauvre garçon! et te voilà bien rétabli maintenant?

— Oui, madame.

— De sorte que tu cherches le roi de Navarre pour rentrer chez lui?

— Non, madame. Le roi de Navarre ayant appris que j'avais osé résister aux ordres de Votre Majesté, m'a chassé sans miséricorde.

— Vraiment! dit Catherine avec une intonation pleine d'intérêt. Eh bien! je me charge de cette affaire. Mais, si tu attends madame de Sauve, tu l'attendras inutilement; elle est occupée au-dessous d'ici, chez moi, dans mon cabinet.

Et Catherine, pensant qu'Orthon n'avait peut-être pas eu le temps de cacher le billet derrière la glace, entra dans le cabinet de madame de Sauve pour laisser toute liberté au jeune homme.

Au même moment, et comme Orthon, inquiet de cette arrivée inattendue de la reine mère, se demandait si cette arrivée ne cachait pas quelque complot contre son maître, il entendit frapper trois petits coups au plafond; c'était le signal qu'il devait lui-même donner à son maître dans le cas de danger quand son maître était chez madame de Sauve, et qu'il veillait sur lui.

Ces trois coups le firent tressaillir, une révélation mystérieuse l'éclaira; et il pensa que cette fois l'avis était donné à lui-même; il courut donc au miroir, et en retira le billet qu'il y avait déjà posé.

Catherine suivait, à travers une ouverture de la tapisserie, tous les mouvements de l'enfant; elle le vit s'élancer vers le miroir, mais elle ne sut si c'était pour y cacher le billet ou pour l'en retirer.

— Eh bien! murmura l'impatiente Florentine, pourquoi tarde-t-il donc maintenant à partir?

Et elle rentra aussitôt dans la chambre le visage souriant.

— Encore ici, petit garçon? Eh bien! mais qu'attends-tu donc? Ne t'ai-je pas dit que je prenais en main le soin de ta petite fortune? Quand je te dis une chose, en doutes-tu?

— O madame, Dieu m'en garde! répondit Orthon.

Et l'enfant, s'approchant de la reine, mit un genou en terre, baisa le bas de sa robe, et sortit rapidement.

En sortant, il vit dans l'antichambre le capitaine des gardes qui attendait Catherine. Cette vue n'était point faite pour éloigner ses soupçons, aussi ne fit-elle que les redoubler.

De son côté, Catherine n'eut pas plutôt vu la tapisserie de la portière retomber derrière Orthon, qu'elle s'élança vers le miroir. Mais ce fut inutilement qu'elle plongea derrière lui sa main tremblante d'impatience, elle ne trouva aucun billet.

Et, cependant, elle était sûre d'avoir vu l'enfant s'approcher du miroir. C'était donc pour reprendre et non pour déposer. La fatalité donnait une force égale à ses adversaires. Un enfant devenait un homme du moment où il luttait contre elle.

Elle remua, regarda, sonda, rien!...

— Oh! le malheureux! s'écria-t-elle. Je ne lui voulais cependant pas de mal, et voilà qu'en retirant le billet il va au-devant de sa destinée. Holà! M. de Nancey, holà!

La voix vibrante de la reine mère traversa le salon et pénétra jusque dans l'antichambre où se tenait, nous l'avons dit, le capitaine des gardes.

M. de Nancey accourut.

— Me voilà, dit-il, madame. Que désire Votre Majesté?

— Vous êtes dans l'antichambre?

— Oui, madame.

— Vous avez vu sortir un jeune homme, un enfant?

— A l'instant même.

— Il ne peut être loin encore?

— A moitié de l'escalier à peine.

— Rappelez-le.

— Comment se nomme-t-il?

— Orthon. S'il refuse de revenir, ramenez-le de force. Cependant, ne l'effrayez point, s'il ne fait aucune résistance. Il faut que je lui parle à l'instant même.

Le capitaine des gardes s'élança.

Comme il l'avait prévu, Orthon était à peine à moitié de l'escalier; car il descendait lentement dans l'espérance de rencontrer dans l'escalier ou d'apercevoir dans quelque corridor le roi de Navarre ou madame de Sauve.

Il s'entendit rappeler et tressaillit.

Son premier mouvement fut de fuir; mais, avec une puissance de réflexion au-dessus de son âge, il comprit que s'il fuyait il perdait tout.

Il s'arrêta donc.

— Qui m'appelle?

— Moi, M. de Nancey, répondit le capitaine des gardes en se précipitant par les montées.

— Mais je suis bien pressé, dit Orthon.

— De la part de Sa Majesté la reine mère, reprit M. de Nancey en arrivant près de lui.

L'enfant essuya la sueur qui coulait sur son front et remonta.

Le capitaine le suivit par derrière.

Le premier plan qu'avait formé Catherine était d'arrêter le jeune homme, de le faire fouiller et de s'emparer du billet dont elle le savait porteur; en conséquence, elle avait songé à l'accuser de vol, et déjà avait détaché de la toilette une agrafe de diamants dont elle voulait faire peser la soustraction sur l'enfant; mais elle réfléchit que le moyen était dangereux, en ceci qu'il éveillait les soupçons du jeune homme, lequel prévenait son maître, qui alors se défiait, et, dans sa défiance, ne donnait point prise sur lui.

Sans doute elle pouvait faire conduire le jeune homme dans quelque cachot; mais le bruit de l'arrestation, si secrètement qu'elle se fît, se répandait dans le Louvre, et un seul mot de cette arrestation mettait Henri sur ses gardes.

Il fallait cependant à Catherine ce billet, car un billet de M. de Moüy au roi de Navarre, un billet recommandé avec tant de soins, devait renfermer toute une conspiration.

Elle replaça donc l'agrafe où elle l'avait prise.

— Non, non, dit-elle, idée de sbire, mauvaise idée. Mais pour un billet... qui peut-être n'en vaut pas la peine, continua-t-elle en fronçant les sourcils et en parlant si bas qu'elle-même pouvait à peine entendre le bruit de ses paroles. Eh! ma foi, ce n'est point ma faute; c'est la sienne. Pourquoi le petit brigand n'a-t-il point mis le billet où il devait le mettre? Ce billet, il me le faut.

En ce moment, Orthon rentra.

Sans doute le visage de Catherine avait une expression terrible, car le jeune homme s'arrêta pâlissant sur le seuil. Il était encore trop jeune pour être parfaitement maître de lui-même.

— Madame, dit-il, vous m'avez fait l'honneur de me rappeler; en quelle chose puis-je être bon à Votre Majesté?

Le visage de Catherine s'éclaira, comme si un rayon de soleil fût venu le mettre en lumière.

— Je t'ai fait rappeler, enfant, dit-elle, parce que ton visage me plaît, et que, t'ayant fait une promesse, celle de m'occuper de ta fortune, je veux tenir cette promesse sans retard. On nous accuse, nous autres reines, d'être oublieuses. Ce n'est point notre cœur qui l'est, c'est notre esprit emporté par les événements. Or, je me suis rappelé que les rois tiennent dans leurs mains la fortune des hommes, et je t'ai rappelé. Viens, mon enfant, suis-moi.

M. de Nancey, qui prenait la scène au sérieux, regardait cet attendrissement de Catherine avec un grand étonnement.

— Sais-tu monter à cheval, petit? demanda Camanda Catherine.

— Oui, madame.

— En ce cas, viens dans mon cabinet. Je vais te remettre un message que tu porteras à Saint-Germain.

— Je suis aux ordres de Votre Majesté.

— Faites-lui préparer un cheval, Nancey.

M. de Nancey disparut.

— Allons, enfant, dit Catherine.

Et elle marcha la première. Orthon la suivit.

La reine mère descendit un étage, puis elle s'engagea dans le corridor où étaient les appartements du roi et du duc d'Alençon, gagna l'escalier tournant, descendit encore un étage, ouvrit une porte qui aboutissait à une galerie circulaire dont nul, excepté le roi et elle, n'avait la clef, fit entrer Orthon, entra ensuite, et tira derrière elle la porte. Cette galerie entourait comme un rempart certaines portions des appartements du roi et de la reine mère. C'était comme la galerie du château Saint-Ange à Rome et celle du palais Pitti à Florence, une retraite ménagée en cas de danger.

La porte tirée, Catherine se trouva enfermée avec le jeune homme dans ce corridor obscur. Tous deux firent une vingtaine de pas, Catherine marchant devant, Orthon suivant Catherine.

Tout à coup, Catherine se retourna, et Orthon retrouva sur son visage la même expression sombre qu'il y avait vue dix minutes auparavant. Ses yeux ronds, comme ceux d'une chatte ou d'une panthère, semblaient jeter du feu dans l'obscurité.

— Arrête! dit-elle.

Orthon sentit un frisson courir dans ses épaules, un froid mortel, pareil à un manteau de glace, tombait de cette voûte. Le parquet semblait morne, comme le couvercle d'une tombe. Le regard de Catherine était aigu, si cela peut se dire, et pénétrait dans la poitrine du jeune homme.

Il se recula en se rangeant tout tremblant contre la muraille.

— Où est le billet que tu étais chargé de remettre au roi de Navarre?

— Le billet? balbutia Orthon.

— Oui, ou de déposer en son absence derrière le miroir?

— Moi, madame, dit Orthon; je ne sais ce que vous voulez dire.

— Le billet que de Mouy t'a remis, il y a une heure, derrière le jardin de l'Arbalète.

— Je n'ai pas de billet, dit Orthon, Votre Majesté se trompe bien certainement.

— Tu mens, dit Catherine, donne le billet, et je tiens la promesse que je t'ai faite.

— Laquelle, madame?

— Je t'enrichis.

— Je n'ai point de billet, madame, reprit l'enfant.

Catherine commença un grincement de dents qui s'acheva par un sourire.

— Veux-tu me le donner, dit-elle, et tu auras mille écus d'or?

— Je n'ai pas de billet, madame.

— Deux mille écus.

— Impossible. Puisque je n'en ai pas, je ne puis vous le donner.

— Dix mille écus, Orthon.

Orthon, qui voyait la colère monter comme une marée du cœur au front de la reine, pensa qu'il n'avait qu'un moyen de sauver son maître, c'était d'avaler le billet. Il porta la main à sa poche. Catherine devina son intention et arrêta sa main.

— Allons, enfant, dit-elle en riant. Bien, tu es fidèle. Quand les rois veulent s'attacher un serviteur, il n'y a point de mal qu'ils s'assurent si c'est un cœur dévoué. Je sais à quoi m'en tenir sur toi maintenant. Tiens, voici ma bourse comme première récompense. Va porter ce billet à ton maître, et annonce-lui qu'à partir d'aujourd'hui tu es à mon service. Va, tu peux sortir sans moi par la porte qui nous a donné passage : elle s'ouvre en dedans.

Et, Catherine, déposant la bourse dans la main du jeune homme stupéfait, fit quelques pas en avant et posa sa main sur le mur.

Cependant le jeune homme demeurait debout et hésitant. Il ne pouvait croire que le danger qu'il avait senti s'abattre sur sa tête se fût éloigné.

— Allons, ne tremble donc pas ainsi, dit Catherine, ne t'ai-je pas dit que tu étais libre de t'en aller, et que, si tu voulais revenir, ta fortune serait faite?

— Merci, madame, dit Orthon. Ainsi, vous me faites grâce?

— Il y a plus, je te récompense; tu es un bon porteur de billet doux, un gentil messager d'amour, seulement, tu oublies que ton maître t'attend.

— Ah! c'est vrai, dit le jeune homme en s'élançant vers la porte.

Mais à peine eut-il fait trois pas que le parquet manqua sous ses pieds. Il trébucha, étendit les deux mains, poussa un horrible cri, et disparut abîmé dans l'oubliette du Louvre, dont Catherine venait de pousser le ressort.

— Allons, murmura Catherine, maintenant, grâce à la ténacité de ce drôle, il me va falloir descendre cent cinquante marches.

Catherine rentra chez elle, alluma une lanterne sourde, revint dans le corridor, replaça le ressort, ouvrit la porte d'un escalier à vis qui semblait s'enfoncer dans les entrailles de la terre; et, pressée par la soif insatiable d'une curiosité qui n'était que le ministre de sa haine, elle parvint à une porte de fer qui s'ouvrait en retour et donnait sur le fond de l'oubliette.

C'est là que, sanglant, broyé, écrasé par une chute de cent pieds, mais cependant palpitant encore, gisait le pauvre Orthon. Derrière l'épaisseur du mur on entendait rouler l'eau de la Seine, qu'une infiltration souterraine amenait jusqu'au fond de l'escalier.

Catherine entra dans la fosse humide et nauséabonde qui, depuis qu'elle existait, avait dû être témoin de bien des chutes pareilles à celle qu'elle venait de voir, fouilla le corps, saisit la lettre, s'assura que c'était bien celle qu'elle désirait avoir, repoussa du pied le cadavre, appuya le pouce sur un ressort; le fond bascula, et le cadavre glissant, emporté par son propre poids, disparut dans la direction de la rivière.

Puis, refermant la porte, elle remonta, s'enferma dans son cabinet, et lut le billet qui était conçu en ces termes :

« Ce soir, à dix heures, rue de l'Arbre-Sec, hôtel de la Belle-Étoile. Si vous venez, ne répondez rien ; si vous ne venez pas, dites NON au porteur.

« DE MOUY DE SAINT-PHALE. »

En lisant ce billet, il n'y avait qu'un sourire sur les lèvres de Catherine; elle songeait seulement à la victoire qu'elle allait remporter, oubliant complètement à quel prix elle achetait cette victoire.

Mais aussi, qu'était-ce qu'Orthon? Un cœur fidèle, une âme dévouée, un enfant jeune et beau; voilà tout.

Cela, on le pense bien, ne pouvait pas faire pencher un instant le plateau de cette froide balance où se pèsent les destinées des empires.

Le billet lu, Catherine remonta immédiatement chez madame de Sauve et le plaça derrière le miroir.

En descendant, elle retrouva à l'entrée du corridor le capitaine des gardes.

— Madame, dit M. de Nancey, selon les ordres qu'a donnés Votre Majesté, le cheval est prêt.

— Mon cher baron, dit Catherine, le cheval est inutile, j'ai fait causer ce garçon, et il est véritablement trop sot pour le charger de l'emploi que je lui voulais confier. Je le prenais pour un laquais, et c'é-tait tout au plus un palefrenier; je lui ai donné quelque argent et l'ai renvoyé par le petit guichet.

— Mais, dit M. de Nancey, cette commission?

— Cette commission? répéta Catherine.

— Oui, qu'il devait faire à Saint-Germain, Votre Majesté veut-elle que je la fasse, ou que je la fasse faire par quelqu'un de mes hommes?

— Non, non, dit Catherine, vous et vos hommes aurez ce soir autre chose à faire.

Et Catherine rentra chez elle, espérant bien ce soir tenir entre ses mains le sort de ce damné roi de Navarre.

XVII

L'HOTELLERIE DE LA BELLE-ÉTOILE.

Deux heures après l'événement que nous avons raconté, et dont nulle trace n'était restée même sur la figure de Catherine, madame de Sauve, ayant fini son travail chez la reine, remonta dans son appartement; derrière elle Henri rentra, et, ayant su de Dariole qu'Orthon était venu, il alla droit à la glace et prit le billet.

Il était, comme nous l'avons dit, conçu en ces termes :

« Ce soir, à dix heures, rue de l'Arbre-Sec, hô-
« tel de la Belle-Étoile; si vous venez, ne répondez
« rien. Si vous ne venez pas, dites NON au porteur.
« DE MOUY DE SAINT-PHALE. »

De suscription, il n'y en avait point.

— Henri ne manquera pas d'aller au rendez-vous, dit Catherine, car, eût-il envie de n'y point aller, il ne trouvera plus maintenant le porteur pour lui dire non.

Sur ce point, Catherine ne s'était pas trompée. Henri s'informa d'Orthon, Dariole lui dit qu'il était sorti avec la reine mère; mais, comme il trouva le billet à sa place, et qu'il savait le pauvre enfant incapable de trahison, il ne conçut aucune inquiétude.

Il dîna comme de coutume à la table du roi, qui railla fort Henri sur les maladresses qu'il avait faites dans la matinée à la chasse au vol. Henri s'excusa sur ce qu'il était homme de montagne et non homme de la plaine, mais il promit à Charles d'étudier la volerie.

Catherine fut charmante, et, en se levant de table, pria Marguerite de lui tenir compagnie toute la soirée.

A huit heures, Henri prit deux gentilshommes et sortit avec eux par la porte Saint-Honoré, fit un long détour, rentra par la tour de Bois, passa la Seine au bac de Nesle, remonta jusqu'à la rue Saint-Jacques, et là il les congédia, comme s'il eût été en aventure amoureuse. Au coin de la rue des Mathurins, il trouva un homme à cheval enveloppé d'un manteau ; il s'approcha de lui.

— Mantes, dit l'homme.

— Pau, répondit le roi.

L'homme mit aussitôt pied à terre. Henri s'enveloppa du manteau qui était tout crotté, monta sur le cheval, qui était tout fumant, revint par la rue de la Harpe, traversa le pont Saint-Michel, enfila la rue Barthélemy, passa de nouveau la rivière sur le Pont-aux-Meuniers, descendit les quais, prit la rue de l'Arbre-Sec, et s'en vint heurter à la porte de maître la Hurière.

La Mole était dans la salle que nous connaissons et écrivait une longue lettre d'amour à qui vous savez.

Coconas était dans la cuisine avec la Hurière, regardant tourner six perdreaux et discutant avec son ami l'hôtelier sur le degré de cuisson auquel il était convenable de tirer les perdreaux de la broche.

Ce fut en ce moment qu'Henri frappa. Grégoire alla ouvrir et conduisit le cheval à l'écurie tandis que le voyageur entrait en faisant résonner ses bottes sur le plancher, comme pour réchauffer ses pieds engourdis.

— Eh ! maître la Hurière, dit la Mole tout en écrivant, voici un gentilhomme qui vous demande.

La Hurière s'avança, toisa Henri des pieds à la tête, et comme son manteau de gros drap ne lui inspirait pas une grande vénération :

— Qui êtes vous ? demanda-t-il au roi.

— Eh ! sang-dieu ! dit Henri montrant la Mole, monsieur vient de vous le dire, je suis un gentilhomme de Gascogne qui vient à Paris pour se produire à la cour.

— Que voulez-vous ?

— Une chambre et un souper.

— Hum ! fit la Hurière, avez-vous un laquais ? C'était, on le sait, la question habituelle.

— Non, répondit Henri ; mais je compte bien en prendre un dès que j'aurai fait fortune.

— Je ne loue pas de chambre de maître sans chambre de laquais, dit la Hurière.

— Même si je vous offre de vous payer votre chambre et votre souper un noble à la rose, quitte à faire notre prix demain ?

— Oh ! oh ! vous êtes bien généreux, mon gentilhomme ! dit la Hurière en regardant Henri avec défiance.

— Non ; mais, dans la croyance que je passerais la soirée et la nuit dans votre hôtel, que m'avait

fort recommandé un seigneur de mon pays, qui l'habite, j'ai invité un ami à venir souper avec moi. Avez-vous du bon vin d'Arbois?

— J'en ai, que le Béarnais n'en boit pas de meilleur.

— Bon, je le paye à part. Ah ! justement, voici mon convive.

Effectivement, la porte venait de s'ouvrir et avait donné passage à un second gentilhomme de quelques années plus âgé que le premier, traînant à son côté une immense rapière.

— Ah ! ah ! dit-il, vous êtes exact, mon jeune ami. Pour un homme qui vient de faire deux cents lieues, c'est beau d'arriver à la minute.

— Est-ce votre convive? demanda la Hurière.

— Oui, dit le premier venu en allant au jeune homme à la rapière et en lui serrant la main ; servez-nous à souper.

— Ici, ou dans votre chambre?

— Où vous voudrez.

— Maître, fit la Mole en appelant la Hurière, débarrassez-nous de ces figures de huguenots; nous ne pourrions pas, devant eux, Coconas et moi, dire un mot de nos affaires.

— Dressez le souper dans la chambre numéro 2, au troisième, dit la Hurière. Montez, messieurs, montez.

Les deux voyageurs suivirent Grégoire, qui marcha devant eux en les éclairant.

La Mole les suivit des yeux jusqu'à ce qu'ils eussent disparu ; et, se retournant alors, il vit Coconas, dont la tête sortait de la cuisine. Deux gros yeux fixes et une bouche ouverte donnaient à cette tête un air d'étonnement remarquable.

La Mole s'approcha de lui.

— Mordi ! lui dit Coconas, as-tu vu?

— Quoi?

— Ces deux gentilshommes.

— Eh bien?

— Je jurerais que c'est...

— Qui?

— Mais... le roi de Navarre et l'homme au manteau rouge.

— Jure si tu veux, mais pas trop haut.

— Tu as donc reconnu aussi?

— Certainement.

— Que viennent-ils faire ici?

— Tu ne devines pas? Quelque affaire d'amourettes.

— Tu crois?

— J'en suis sûr.

— La Mole, j'aime mieux des coups d'épée que ces amourettes-là. Je voulais jurer tout à l'heure, je parie maintenant.

— Que paries-tu?

— Qu'il s'agit de quelque conspiration.

— Bah ! tu es fou.

— Et moi, je te dis...

Il vit Coconas, dont la tête sortait de la cuisine. — PAGE 88

— Je te dis que s'ils conspirent cela les regarde.

— Ah! c'est vrai. Au fait, dit Coconas, je ne suis plus à M. d'Alençon; qu'ils s'arrangent comme bon leur semblera.

Et, comme les perdreaux paraissaient arrivés au degré de cuisson où les aimait Coconas, le Piémontais, qui comptait en faire la meilleure portion de son dîner, appela maître la Hurière pour qu'il les tirât de la broche.

Pendant ce temps, Henri et de Mouy s'installaient dans leur chambre.

— Eh bien! sire, dit de Mouy quand Grégoire eut dressé la table, vous avez vu Orthon?

— Non; mais j'ai eu le billet qu'il a déposé au miroir. L'enfant aura pris peur, à ce que je présume; car la reine Catherine est venue tandis qu'il était là, si bien qu'il s'en est allé sans m'attendre. J'ai eu un instant quelque inquiétude, car Dariole m'a dit que la reine mère l'a fait longuement causer.

— Oh! il n'y a pas de danger, le drôle est adroit; et, quoique la reine mère sache son métier, il lui donnera du fil à retordre, j'en suis sûr.

— Et vous, de Mouy, l'avez-vous revu? demanda Henri.

— Non, mais je le reverrai ce soir : à minuit il

doit me revenir prendre ici avec un bon poitrinal ; il me contera cela en nous en allant.

— Et l'homme qui était au coin de la rue des Mathurins?

— Quel homme?

— L'homme dont j'ai le cheval et le manteau, en êtes-vous sûr?

— C'est un de nos plus dévoués. D'ailleurs, il ne connaît pas Votre Majesté, et il ignore à qui il a eu affaire.

— Nous pouvons alors causer de nos affaires en toute tranquillité.

— Sans aucun doute. D'ailleurs la Mole fait le guet.

— A merveille.

— Eh bien! sire, que dit M. d'Alençon?

— M. d'Alençon ne veut plus partir, de Mouy, il s'est expliqué nettement à ce sujet. L'élection du duc d'Anjou au trône de Pologne et l'indisposition du roi ont changé tous ses desseins.

— Ainsi, c'est lui qui a fait manquer tout notre plan?

— Oui.

— Il nous trahit, alors?

— Pas encore; mais il nous trahira à la première occasion qu'il trouvera.

— Cœur lâche, esprit perfide, pourquoi n'a-t-il pas répondu aux lettres que je lui ai écrites?

— Pour avoir des preuves et n'en pas donner. En attendant, tout est perdu, n'est-ce pas, de Mouy?

— Au contraire, sire, tout est gagné. Vous savez bien que le parti tout entier, moins la fraction du prince de Condé, était pour vous, et ne se servait du duc, avec lequel il avait eu l'air de se mettre en relation, que comme d'une sauvegarde. Eh bien! depuis le jour de la cérémonie, j'ai tout relié, tout rattaché à vous. Cent hommes vous suffisaient pour fuir avec le duc d'Alençon, j'en ai levé quinze cents; dans huit jours ils seront prêts, échelonnés sur la route de Pau. Ce ne sera plus une fuite, ce sera une retraite. Quinze cents hommes vous suffiront-ils, sire, et vous croirez-vous en sûreté avec une armée?

Henri sourit, et lui frappant sur l'épaule :

— Tu sais, de Mouy, lui dit-il, et tu es seul à le savoir, que le roi de Navarre n'est pas de son naturel aussi effrayé qu'on le croit.

— Eh! mon Dieu! je le sais, sire, et j'espère qu'avant qu'il soit longtemps la France tout entière le saura comme moi. Mais, quand on conspire, il faut réussir. La première condition de la réussite est la décision; et, pour que la décision soit rapide, franche, incisive, il faut être convaincu qu'on réussira. Eh bien! sire, quels sont les jours où il y a chasse?

— Tous les huit ou dix jours, soit à courre, soit au vol.

— Quand a-t-on chassé?

— Aujourd'hui même.

— D'aujourd'hui en huit ou dix jours, on chassera donc encore?

— Sans aucun doute, peut-être même avant.

— Écoutez; tout me semble parfaitement calme : le duc d'Anjou est parti; on ne pense plus à lui. Le roi se remet de jour en jour de son indisposition. Les persécutions contre nous ont à peu près cessé. Faites les doux yeux à la reine mère, faites les doux yeux à M. d'Alençon; dites-lui toujours que vous ne pouvez partir sans lui : tâchez qu'il le croie, ce qui est plus difficile.

— Sois tranquille, il le croira.

— Croyez-vous qu'il ait si grande confiance en vous?

— Non pas, Dieu m'en garde! mais il croit tout ce que lui dit la reine.

— Et la reine nous sert franchement, elle?

— Oh! j'en ai la preuve. D'ailleurs, elle est ambitieuse, et cette couronne de Navarre absente lui brûle le front.

— Eh bien! trois jours avant cette chasse, faites-moi dire où elle aura lieu. Si c'est à Bondy, à Saint-Germain ou à Rambouillet, ajoutez que vous êtes prêt, et, quand vous verrez M. de la Mole piquer devant vous, suivez-le, et piquez ferme. Une fois hors de la forêt, si la reine mère veut vous avoir, il faudra qu'elle coure après vous; or, ses chevaux normands ne verront pas même, je l'espère, les fers de nos chevaux barbes et de nos genets d'Espagne.

— C'est dit, de Mouy.

— Avez-vous de l'argent, sire?

Henri fit la grimace que toute sa vie il fit à cette question.

— Pas trop, dit-il; mais je crois que Margot en a.

— Eh bien! soit à vous, soit à elle, emportez-en le plus que vous pourrez.

— Et toi, en attendant, que vas-tu faire?

— Après m'être occupé des affaires de Votre Majesté, assez activement comme elle le voit, Votre Majesté me permettra-t-elle de m'occuper un peu des miennes?

— Fais, de Mouy, fais; mais quelles sont tes affaires?

— Écoutez, sire. Orthon m'a dit (c'est un garçon fort intelligent que je recommande à Votre Majesté); Orthon m'a dit hier avoir rencontré près de l'Arsenal ce brigand de Maurevel, qui est rétabli grâce aux soins de René, et qui se réchauffe au soleil comme un serpent qu'il est.

— Ah! oui, je comprends, dit Henri.

— Ah! vous comprenez, bon... Vous serez roi un jour, vous, sire, et, si vous avez quelque vengeance du genre de la mienne à accomplir, vous l'accomplirez en roi. Je suis un soldat, et je dois me venger en soldat. Donc, quand toutes nos petites affaires seront arrangées, ce qui donnera à ce brigand-là cinq ou six jours encore pour se remettre, j'irai moi aussi faire un tour du côté de l'Arsenal, et je le clouerai au gazon de quatre bons coups de rapière, après quoi je quitterai Paris le cœur moins gros.

— Fais tes affaires, mon ami, fais tes affaires, dit le Béarnais. A propos, tu es content de la Mole, n'est-ce pas?

— Ah! charmant garçon qui vous est dévoué corps et âme, sire, et sur lequel vous pouvez compter comme sur moi... brave...

— Et surtout discret; aussi nous suivra-t-il en Navarre, de Mouy : une fois arrivés là, nous chercherons ce que nous devons faire pour le récompenser.

Comme Henri achevait ces mots avec son sourire narquois, la porte s'ouvrit ou plutôt s'enfonça, et celui dont on faisait l'éloge au moment même parut, pâle et agité.

— Alerte, sire, cria-t-il, alerte! la maison est cernée.

— Cernée! s'écria Henri en se levant; par qui?

— Par les gardes du roi.

— Oh! oh! dit de Mouy en tirant ses pistolets de sa ceinture, bataille, à ce qu'il paraît.

— Ah! oui, dit la Mole, il s'agit bien de pistolets et de bataille, que voulez-vous faire contre cinquante hommes?

— Il a raison, dit le roi, et s'il y avait quelque moyen de retraite...

— Il y en a un qui m'a déjà servi à moi, et si Votre Majesté veut me suivre...

— Et de Mouy?

— M. de Mouy peut nous suivre aussi, s'il veut; mais il faut que vous vous pressiez tous deux.

On entendit des pas dans l'escalier.

— Il est trop tard! dit Henri.

— Ah! si l'on pouvait seulement les occuper pendant cinq minutes, s'écria la Mole, je répondrais du roi.

— Alors, répondez-en, monsieur, dit de Mouy, je me charge de les occuper, moi. Allez, sire, allez.

— Mais que feras-tu?

— Ne vous inquiétez pas, sire; allez toujours.

Et de Mouy commença par faire disparaître l'assiette, la serviette et le verre du roi, de façon qu'on pût croire qu'il était seul à table.

— Venez, sire, venez, s'écria la Mole en prenant le roi par le bras et l'entraînant dans l'escalier.

— De Mouy! mon brave de Mouy! s'écria Henri en tendant la main au jeune homme.

De Mouy baisa cette main, poussa Henri hors de la chambre, et en referma derrière lui la porte au verrou.

— Oui, oui, je comprends, dit Henri : il va se faire prendre, lui, tandis que nous nous sauverons, nous; mais qui diable peut nous avoir trahis?

— Venez, sire, venez; ils montent, ils montent.

En effet, la lueur des flambeaux commençait à ramper le long de l'étroit escalier, tandis qu'on en-

tendait au bas comme une espèce de cliquetis d'épée.

— Alerte, sire! alerte! dit la Mole.

Et, guidant le roi dans l'obscurité, il lui fit monter deux étages, poussa la porte d'une chambre, qu'il referma au verrou, et, allant ouvrir la fenêtre d'un cabinet :

— Sire, dit-il, Votre Majesté craint-elle beaucoup les excursions sur les toits?

— Moi, dit Henri; allons donc, un chasseur d'isards!

— Eh bien! que Votre Majesté me suive; je connais le chemin et vais lui servir de guide.

— Allez, allez, dit Henri, je vous suis.

Et la Mole enjamba le premier, suivi un large rebord faisant gouttière, au bout duquel il trouva une vallée formée par deux toits; sur cette vallée s'ouvrait une mansarde sans fenêtre et donnant dans un grenier inhabité.

— Sire, dit la Mole, vous voici au port.

— Ah! ah! dit Henri, tant mieux.

Et il essuya son front pâle où perlait la sueur.

— Maintenant, dit la Mole, les choses vont aller toutes seules; le grenier donne sur l'escalier, l'escalier aboutit à une allée, et cette allée conduit à la rue. J'ai fait le même chemin, sire, par une nuit bien autrement terrible que celle-ci.

— Allons, allons, dit Henri, en avant!...

La Mole se glissa le premier par la fenêtre béante, gagna la porte mal fermée, l'ouvrit, se trouva en haut d'un escalier tournant, et mettant dans la main du roi la corde qui servait de rampe :

— Venez, sire, dit-il.

Au milieu de l'escalier, Henri s'arrêta; il était arrivé devant une fenêtre; cette fenêtre donnait sur la cour de l'hôtellerie de la Belle-Étoile. On voyait dans l'escalier en face courir des soldats, les uns portant à la main des épées et les autres des flambeaux.

Tout à coup, au milieu d'un groupe, le roi de Navarre aperçut de Mouy. Il avait rendu son épée et descendait tranquillement.

— Pauvre garçon, dit Henri; cœur brave et dévoué!

— Ma foi, sire, dit la Mole, Votre Majesté remarquera qu'il a l'air fort calme; et, tenez, même il rit! Il faut qu'il médite quelque bon tour, car, vous le savez, il rit rarement.

— Et ce jeune homme qui était avec vous?

— M. de Coconas? demanda la Mole.

— Oui, M. de Coconas, qu'est-il devenu?

— Oh! sire, je ne suis point inquiet de lui. En apercevant les soldats, il ne m'a dit qu'un mot :

— Risquons-nous quelque chose?

— La tête, lui ai-je répondu.

— Et te sauveras-tu, toi?

— Je l'espère.

— Eh bien! moi aussi, a-t-il répondu. Et je vous

jure qu'il se sauvera, sire. Quand on prendra Coconas, je vous en réponds, c'est qu'il lui conviendra de se laisser prendre.

— Alors, dit Henri, tout va bien ; tâchons de regagner le Louvre.

— Ah! mon Dieu, fit la Mole, rien de plus facile, sire; enveloppons-nous de nos manteaux et sortons. La rue est pleine de gens accourus au bruit, on nous prendra pour des curieux.

En effet, Henri et la Mole trouvèrent la porte ouverte, et n'éprouvèrent d'autre difficulté pour sortir que le flot populaire qui encombrait la rue.

Cependant tous deux parvinrent à se glisser par la rue d'Averon; mais, arrivant rue des Poulies, ils virent traversant la place Saint-Germain-l'Auxerrois, de Mouy et son escorte conduits par le capitaine des gardes, M. de Nancey.

— Ah! ah! dit Henri, on le conduit au Louvre, à ce qu'il paraît. Diable! les guichets vont être fermés... On prendra les noms de tous ceux qui rentreront; et, si l'on me voit rentrer après lui, ce sera une probabilité que j'étais avec lui.

— Eh bien! mais, sire, dit la Mole, rentrez au Louvre autrement que par le guichet.

— Comment, diable! veux-tu que j'y rentre?

— Votre Majesté n'a-t-elle point la fenêtre de la reine de Navarre?

— Ventre-saint-gris! monsieur de la Mole, dit Henri, vous avez raison. Et moi qui n'y pensais pas!... Mais, comment prévenir la reine?

— Oh! dit la Mole en s'inclinant avec une respectueuse reconnaissance, Votre Majesté lance si bien les pierres!...

XVIII

DE MOUY DE SAINT-PHALE.

Cette fois, Catherine avait si bien pris ses précautions, qu'elle croyait être sûre de son fait.

En conséquence, vers dix heures, elle avait renvoyé Marguerite, bien convaincue—c'était d'ailleurs la vérité — que la reine.de Navarre ignorait ce qui se tramait contre son mari, et elle était passée chez le roi, le priant de retarder son coucher.

Intrigué par l'air de triomphe qui, malgré sa dissimulation habituelle, épanouissait le visage de sa mère, Charles questionna Catherine, qui lui répondit seulement ces mots :

— Je ne puis dire qu'une chose à Votre Majesté, c'est que ce soir elle sera délivrée de ses deux plus cruels ennemis.

Charles fit ce mouvement de sourcil d'un homme qui dit en lui-même : C'est bien, nous allons voir; et, sifflant son grand lévrier, qui vint à lui, se traînant sur le ventre comme un serpent, et posa sa tête fine et intelligente sur le genou de son maître, il attendit.

Au bout de quelques minutes, que Catherine passa les yeux fixes et l'oreille tendue, on entendit un coup de pistolet dans la cour du Louvre.

— Qu'est-ce que ce bruit? demanda Charles en fronçant le sourcil, tandis que le lévrier se relevait par un mouvement brusque en redressant ses oreilles.

— Rien, dit Catherine ; un signal, voilà tout.

— Et que signifie ce signal?

— Il signifie qu'à partir de ce moment, sire, votre unique, votre véritable ennemi, est hors de vous nuire.

— Vient-on de tuer un homme? demanda Charles en regardant sa mère avec cet œil de maître qui signifie que l'assassinat et la grâce sont deux attributs inhérents à la puissance royale.

— Non, sire ; on vient seulement d'en arrêter deux.

— Oh! murmura Charles, toujours des trames cachées, toujours des complots dont le roi n'est pas. Mort-diable! ma mère, je suis grand garçon, cependant, assez grand garçon pour veiller sur moi-même, et n'ai besoin ni de lisières, ni de bourrelets. Allez-vous-en en Pologne avec votre fils Henri si vous voulez régner. Mais ici, vous avez tort, je vous le dis, de jouer ce jeu-là.

— Mon fils, dit Catherine, c'est la dernière fois que je me mêle de vos affaires. Mais c'était une entreprise commencée depuis longtemps, dans laquelle vous m'avez toujours donné tort, et je tenais à cœur de prouver à Votre Majesté que j'avais raison.

En ce moment, plusieurs hommes s'arrêtèrent dans le vestibule, et l'on entendit se poser sur la dalle la crosse des mousquets d'une petite troupe.

Presque aussitôt, M. de Nancey fit demander la permission d'entrer chez le roi.

— Qu'il entre, dit vivement Charles.

M. de Nancey entra, salua le roi, et, se tournant vers Catherine :

— Madame, dit-il, les ordres de Votre Majesté sont exécutés : il est pris.

— Comment, il? s'écria Catherine fort troublée; n'en avez-vous pris qu'un?

— Il était seul, madame.

— Et s'est-il défendu?

— Non, il soupait tranquillement dans une chambre, et a remis son épée à la première sommation.

— Qui cela? demanda le roi.

— Vous allez voir, dit Catherine. Faites entrer le prisonnier, monsieur de Nancey.

Cinq minutes après, de Mouy fut introduit.

— De Mouy! s'écria le roi ; et qu'y a-t-il donc, monsieur?

— Eh! sire, dit de Mouy avec une tranquillité parfaite, si Votre Majesté m'en accorde la permission, je lui ferai la même demande.

— Au lieu de faire cette demande au roi, dit Catherine, ayez la bonté, M. de Mouy, d'apprendre à mon fils quel est l'homme qui se trouvait dans la chambre du roi de Navarre certaine nuit, et qui, cette nuit-là, en résistant aux ordres de Sa Majesté comme un rebelle qu'il est, a tué deux gardes et blessé M. de Maurevel?

— En effet, dit Charles en fronçant le sourcil,

saurıez-vous le nom de cet homme, monsieur de Mouy?

— Oui, sire ; Votre Majesté désire-t-elle le connaître?

— Cela me ferait plaisir, je l'avoue.

— Eh bien ! sire, il s'appelait de Mouy de Saint-Phale.

— C'était vous?

— Moi-même.

Catherine, étonnée de cette audace, recula d'un pas devant le jeune homme.

— Et comment, dit Charles IX, osâtes-vous résister aux ordres du roi ?

— D'abord, sire, j'ignorais qu'il y eût un ordre de Votre Majesté ; puis, je n'ai vu qu'une chose, ou plutôt qu'un homme, M. de Maurevel, l'assassin de mon père et de M. l'amiral. Je me suis rappelé alors qu'il y avait un an et demi, dans cette même chambre où nous sommes, pendant la soirée du 24 août, Votre Majesté m'avait promis, parlant à moi-même, de nous faire justice du meurtrier ; or, comme il s'était depuis ce temps passé de graves événements, j'ai pensé que le roi avait été malgré lui détourné de ses désirs. Et, voyant Maurevel à ma portée, j'ai cru que c'était le ciel qui me l'envoyait. Votre Majesté sait le reste, sire ; j'ai frappé sur lui comme sur un assassin et tiré sur ses hommes comme sur des bandits.

Charles ne répondit rien ; son amitié pour Henri lui avait fait voir depuis quelque temps bien des choses sous un autre point de vue que celui où il les avait envisagées d'abord, et plus d'une fois avec terreur.

La reine mère, à propos de la Saint-Barthélemy, avait enregistré dans sa mémoire des propos sortis de la bouche de son fils, et qui ressemblaient à des remords.

— Mais, dit Catherine, que veniez-vous faire à une pareille heure chez le roi de Navarre.

— Oh ! répondit de Mouy, c'est toute une histoire bien longue à raconter ; mais, si cependant Sa Majesté a la patience de l'entendre...

— Oui, dit Charles, parlez donc, je le veux.

— J'obéirai, sire, dit de Mouy en s'inclinant.

Catherine s'assit en fixant sur le jeune chef un regard inquiet.

— Nous écoutons, dit Charles. Ici, Actéon.

Le chien reprit la place qu'il occupait avant que le prisonnier n'eût été introduit.

— Sire, dit de Mouy, j'étais venu chez Sa Majesté le roi de Navarre comme député de nos frères, vos fidèles sujets de la religion.

Catherine fit un signe à Charles IX.

— Soyez tranquille, ma mère, dit celui-ci ; je ne perds pas un mot. Continuez, monsieur de Mouy, continuez : pourquoi étiez-vous venu?

— Pour prévenir le roi de Navarre, continua de Mouy, que son abjuration lui avait fait perdre la confiance du parti huguenot ; mais que, cependant, en souvenir de son père, Antoine de Bourbon, et surtout en mémoire de sa mère, la courageuse Jeanne d'Albret, dont le nom est cher parmi nous, ceux de la religion lui devaient cette marque de déférence de le prier de se désister de ses droits à la couronne de Navarre.

— Que dit-il? s'écria Catherine, ne pouvant, malgré sa puissance sur elle-même, recevoir sans crier un peu le coup inattendu qui la frappait.

— Ah ! ah ! fit Charles ; mais cette couronne de Navarre, qu'on fait ainsi sans ma permission voltiger sur toutes les têtes, il me semble cependant qu'elle m'appartient un peu.

— Les huguenots, sire, reconnaissent mieux que personne ce principe de suzeraineté que le roi vient d'émettre. Aussi espéraient-ils engager Votre Majesté à la fixer sur une tête qui lui est chère.

— A moi ! dit Charles, sur une tête qui m'est chère ! Mort-diable ! de quelle tête voulez-vous donc parler, monsieur? Je ne vous comprends pas.

— De la tête de M. le duc d'Alençon.

Catherine devint pâle comme la mort, et dévora de Mouy d'un regard flamboyant.

— Et mon frère d'Alençon le savait?

— Oui, sire.

— Et il acceptait cette couronne?

— Sauf l'agrément de Votre Majesté, à laquelle il nous renvoyait.

— Oh ! oh ! dit Charles, en effet, c'est une couronne qui ira à merveille à notre frère d'Alençon. Et moi qui n'y avais pas songé ! Merci, de Mouy, merci ! Quand vous aurez des idées semblables, vous serez le bienvenu au Louvre.

— Sire, vous seriez instruit depuis longtemps de tout ce projet, sans cette malheureuse affaire de Maurevel, qui m'a fait craindre d'être tombé dans la disgrâce de Votre Majesté.

— Oui, mais, fit Catherine, que disait Henri de ce projet?

— Le roi de Navarre, madame, se soumettait au désir de ses frères, et sa renonciation était prête.

— En ce cas, s'écria Catherine, cette renonciation, vous devez l'avoir?

— En effet, madame, dit de Mouy, par hasard, je l'ai sur moi, signée de lui et datée.

— D'une date antérieure à la scène du Louvre? dit Catherine.

— Oui, de la veille, je crois.

Et M. de Mouy tira de sa poche une renonciation en faveur du duc d'Alençon, écrite, signée de la main de Henri, et portant la date indiquée.

— Ma foi oui, dit Charles, et tout est bien en règle.

— Et que demandait Henri en échange de cette renonciation?

— Rien, madame ; l'amitié du roi Charles, nous

a-t-il dit, le dédommagerait amplement de la perte d'une couronne.

Catherine mordit ses lèvres de colère et tordit ses belles mains.

— Tout cela est parfaitement exact, de Mouy, ajouta le roi.

— Alors, reprit la reine mère, si tout était arrêté entre vous et le roi de Navarre, à quelle fin l'entrevue que vous avez eue ce soir avec lui?

— Moi, madame, avec le roi de Navarre? dit de Mouy. M. de Nancey, qui m'a arrêté, fera foi que j'étais seul. Votre Majesté peut l'appeler.

— Monsieur de Nancey? dit le roi.

Le capitaine des gardes reparut.

— Monsieur de Nancey, dit vivement Catherine, M. de Mouy était-il tout à fait seul à l'auberge de la Belle-Étoile?

— Dans la chambre, oui, madame; mais dans l'auberge, non.

— Ah! dit Catherine, quel était son compagnon?

— Je ne sais si c'était le compagnon de M. de Mouy, madame; mais je sais qu'il s'est échappé par une porte de derrière, après avoir couché sur le carreau deux de mes gardes.

— Et vous avez reconnu ce gentilhomme, sans doute?

— Non, pas moi, mais mes gardes.

— Et quel était-il? demanda Charles IX.

— M. le comte Annibal de Coconas.

— Annibal de Coconas! répéta le roi assombri et rêveur, celui qui a fait un si terrible massacre des huguenots pendant la Saint-Barthélemy?

— M. de Coconas, gentilhomme de M. d'Alençon, dit M. de Nancey.

— C'est bien, c'est bien, dit Charles IX; retirez-vous, monsieur de Nancey, et, une autre fois, souvenez-vous d'une chose...

— De laquelle, sire?

— C'est que vous êtes à mon service, et que vous ne devez obéir qu'à moi.

M. de Nancey se retira à reculons en saluant respectueusement.

De Mouy envoya un sourire ironique à Catherine.

Il se fit un silence d'un instant. La reine tordait les ganses de sa cordelière. Charles caressait son chien.

— Mais, quel était votre but, monsieur? continua Charles. Agissiez-vous violemment?

— Contre qui, sire?

— Mais contre Henri, contre François ou contre moi.

— Sire, nous avions la renonciation de votre beau-frère, l'agrément de votre frère; et, comme j'ai eu l'honneur de vous le dire, nous étions sur le point de solliciter l'autorisation de Votre Majesté lorsqu'est arrivée cette fatale affaire du Louvre.

— Eh bien! ma mère, dit Charles, je ne vois aucun mal à tout cela. Vous étiez dans votre droit, monsieur de Mouy, en demandant un roi. Oui, la Navarre peut être et doit être un royaume séparé. Il y a plus, ce royaume semble fait exprès pour doter mon frère d'Alençon, qui a toujours eu si grande envie d'une couronne, que, lorsque nous portons la nôtre, il ne peut détourner les yeux de dessus elle. La seule chose qui s'opposait à cette intronisation, c'était le droit de Henriot, mais, puisque Henriot y renonce volontairement...

— Volontairement, sire.

— Il paraît que c'est la volonté de Dieu! Monsieur de Mouy, vous êtes libre de retourner vers vos frères, que j'ai châtiés... un peu rudement, peut-être; mais ceci est une affaire entre moi et Dieu : et dites-leur que, puisqu'ils désirent pour roi de Navarre mon frère d'Alençon, le roi de France se rend à leurs désirs. A partir de ce moment, la Navarre est un royaume, et son souverain s'appelle François. Je ne demande que huit jours pour que mon frère quitte Paris avec l'éclat et la pompe qui conviennent à un roi. — Allez, monsieur de Mouy, allez!... Monsieur de Nancey, laissez passer M. de Mouy, il est libre.

— Sire, dit de Mouy en faisant un pas en avant, Votre Majesté permet-elle?

— Oui, dit le roi.

Et il tendit la main au jeune huguenot.

De Mouy mit un genou en terre et baisa la main du roi.

— A propos, dit Charles en le retenant au moment où il allait se relever, ne m'aviez-vous pas demandé justice de ce brigand de Maurevel?

— Oui, sire.

— Je ne sais où il est, pour vous la faire, car il se cache; mais, si vous le rencontrez, faites-vous justice vous-même, je vous y autorise, et de grand cœur.

— Ah! sire, s'écria de Mouy, voilà qui me comble véritablement; que Votre Majesté s'en rapporte à moi; je ne sais non plus où il est, mais je le trouverai, soyez tranquille.

Et de Mouy, après avoir respectueusement salué le roi Charles et la reine Catherine, se retira sans que les gardes qui l'avaient amené missent aucun empêchement à sa sortie. Il traversa les corridors, gagna rapidement le guichet, et, une fois dehors, ne fit qu'un bond de la place de Saint-Germain-l'Auxerrois à l'auberge de la Belle-Étoile, où il retrouva son cheval, grâce auquel, trois heures après la scène que nous venons de raconter, le jeune homme respirait en sûreté derrière les murailles de Mantes.

Catherine, dévorant sa colère, regagna son appartement, d'où elle passa dans celui de Marguerite.

Elle y trouva Henri en robe de chambre.

Elle y trouva Henri en robe de chambre et qui paraissait prêt à se mettre au lit.

— Satan, murmura-t-elle, aide une pauvre reine pour qui Dieu ne veut plus rien faire !

M. de Nancey.

XIX

DEUX TÊTES POUR UNE COURONNE.

Qu'on prie M. d'Alençon de me venir voir, avait dit Charles en congédiant sa mère.

M. de Nancey, disposé, d'après l'invitation du roi, à n'obéir désormais qu'à lui-même, ne fit qu'un bond de chez Charles chez son frère, lui transmettant sans adoucissement aucun l'ordre qu'il venait de recevoir.

Le duc d'Alençon tressaillit : en tout temps, il avait tremblé devant Charles, et à bien plus forte raison encore depuis qu'il s'était fait, en conspirant, des motifs de le craindre. Il ne s'en rendit pas moins près de son frère avec un empressement calculé.

Charles était debout et sifflait entre ses dents un hallali sur pied.

En entrant, le duc d'Alençon surprit dans l'œil vitreux de Charles un de ces regards envenimés de haine qu'il connaissait si bien.

— Votre Majesté m'a fait demander; me voici, sire, dit-il. Que désire de moi Votre Majesté?

— Je désire vous dire, mon bon frère, que, pour récompenser cette grande amitié que vous me portez, je suis décidé à faire aujourd'hui pour vous la chose que vous désirez le plus.

— Pour moi?

— Oui, pour vous. Cherchez dans votre esprit quelle chose vous rêvez depuis quelque temps sans oser me la demander; et, cette chose, je vous la donne.

— Sire, dit François, j'en jure à mon frère, je ne désire rien que la continuation de la bonne santé du roi.

— Alors, vous devez être satisfait, d'Alençon; l'indisposition que j'ai éprouvée à l'époque de l'arrivée des Polonais est passée. J'ai échappé, grâce à Henriot, à un sanglier furieux qui voulait me découdre, et je me porte de façon à n'avoir rien à envier au mieux portant de mon royaume; vous pouviez donc, sans être mauvais frère, désirer autre chose que la continuation de ma santé, qui est excellente.

— Je ne désirais rien, sire.

— Si fait, si fait, François, reprit Charles s'impatientant; vous désirez la couronne de Navarre, puisque vous vous êtes entendu avec Henriot et de Mouy: avec le premier pour qu'il y renonçât, avec le second pour qu'il vous la fît avoir. Eh bien! Henriot y renonce! de Mouy m'a transmis votre demande, et cette couronne que vous ambitionnez...

— Eh bien? demanda d'Alençon d'une voix tremblante.

— Eh bien! mort-diable! elle est à vous.

D'Alençon pâlit affreusement; puis, tout à coup, le sang appelé à son cœur, qu'il faillit briser, reflua vers les extrémités, et une rougeur ardente lui brûla les joues; la faveur que lui faisait le roi le désespérait en un pareil moment.

— Mais, sire, reprit-il tout palpitant d'émotion, et cherchant vainement à se remettre, je n'ai rien désiré et surtout rien demandé de pareil.

— C'est possible, dit le roi, car vous êtes fort discret, mon frère; mais on a désiré, on a demandé pour vous, mon frère.

— Sire, je vous jure que jamais...

— Ne jurez pas Dieu.

— Mais, sire, vous m'exilez donc?

— Vous appelez ça un exil, François? Peste! vous êtes difficile... Qu'espériez-vous donc de mieux?

D'Alençon se mordit les lèvres de désespoir.

— Ma foi! continua Charles en affectant la bonhomie, je vous croyais moins populaire, François, et surtout près des huguenots; mais ils vous demandent, il faut bien que je m'avoue à moi-même

que je me trompais. D'ailleurs, je ne pouvais rien désirer de mieux que d'avoir un homme à moi, mon frère qui m'aime et qui est incapable de me trahir, à la tête d'un parti qui depuis trente ans nous fait la guerre. Cela va tout calmer comme par enchantement, sans compter que nous serons tous rois dans la famille. Il n'y aura que le pauvre Henriot qui ne sera rien que mon ami. Mais il n'est point ambitieux, et ce titre, que personne ne réclame, il le prendra, lui.

— Oh! sire, vous vous trompez, ce titre, je le réclame... ce titre, qui donc y a plus de droit que moi? Henri n'est que votre beau-frère par alliance; moi, je suis votre frère par le sang et surtout par le cœur... Sire, je vous en supplie, gardez-moi près de vous.

— Non pas, non pas, François, répondit Charles; ce serait faire votre malheur.

— Comment cela?

— Pour mille raisons.

— Mais, voyez donc un peu, sire, si vous trouverez jamais un compagnon si fidèle que je le suis. Depuis mon enfance, je n'ai jamais quitté Votre Majesté.

— Je le sais bien, je le sais bien, et quelquefois même je vous aurais voulu plus loin.

— Que veut dire le roi?

— Rien, rien... je m'entends.. Oh! que vous aurez de belles chasses là-bas! François, que je vous porte envie! Savez-vous qu'on chasse l'ours dans ces diables de montagnes comme on chasse ici le sanglier? Vous allez nous entretenir tous de peaux magnifiques. Cela se chasse au poignard, vous savez: on attend l'animal, on l'excite, on l'irrite; il marche au chasseur, et, à quatre pas de lui, il se dresse sur ses pattes de derrière. C'est à ce moment-là qu'on lui enfonce l'acier dans le cœur, comme Henri a fait pour le sanglier à la dernière chasse. C'est dangereux; mais vous êtes brave, François, et ce danger sera pour vous un vrai plaisir.

— Ah! Votre Majesté redouble mes chagrins, car je ne chasserai plus avec elle.

— Corbœuf! tant mieux! dit le roi, cela ne nous réussit ni à l'un ni à l'autre de chasser ensemble.

— Que veut dire Votre Majesté?

— Que chasser avec moi vous cause un tel plaisir et vous donne une telle émotion, que vous, qui êtes l'adresse en personne, que vous qui, avec la première arquebuse venue, abattez une pie à cent pas, vous avez, la dernière fois que nous avons chassé de compagnie, avec votre arme, une arme qui vous est familière, manqué à vingt pas un gros sanglier et cassé par contre la jambe de mon meilleur cheval. Mort-diable! François, cela donne à songer, savez-vous?

— Oh! sire, pardonnez à l'émotion, dit d'Alençon devenu livide.

— Eh! oui, reprit Charles, l'émotion, je le sais

bien, et c'est à cause de cette émotion, que j'apprécie à sa juste valeur, que je vous dis : — Croyez-moi, François, mieux vaut chasser loin l'un de l'autre, surtout quand on a des émotions pareilles. Réfléchissez à cela, mon frère, non pas en ma présence, ma présence vous trouble, je le vois, mais quand vous serez seul, et vous conviendrez que j'ai tout lieu de craindre qu'à une nouvelle chasse une autre émotion vienne à vous prendre, car alors, il n'y a rien qui fasse relever la main comme l'émotion, car alors vous tueriez le cavalier au lieu du cheval, le roi au lieu de la bête. Peste! une balle placée trop haut ou trop bas, cela change fort la face d'un gouvernement, et nous en avons un exemple dans notre famille. Quand Montgommery a tué notre père Henri II par accident, par émotion peut-être, le coup a porté notre frère François II sur le trône et notre père Henri à Saint-Denis. Il faut si peu de chose à Dieu pour faire beaucoup.

Le duc sentit la sueur ruisseler sur son front pendant ce choc aussi redoutable qu'imprévu. Il était impossible que le roi dît plus clairement à son frère qu'il avait tout deviné. Charles, voilant sa colère sous une ombre de plaisanterie, était peut-être plus terrible encore que s'il eût laissé la lave haineuse qui lui dévorait le cœur se répandre bouillante au dehors; sa vengeance paraissait proportionnée à sa rancune. A mesure que l'une s'aigrissait, l'autre grandissait, et, pour la première fois, d'Alençon connut le remords, ou plutôt le regret d'avoir conçu un crime qui n'avait pas réussi.

Il avait soutenu la lutte tant qu'il avait pu, mais, sous ce dernier coup, il plia la tête, et Charles vit poindre dans ses yeux cette flamme dévorante qui, chez les êtres d'une nature tendre, creuse le sillon par où jaillissent les larmes.

Mais d'Alençon était de ceux-là qui ne pleurent que de rage.

Charles tenait fixé sur lui son œil de vautour, aspirant pour ainsi dire chacune des sensations qui se succédaient dans le cœur du jeune homme. Et toutes ces sensations lui apparaissaient aussi précises, grâce à cette étude approfondie qu'il avait faite de sa famille, que si le cœur du duc eût été un livre ouvert.

Il le laissa ainsi un instant écrasé, immobile et muet; puis, d'une voix tout empreinte de haineuse fermeté :

— Mon frère, dit-il, nous avons dit notre résolution, et notre résolution est immuable : vous partirez.

D'Alençon fit un mouvement. Charles ne parut pas le remarquer et continua :

— Je veux que la Navarre soit fière d'avoir pour prince un frère du roi de France. Or, pouvoir, honneur, vous aurez tout ce qui convient à votre naissance, comme votre frère Henri l'a eu, et, comme lui, ajouta-t-il en souriant, vous me bénirez de loin.

Mais n'importe, les bénédictions ne connaissent pas la distance.

— Sire...

— Acceptez, ou plutôt résignez-vous. Une fois roi, on vous trouvera une femme digne d'un fils de France. Qui sait! qui vous apportera un autre trône peut-être.

— Mais, dit le duc d'Alençon, Votre Majesté oublie son bon ami Henri.

— Henri! mais puisque je vous ai dit qu'il n'en voulait pas, du trône de Navarre! Puisque je vous ai déjà dit qu'il vous l'abandonnait! Henri est un joyeux garçon et non pas une face pâle comme vous. Il veut rire et s'amuser à son aise, et non sécher, comme nous sommes condamnés à le faire, nous, sous des couronnes.

D'Alençon poussa un soupir.

— Mais, dit-il, Votre Majesté m'ordonne donc de m'occuper...

— Non pas, non pas. Ne vous inquiétez de rien, François, je réglerai tout moi-même; reposez-vous sur moi, comme sur un bon frère. Et maintenant, que tout est convenu, allez, dites ou ne dites pas notre entretien à vos amis : je veux prendre des mesures pour que la chose devienne bientôt publique. Allez, François.

Il n'y avait rien à répondre. Le duc salua et partit la rage dans le cœur.

Il brûlait de trouver Henri pour causer avec lui de tout ce qui venait de se passer; mais il ne trouva que Catherine : en effet, Henri fuyait l'entretien, et la reine mère le recherchait.

Le duc, en voyant Catherine, étouffa aussitôt ses douleurs et essaya de sourire. Moins heureux que Henri d'Anjou, ce n'était pas une mère qu'il cherchait dans Catherine, mais simplement une alliée. Il commençait donc par dissimuler avec elle, car, pour faire de bonnes alliances, il faut bien se tromper un peu mutuellement.

Il aborda donc Catherine avec un visage où ne restait plus qu'une légère trace d'inquiétude.

— Eh bien! madame, dit-il, voilà de grandes nouvelles; les savez-vous?

— Je sais qu'il s'agit de faire un roi de vous, monsieur.

— C'est une grande bonté de la part de mon frère, madame.

— N'est-ce pas?

— Et je suis presque tenté de croire que je dois reporter sur vous une partie de ma reconnaissance; car enfin, si c'était vous qui lui eussiez donné le conseil de me faire don d'un trône, ce trône, c'est à vous que je le devrais : quoique j'avoue au fond qu'il m'a fait peine de dépouiller ainsi le roi de Navarre.

— Vous aimez fort Henriot, mon fils, à ce qu'il paraît?

— Mais oui; depuis quelque temps nous nous sommes intimement liés.

— Croyez-vous qu'il vous aime autant que vous l'aimez vous-même?

— Je l'espère, madame.

— C'est édifiant une pareille amitié, savez-vous, surtout entre princes. Les amitiés de cour passent pour peu solides, mon cher François.

— Ma mère, songez que nous sommes non-seulement amis, mais encore presque frères.

Catherine sourit d'un étrange sourire.

— Bon! dit-elle, est-ce qu'il y a des frères entre rois!

— Oh! quant à cela, nous n'étions rois ni l'un ni l'autre, ma mère, quand nous nous sommes liés ainsi; nous ne devions même jamais l'être; voilà pourquoi nous nous aimions.

— Oui, mais les choses sont bien changées à cette heure.

— Comment, bien changées?

— Oui, sans doute; qui vous dit maintenant que vous ne serez pas tous deux rois?

Au tressaillement nerveux du duc, à la rougeur qui envahit son front, Catherine vit que le coup lancé par elle avait porté en plein cœur.

— Lui? dit-il, Henriot roi! et de quel royaume, ma mère?

— D'un des plus magnifiques de la chrétienté, mon fils.

— Ah! ma mère, fit d'Alençon en pâlissant, que dites-vous donc là?

— Ce qu'une bonne mère doit dire à son fils, ce à quoi vous avez plus d'une fois songé, François.

— Moi? dit le duc, je n'ai songé à rien, madame, je vous jure.

— Je veux bien vous croire; car votre ami, car votre frère Henri, comme vous l'appelez, est, sous sa franchise apparente, un seigneur fort habile et fort rusé, qui garde ses secrets mieux que vous ne gardez les vôtres, François. Par exemple, vous a-t-il jamais dit que de Mouy fût son homme d'affaires?

Et, en disant ces mots, Catherine plongea son regard comme un stylet dans l'âme de François.

Mais celui-ci n'avait qu'une vertu, ou plutôt qu'un vice : la dissimulation; il supporta donc parfaitement ce regard.

— De Mouy! dit-il avec surprise, et comme si ce nom était prononcé pour la première fois devant lui en pareille circonstance.

— Oui, le huguenot de Mouy de Saint-Phale, celui-là même qui a failli tuer M. de Maurevel, et qui, clandestinement et en courant la France et la capitale sous des habits différents, intrigue et lève une armée pour soutenir votre frère Henri contre votre famille!

Catherine, qui ignorait que, sous ce rapport, son fils François en sût autant et même plus qu'elle, se leva sur ces mots, s'apprêtant à faire une majestueuse sortie.

François la retint.

— Ma mère, dit-il, encore un mot, s'il vous plaît. Puisque vous daignez m'initier à votre politique, dites-moi comment, avec de si faibles ressources et si peu connu qu'il est, Henri parviendrait-il à faire une guerre assez sérieuse pour inquiéter ma famille?

— Enfant, dit la reine en souriant, sachez donc qu'il est soutenu par plus de trente mille hommes peut-être, que, le jour où il dira un mot, ces trente mille hommes apparaîtront tout à coup comme s'ils sortaient de terre, et ces trente mille hommes, ce sont des huguenots, songez-y, c'est-à-dire les plus braves soldats du monde. Et puis, et puis, il a une protection que vous n'avez pas su ou pas voulu vous concilier, vous.

— Laquelle?

— Il a le roi, le roi qui l'aime, qui le pousse; le roi qui, par jalousie contre votre frère de Pologne et par dépit contre vous, cherche autour de lui des successeurs. Seulement, aveugle que vous êtes, si vous ne le voyez pas, il les cherche autre part que dans sa famille!

— Le roi!... vous croyez, ma mère?

— Ne vous êtes-vous donc pas aperçu qu'il chérit Henriot, son Henriot?

— Si fait, ma mère, si fait.

— Et qu'il en est payé de retour; car ce même Henriot, oubliant que son beau-frère le voulait arquebuser le jour de la Saint-Barthélemy, se couche à plat ventre comme un chien qui lèche la main dont il a été battu.

— Oui, oui, murmura François, je l'ai déjà remarqué, Henri est bien humble avec mon frère Charles.

— Ingénieux à lui complaire en toute chose.

— Au point que, dépité d'être toujours raillé par le roi sur son ignorance de la chasse au faucon, il veut se mettre à... Si bien qu'hier il m'a demandé, oui, pas plus tard qu'hier, si je n'avais point quelques bons livres qui traitassent de cet art.

— Attendez donc, dit Catherine, dont les yeux étincelèrent comme si une idée subite lui traversait l'esprit; attendez donc... et que lui avez-vous répondu?

— Que je chercherais dans ma bibliothèque.

— Bien, dit Catherine, bien, il faut qu'il l'ait, ce livre.

— Mais, j'ai cherché, madame, et n'ai rien trouvé.

— Je trouverai, moi, je trouverai... et vous lui donnerez le livre comme s'il venait de vous.

— Et qu'en résultera-t-il?

— Avez-vous confiance en moi, d'Alençon?

— Oui, ma mère.

— Voulez-vous m'obéir aveuglément à l'égard de

Marguerite se glissa par le passage secret. — Page 102

Henri, que vous n'aimez pas, quoi que vous en disiez?

D'Alençon sourit.

— Et que je déteste, moi, continua Catherine.

— Oui, j'obéirai.

— Après-demain, venez chercher le livre ici, je vous le donnerai, vous le porterez à Henri... et...

— Et?...

— Laissez Dieu, la Providence ou le hasard, faire le reste.

François connaissait assez sa mère pour savoir qu'elle ne s'en rapportait point d'habitude à Dieu, à la Providence ou au hasard, du soin de servir ses amitiés ou ses haines; mais il se garda d'ajouter un seul mot, et, saluant en homme qui accepte la commission dont on le charge, il se retira chez lui.

— Que veut-elle dire? pensa le jeune homme en montant l'escalier, je n'en sais rien. Mais, ce qu'il y a de clair pour moi dans tout ceci, c'est qu'elle agit contre un ennemi commun. Laissons-la faire.

Pendant ce temps, Marguerite, par l'intermédiaire de la Mole, recevait une lettre de de Mouy. Comme en politique les deux illustres conjoints n'avaient point de secret, elle décacheta cette lettre et la lut.

Sans doute cette lettre lui parut intéressante, car à l'instant même Marguerite, profitant de l'obscurité qui commençait à descendre le long des murailles du Louvre, se glissa dans le passage secret, monta l'escalier tournant, et, après avoir regardé de tous côtés avec attention, s'élança rapide comme une ombre, et disparut dans l'antichambre du roi de Navarre.

Cette antichambre n'était plus gardée par personne depuis la disparition d'Orthon.

Cette disparition, dont nous n'avons point parlé depuis le moment où le lecteur l'a vue s'opérer d'une façon si tragique pour le pauvre Orthon, avait fort inquiété Henri. Il s'en était ouvert à madame de Sauve et à sa femme, mais ni l'une ni l'autre n'était plus instruite que lui ; seulement, madame de Sauve lui avait donné quelques renseignements à la suite desquels il était demeuré parfaitement clair à l'esprit de Henri que le pauvre enfant avait été victime de quelque machination de la reine mère, et que c'était à la suite de cette machination qu'il avait failli, lui, être arrêté avec de Mouy dans l'auberge de la Belle-Étoile.

Un autre que Henri eût gardé le silence, car il n'eût rien osé dire ; mais Henri calculait tout : il comprit que son silence le trahirait ; d'ordinaire, on ne perd pas ainsi un de ses serviteurs, un de ses confidents, sans s'informer de lui, sans faire des recherches. Henri s'informa donc, rechercha donc, en présence du roi et de la reine mère elle-même ; il demanda Orthon à tout le monde, depuis la sentinelle qui se promenait devant le guichet du Louvre jusqu'au capitaine des gardes qui veillait dans l'antichambre du roi ; mais toute demande et toute démarche furent inutiles, et Henri parut si ostensiblement affecté de cet événement, et si attaché au pauvre serviteur absent, qu'il déclara qu'il ne le remplacerait que lorsqu'il aurait acquis la certitude qu'il avait disparu pour toujours.

L'antichambre, comme nous l'avons dit, était donc vide lorsque Marguerite se présenta chez Henri.

Si légers que fussent les pas de la reine, Henri les entendit et se retourna.

— Vous, madame ! s'écria-t-il.

— Oui, répondit Marguerite. Lisez vite.

Et elle lui présenta le papier tout ouvert.

Il contenait ces quelques lignes :

« Sire,

« Le moment est venu de mettre notre projet de fuite à exécution. Après-demain, il y a chasse au vol le long de la Seine, depuis Saint-Germain jusqu'à Maisons, c'est-à-dire dans toute la longueur de la forêt.

« Allez à cette chasse, quoique ce soit une chasse au vol ; prenez sous votre habit une bonne chemise de mailles ; ceignez votre meilleure épée ; montez le plus fin cheval de votre écurie.

« Vers midi, c'est-à-dire au plus fort de la chasse, et quand le roi sera lancé à la suite du faucon, dérobez-vous seul si vous venez seul, avec la reine de Navarre si la reine vous suit.

« Cinquante des nôtres seront cachés au pavillon de François Ier, dont nous avons la clef ; tout le monde ignorera qu'ils y sont, car ils y sont venus de nuit et les jalousies en seront fermées.

« Vous passerez par l'allée des Violettes, au bout de laquelle je veillerai ; à droite de cette allée, dans une petite clairière, seront MM. de la Mole et Coconas avec deux chevaux de main. Ces chevaux frais seront destinés à remplacer le vôtre et celui de Sa Majesté la reine de Navarre, si par hasard ils étaient fatigués.

« Adieu, sire ; soyez prêt, nous le serons. »

— Vous le serez, dit Marguerite, prononçant après seize cents ans les mêmes paroles que César avait prononcées sur les bords du Rubicon.

— Soit, madame, répondit Henri, ce n'est pas moi qui vous démentirai.

— Allons, sire, devenez un héros ; ce n'est pas difficile ; vous n'avez qu'à suivre votre route ; et faites-moi bientôt un beau trône, dit la fille de Henri II.

Un imperceptible sourire effleura la lèvre fine du Béarnais. Il baisa la main de Marguerite et sortit le premier, pour explorer le passage, tout en fredonnant le refrain d'une vieille chanson :

> Cil qui mieux battit la muraille,
> N'entra point dedans le chasteau.

La précaution n'était pas mauvaise : au moment où il ouvrait la porte de sa chambre à coucher, le duc d'Alençon ouvrait celle de son antichambre ; il fit de la main un signe à Marguerite ; puis, tout haut :

— Ah ! c'est vous, mon frère, dit-il, soyez le bienvenu.

Au signe de son mari, la reine avait tout compris et s'était jetée dans un cabinet de toilette, devant la porte duquel pendait une épaisse tapisserie.

Le duc d'Alençon entra d'un pas craintif et en regardant tout autour de lui.

— Sommes-nous seuls, mon frère ? demanda-t-il à demi-voix.

— Parfaitement seuls. Qu'y a-t-il donc ? vous paraissez tout bouleversé.

— Il y a que nous sommes découverts, Henri.

— Comment ! découverts ?

— Oui, de Mouy a été arrêté.

— Je le sais.

— Eh bien ! de Mouy a tout dit au roi.

— Qu'a-t-il dit ?

— Il a dit que je désirais le trône de Navarre, et que je conspirais pour l'obtenir.

— Ah ! pécaïre ! dit Henri, de sorte que vous voilà

compromis, mon pauvre frère! Comment alors n'ê-tes-vous pas encore arrêté?

— Je n'en sais rien moi-même; le roi m'a raillé en faisant semblant de m'offrir le trône de Navarre. Il espérait, sans doute, me tirer un aveu du cœur; mais je n'ai rien dit.

— Et vous avez bien fait, ventre-saint-gris! dit le Béarnais; tenons ferme, notre vie à tous les deux en dépend.

— Oui, reprit François, le cas est épineux; voici pourquoi je suis venu vous demander votre avis, mon frère; que croyez-vous que je doive faire : fuir ou rester?

— Vous avez vu le roi, puisque c'est à vous qu'il a parlé?

— Oui, sans doute.

— Eh bien! vous avez dû lire dans sa pensée! Suivez votre inspiration.

— J'aimerais mieux rester, répondit François.

Si maître qu'il fût de lui-même, Henri laissa échapper un mouvement de joie; si imperceptible que fût ce mouvement, François le surprit au passage.

— Restez alors, dit Henri.

— Mais vous?

— Dame! répondit Henri, si vous restez, je n'ai aucun motif de m'en aller, moi! Je ne partais que pour vous suivre, par dévouement, pour ne pas quit-ter un frère que j'aime.

— Ainsi, dit d'Alençon, c'en est fait de tous nos plans : vous vous abandonnez sans lutte au premier entraînement de la mauvaise fortune.

— Moi, dit Henri, je ne regarde pas comme une mauvaise fortune de demeurer ici; grâce à mon ca-ractère insoucieux, je me trouve bien partout.

— Eh bien! soit, dit d'Alençon, n'en parlons plus; seulement, si vous prenez quelque résolution nouvelle, faites-la-moi savoir.

— Corbleu! je n'y manquerai pas, croyez-le bien, répondit Henri. N'est-il pas convenu que nous n'a-vons pas de secrets l'un pour l'autre?

D'Alençon n'insista point davantage et se re-tira tout pensif, car, à un certain moment, il avait cru voir trembler la tapisserie du cabinet de toilette.

En effet, à peine d'Alençon était-il sorti, que cette tapisserie se souleva et que Marguerite re-parut.

— Que pensez-vous de cette visite? demanda Henri.

— Qu'il y a quelque chose de nouveau et d'im-portant.

— Et que croyez-vous qu'il y ait?

— Je n'en sais rien encore; mais je le saurai.

— En attendant?

— En attendant, ne manquez pas de venir chez moi demain soir.

— Je n'aurai garde d'y manquer, madame! dit Henri en baisant galamment la main de sa femme.

Et, avec les mêmes précautions qu'elle en était sortie, Marguerite rentra chez elle.

XX

LE LIVRE DE VÉNERIE.

rente-six heures s'étaient écoulées depuis les évé-nements que nous venons de raconter. Le jour commen-çait à paraître, mais tout était déjà éveillé au Lou-vre, comme c'était l'habi-tude les jours de chasse, lorsque le duc d'Alençon se rendit chez la reine mère, selon l'invitation qu'il en avait reçue.

La reine mère n'était point dans sa chambre à coucher; mais elle avait ordonné qu'on le fît atten-dre s'il venait.

Au bout de quelques instants, elle sortit d'un cabinet secret où personne n'entrait qu'elle, et où elle se retirait pour faire ses opérations chimi-ques.

Soit par la porte entr'ouverte, soit attachée à ses vêtements, entra en même temps que la reine mère l'odeur pénétrante d'un âcre parfum, et, par l'ou-verture de la porte, d'Alençon remarqua une vapeur épaisse, comme celle d'un aromate brûlé, qui flot-

— Je n'aurai garde d'y manquer, madame! dit Henri — Page 103.

taît en blanc nuage dans ce laboratoire que quittait la reine.

Le duc ne put réprimer un regard de curiosité.

— Oui, dit Catherine de Médicis, oui, j'ai brûlé quelques vieux parchemins, et ces parchemins exhalaient une si puante odeur, que j'ai jeté du genièvre sur le brasier : de là cette odeur.

D'Alençon s'inclina.

— Eh bien! dit Catherine en cachant dans les larges manches de sa robe de chambre ses mains, que de légères taches d'un jaune rougeâtre diapraient çà et là, qu'avez-vous de nouveau depuis hier?

— Rien, ma mère.

— Avez-vous revu Henri?

— Oui.

— Il refuse toujours de partir?

— Absolument.

— Le fourbe!

— Que dites-vous, madame?

— Je dis qu'il part.

— Vous croyez?

— J'en suis sûre.

— Alors, il nous échappe?

— Oui, dit Catherine.

— Je ne vous comprends pas, ma mère.

— Et vous le laissez partir?

— Non-seulement je le laisse partir; mais je vous dis plus, il faut qu'il parte!

— Je ne vous comprends pas, ma mère.

— Écoutez bien ce que je vais vous dire, François. Un médecin très-habile, le même qui m'a remis le livre de chasse que vous allez lui porter, m'a affirmé que le roi de Navarre était sur le point d'être atteint d'une maladie de consomption, d'une de ces maladies qui ne pardonnent pas et auxquelles la science ne peut apporter aucun remède. Or, vous comprenez que, s'il doit mourir d'un mal si cruel, il vaut mieux qu'il meure loin de nous que sous nos yeux, à la cour.

— En effet, dit le duc, cela nous ferait trop de peine.

— Et surtout à votre frère Charles, dit Catherine; tandis que, lorsque Henri mourra après lui avoir désobéi, le roi regardera cette mort comme une punition du ciel.

— Vous avez raison, ma mère, dit François avec admiration, il faut qu'il parte. Mais, êtes-vous bien sûre qu'il partira?

— Toutes ses mesures sont prises. Le rendez-vous

est dans la forêt de Saint-Germain. Cinquante huguenots doivent lui servir d'escorte jusqu'à Fontainebleau, où cinq cents autres l'attendent.

— Eh! dit d'Alençon avec une légère hésitation et une pâleur visible, ma sœur Margot part avec lui?

— Oui, répondit Catherine, c'est convenu. Mais, Henri mort, Margot revient à la cour, veuve et libre.

— Et Henri mourra, madame, vous en êtes certaine?

— Le médecin qui m'a remis le livre en question me l'a assuré, du moins.

— Et ce livre, où est-il, madame?

Catherine retourna à pas lents vers le cabinet mystérieux, ouvrit la porte, s'y enfonça, et reparut un instant après, le livre à la main.

— Le voici, dit-elle.

D'Alençon regarda le livre que lui présentait sa mère avec une certaine terreur.

— Qu'est-ce que ce livre, madame? demanda en frissonnant le duc.

— Je vous l'ai déjà dit, mon fils, c'est un travail sur l'art d'élever et de dresser faucons, tiercelets et gerfauts, fait par un fort savant homme, par le seigneur Castruccio Castracani, tyran de Lucques.

— Et que dois-je en faire?

— Mais le porter chez votre bon ami Henriot, qui vous l'a demandé, à ce que vous m'avez dit, lui ou quelque autre pareil, pour s'instruire dans la science de la volerie. Comme il chasse au vol aujourd'hui avec le roi, il ne manquera pas d'en lire quelques pages, afin de prouver au roi qu'il suit ses conseils en prenant des leçons. Le tout est de le remettre à lui-même.

— Oh! je n'oserai pas, dit d'Alençon en frissonnant.

— Pourquoi? dit Catherine; c'est un livre comme un autre, excepté qu'il a été si longtemps renfermé, que les pages sont collées les unes aux autres. N'essayez donc pas de le lire, vous, François, car on ne peut le lire qu'en mouillant son doigt et en poussant les pages feuille à feuille, ce qui prend beaucoup de temps et donne beaucoup de peine.

— Si bien qu'il n'y a qu'un homme qui a le grand désir de s'instruire qui puisse perdre ce temps et prendre cette peine? dit d'Alençon.

— Justement, mon fils, vous comprenez.

— Oh! dit d'Alençon, voici déjà Henriot dans la cour; donnez, madame, donnez. Je vais profiter de son absence pour porter ce livre chez lui : à son retour, il le trouvera.

— J'aimerais mieux que vous le lui donnassiez à lui-même, François; ce serait plus sûr.

— Je vous ai déjà dit que je n'oserais point, madame, reprit le duc.

— Allez donc; mais, au moins, posez-le dans un endroit bien apparent.

— Ouvert... Y a-t-il inconvénient à ce qu'il soit ouvert?

— Non.

— Donnez alors.

D'Alençon prit d'une main tremblante le livre, que, d'une main ferme, Catherine étendait vers lui.

— Prenez, prenez, dit Catherine, il n'y a pas de danger, puisque j'y touche; d'ailleurs, vous avez des gants.

Cette précaution ne suffit pas à d'Alençon, qui enveloppa le livre dans son manteau.

— Hâtez-vous, dit Catherine, hâtez-vous! d'un moment à l'autre, Henri peut remonter.

— Vous avez raison, madame; j'y vais.

Et le duc sortit tout chancelant d'émotion.

Nous avons introduit plusieurs fois déjà le lecteur dans l'appartement du roi de Navarre, et nous l'avons fait assister aux séances qui s'y sont passées, joyeuses ou terribles, selon que souriait ou menaçait le génie protecteur du futur roi de France.

Mais jamais peut-être les murs souillés de sang par le meurtre, arrosés de vin par l'orgie, embaumés de parfums par l'amour, jamais ce coin du Louvre, enfin, n'avait vu apparaître un visage plus pâle que celui du duc d'Alençon ouvrant, son livre à la main, la porte de la chambre à coucher du roi de Navarre.

Et cependant, comme s'y attendait le duc, personne n'était dans cette chambre pour interroger d'un œil curieux ou inquiet l'action qu'il allait commettre. Les premiers rayons du jour éclairaient l'appartement parfaitement vide.

A la muraille pendait toute prête cette épée que de Mouy avait conseillé à Henri d'emporter. Quelques chaînons d'une ceinture de mailles étaient épars sur le parquet. Une bourse honnêtement arrondie et un petit poignard étaient posés sur un meuble, et des cendres légères et flottantes encore dans la cheminée, jointes à ces autres indices, disaient clairement à d'Alençon que le roi de Navarre avait endossé une chemise de mailles, demandé de l'argent à son trésorier, et brûlé des papiers compromettants.

— Ma mère ne s'était pas trompée, dit d'Alençon, le fourbe me trahissait.

Sans doute cette conviction donna une nouvelle force au jeune homme, car, après avoir sondé du regard tous les coins de la chambre, après avoir soulevé les tapisseries des portières, après qu'un grand bruit retentissant dans les cours et qu'un grand silence qui régnait dans l'appartement lui eut prouvé que personne ne songeait à l'espionner, il tira le livre de dessous son manteau, le posa rapidement sur la table où était la bourse, l'adossant à un pupitre de chêne sculpté; puis, s'écartant aussitôt, il allongea le bras, et, avec une hésitation qui trahissait ses cra ntes, de sa main gantée il ouvrit le livre à l'endroit d'une gravure de chasse.

Le livre ouvert, d'Alençon fit aussitôt trois pas en arrière, et, retirant son gant, il le jeta dans le brasier encore ardent qui venait de dévorer les lettres. La peau souple cria sur les charbons, se tordit et s'étala comme le cadavre d'un large reptile, puis ne laissa plus bientôt qu'un résidu noir et crispé.

D'Alençon demeura jusqu'à ce que la flamme eût entièrement dévoré le gant; puis il roula le manteau qui avait enveloppé le livre, le jeta sous son bras, et regagna vivement sa chambre. Comme il y entrait, le cœur tout palpitant, il entendit des pas dans l'escalier tournant, et, ne doutant plus que ce fût Henri qui rentrait, il referma vivement sa porte.

Puis il s'élança vers la fenêtre; mais de la fenêtre on n'apercevait qu'une portion de la cour du Louvre. Henri n'était point dans cette portion de la cour, et sa conviction s'en affermit que c'était lui qui venait de rentrer.

Le duc s'assit, ouvrit un livre et essaya de lire. C'était une histoire de France depuis Pharamond jusqu'à Henri II, et pour laquelle, quelques jours après son avénement au trône, il avait donné privilége.

Mais l'esprit du duc n'était point là; la fièvre de l'attente brûlait ses artères. Les battements de ses tempes retentissaient jusqu'au fond de son cerveau; comme on voit dans un rêve ou dans une extase magnétique, il semblait à François qu'il voyait à travers les murailles; son regard plongeait dans la chambre de Henri, malgré le triple obstacle qui le séparait de lui.

Pour écarter l'objet terrible qu'il croyait voir avec les yeux de la pensée, le duc essaya de fixer la sienne sur autre chose que sur le livre terrible ouvert sur le pupitre de bois de chêne à l'endroit de l'image; mais ce fut inutilement qu'il prit l'une après l'autre ses armes, l'un après l'autre ses joyaux, qu'il arpenta cent fois le même sillon du parquet, chaque détail de cette image, que le duc n'avait qu'entrevue cependant, lui était restée dans l'esprit. C'était un seigneur à cheval qui, remplissant lui-même l'office d'un valet de fauconnerie, lançait le leurre en rappelant le faucon et en courant au grand galop de son cheval dans les herbes d'un marécage. Si violente que fût la volonté du duc, le souvenir triomphait de sa volonté.

Puis ce n'était pas seulement ce livre qu'il voyait, c'était le roi de Navarre s'approchant de ce livre, regardant cette image, essayant de tourner les pages, et, empêché par l'obstacle qu'elles opposaient, triomphant de l'obstacle en mouillant son pouce et en forçant les feuillets à glisser.

Et à cette vue, toute fictive et toute fantastique qu'elle était, d'Alençon, chancelant, était forcé de s'appuyer d'une main à un meuble, tandis que de l'autre il couvrait ses yeux, comme si, les yeux couverts, il ne voyait pas encore mieux le spectacle qu'il voulait fuir.

Ce spectacle était sa propre pensée.

Tout à coup, d'Alençon vit Henri qui traversait la cour; celui-ci s'arrêta quelques instants devant des hommes qui entassaient sur deux mules des provisions de chasse, qui n'étaient autres que de l'argent et des effets de voyage; puis, ses ordres donnés, il coupa diagonalement la cour, et s'achemina visiblement vers la porte d'entrée.

D'Alençon était immobile à sa place. Ce n'était donc pas Henri qui était monté par l'escalier secret? Toutes ces angoisses, qu'il éprouvait depuis un quart d'heure, il les avait donc éprouvées inutilement. Ce qu'il croyait fini, ou près de finir, était donc à recommencer.

D'Alençon ouvrit la porte de sa chambre, puis, tout en la tenant fermée, il alla écouter à celle du corridor. Cette fois, il n'y avait pas à s'y tromper, c'était bien Henri. D'Alençon reconnut son pas et jusqu'au bruit particulier de la molette de ses éperons.

La porte de l'appartement de Henri s'ouvrit et se referma.

D'Alençon rentra chez lui et tomba sur un fauteuil.

— Bon! se dit-il, voici ce qui se passe à cette heure : il a traversé l'antichambre, la première pièce, puis il est parvenu jusqu'à la chambre à coucher; arrivé là, il aura cherché des yeux son épée, puis sa bourse, puis son poignard, puis, enfin, il aura trouvé le livre tout ouvert sur son dressoir.

— Quel est ce livre? se sera-t-il demandé; qui m'a apporté ce livre?

Puis il se sera rapproché, aura vu cette gravure représentant un cavalier rappelant son faucon, puis il aura voulu lire, puis il aura essayé de tourner les feuillets.

Une sueur froide passa sur le front de François.

— Va-t-il appeler? dit-il. Est-ce un poison d'un effet soudain? Non, non, sans doute, puisque ma mère m'a dit qu'il devait mourir lentement de consomption.

Cette pensée le rassura un peu.

Dix minutes se passèrent ainsi, siècle d'agonie usé secondes par secondes, et chacune de ces secondes fournissant tout ce que l'imagination invente de terreurs insensées, un monde de visions.

D'Alençon n'y put tenir davantage, il se leva, traversa son antichambre, qui commençait à se remplir de gentilshommes.

— Salut, messieurs, dit-il, je descends chez le roi.

Et, pour tromper sa dévorante inquiétude, pour préparer un alibi peut-être, d'Alençon descendit effectivement chez son frère. Pourquoi descendait-il?

Il l'ignorait... Qu'avait-il à lui dire?... Rien! Ce n'était point Charles qu'il cherchait, c'était Henri qu'il fuyait.

Il prit le petit escalier tournant et trouva la porte du roi entr'ouverte.

Les gardes laissèrent entrer le duc sans mettre aucun empêchement à son passage : les jours de chasse, il n'y avait ni étiquette ni consigne.

François traversa successivement l'antichambre, le salon et la chambre à coucher sans rencontrer personne; enfin, il songeait que Charles était sans doute dans son cabinet des armes, et poussa la porte qui donnait de la chambre à coucher dans le cabinet.

Charles était assis devant une table, dans un grand fauteuil sculpté à dossier aigu; il tournait le dos à la porte par laquelle était entré François.

Il paraissait plongé dans une occupation qui le dominait.

Le duc s'approcha sur la pointe du pied; Charles lisait.

— Pardieu! s'écria-t-il tout à coup, voilà un livre admirable. J'en avais bien entendu parler, mais je n'avais pas cru qu'il existât en France.

D'Alençon tendit l'oreille et fit un pas encore.

— Maudites feuilles, dit le roi en portant son pouce à ses lèvres et en pesant sur le livre pour séparer la page qu'il avait lue de celle qu'il voulait lire, on dirait qu'on en a collé les feuillets pour dérober aux regards des hommes les merveilles qu'il renferme.

D'Alençon fit un bond en avant.

Ce livre, sur lequel Charles était courbé, c'était celui qu'il avait déposé chez Henri!

Un cri sourd lui échappa.

— Ah! c'est vous, d'Alençon? dit Charles, soyez le bienvenu, et venez voir le plus beau livre de vénerie qui soit jamais sorti de la plume d'un homme.

Le premier mouvement de d'Alençon fut d'arracher le livre des mains de son frère; mais une pensée infernale le cloua à sa place, un sourire effrayant passa sur ses lèvres blêmies, il passa la main sur ses yeux comme un homme ébloui.

Puis, revenant peu à peu à lui, mais sans faire un pas en avant ni en arrière :

— Sire, demanda d'Alençon, comment donc ce livre se trouve-t-il entre les mains de Votre Majesté?

— Rien de plus simple. Ce matin, je suis monté chez Henriot pour voir s'il était prêt; il n'était déjà plus chez lui; sans doute, il courait les chenils et les écuries; mais, à sa place, j'ai trouvé ce trésor que j'ai descendu ici pour le lire tout à mon aise.

Et le roi porta encore une fois son pouce à ses lèvres, et une fois encore fit tourner la page rebelle.

— Sire, balbutia d'Alençon, dont les cheveux se hérissèrent et qui se sentit saisir par tout le corps d'une angoisse terrible, sire, je venais pour vous dire...

— Laissez-moi achever ce chapitre, François, dit Charles, et ensuite vous me direz tout ce que vous voudrez. Voilà cinquante pages que je lis, c'est-à-dire que je dévore.

— Il a goûté vingt-cinq fois le poison, pensa François. Mon frère est mort!

Alors il pensa qu'il y avait un Dieu au ciel qui n'était peut-être point le hasard.

François essuya de sa main tremblante la froide rosée qui dégouttait sur son front, et attendit silencieux, comme le lui avait ordonné son frère, que le chapitre fût achevé.

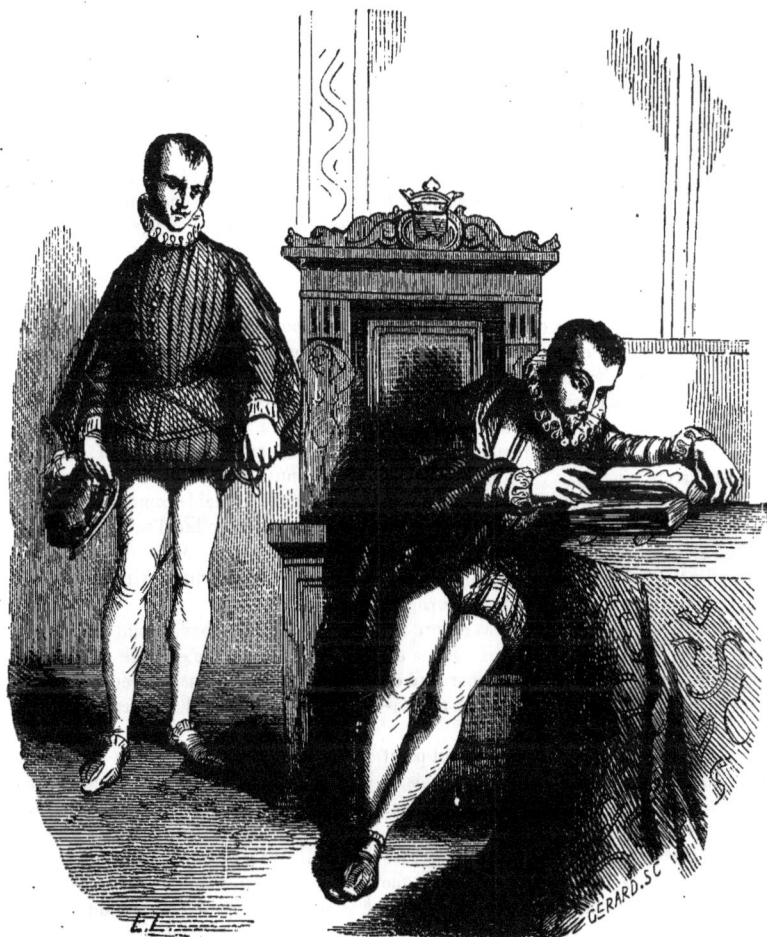

Charles lisait toujours.

XXI

LA CHASSE AU VOL.

harles lisait toujours. Dans
sa curiosité, il dévorait les
pages; et chaque page, nous
l'avons dit, soit à cause de
l'humidité à laquelle elles
avaient été longtemps ex-
posées, soit pour tout autre motif, adhérait à la page
suivants. D'Alençon considérait d'un œil hagard ce

terrible spectacle, dont il entrevoyait seul le dénoû-
ment.

— Oh! murmura-t-il, que va-t-il donc se passer
ici? Comment! je partirais, je m'exilerais, j'irais
chercher un trône imaginaire, tandis que Henri, à
la première nouvelle de la maladie de Charles, re-
viendrait dans quelque ville forte à vingt lieues de
la capitale, guettant cette proie que le hasard nous
livre, et pourrait d'une seule enjambée être dans la

capitale; de sorte que, avant que le roi de Pologne eût seulement appris la nouvelle de la mort de mon frère, la dynastie serait déjà changée : c'est impossible !

C'étaient ces pensées qui avaient dominé le premier sentiment d'horreur involontaire qui poussait François à arrêter Charles. C'était cette fatalité persévérante qui semblait garder Henri et poursuivre les Valois, contre laquelle le duc allait encore essayer une fois de réagir.

En un instant, tout son plan venait de changer à l'égard de Henri. C'était Charles et non Henri qui avait lu le livre empoisonné ; Henri devait partir, mais partir condamné. Du moment où la fatalité venait de le sauver encore une fois, il fallait que Henri restât ; car Henri était moins à craindre prisonnier à Vincennes ou à la Bastille, que le roi de Navarre à la tête de trente mille hommes.

Le duc d'Alençon laissa donc Charles achever son chapitre ; et lorsque le roi releva la tête :

— Mon frère, lui dit-il, j'ai attendu parce que Votre Majesté l'a ordonné; mais c'était à mon grand regret, parce que j'avais des choses de la plus haute importance à vous dire.

— Ah ! au diable ! dit Charles, dont les joues pâles s'empourpraient peu à peu, soit qu'il eût mis une trop grande ardeur à sa lecture, soit que le poison commençât à agir; au diable ! si tu viens encore me parler de la même chose. Tu partiras comme est parti le roi de Pologne. Je me suis débarrassé de lui, je me débarrasserai de toi, et plus un mot là-dessus.

— Aussi, mon frère, dit François, ce n'est point de mon départ que je veux vous entretenir, mais de celui d'un autre. Votre Majesté m'a atteint dans mon sentiment le plus profond et le plus délicat, qui est mon dévouement pour elle comme frère, ma fidélité comme sujet, et je tiens à lui prouver que je ne suis pas un traître, moi.

— Allons, dit Charles en s'accoudant sur le livre, en croisant ses jambes l'une sur l'autre, et en regardant d'Alençon en homme qui fait contre ses habitudes provision de patience, allons, quelque bruit nouveau, quelque accusation matinale?

— Non, sire. Une certitude, un complot que ma ridicule délicatesse m'avait seule empêché de vous révéler.

— Un complot, dit Charles. Voyons le complot.

— Sire, dit François, tandis que Votre Majesté chassera au vol auprès de la rivière et dans la plaine du Vésinet, le roi de Navarre gagnera la forêt de Saint-Germain, une troupe d'amis l'attendent dans cette forêt et il doit fuir avec eux.

— Ah ! je le savais bien, dit Charles. Encore une bonne calomnie contre mon pauvre Henriot. Ah çà ! en finirez-vous avec lui ?

— Votre Majesté n'aura pas besoin d'attendre longtemps au moins pour s'assurer si ce que j'ai

l'honneur de lui dire est ou non une calomnie.

— Et comment cela?

— Parce que ce soir notre beau-frère sera parti.

Charles se leva.

— Écoutez, dit-il, je veux bien, une dernière fois encore, avoir l'air de croire à vos intentions; mais, je vous en avertis, toi et ma mère, cette fois, c'est la dernière.

Puis, haussant la voix :

— Qu'on appelle le roi de Navarre, ajouta-t-il.

Un garde fit un mouvement pour obéir ; mais François l'arrêta d'un signe.

— Mauvais moyen, mon frère, dit-il ; de cette façon vous n'apprendrez rien. Henri niera, donnera un signal, ses complices seront avertis et disparaîtront; puis ma mère et moi nous serons accusés non-seulement d'être des visionnaires, mais encore des calomniateurs.

— Que demandez-vous donc alors ?

— Qu'au nom de notre fraternité, Votre Majesté m'écoute; qu'au nom de mon dévouement qu'elle va reconnaître, elle ne brusque rien. Faites en sorte, sire, que le véritable coupable, que celui qui, depuis deux ans, trahit d'intention Votre Majesté, en attendant qu'il la trahisse de fait, soit enfin reconnu coupable par une épreuve infaillible, et puni comme il le mérite.

Charles ne répondit point ; il alla à une fenêtre et l'ouvrit : le sang envahissait son cerveau.

Enfin, se retournant vivement :

— Eh bien! dit-il, que feriez-vous? Parlez, François.

— Sire, dit d'Alençon, je ferais cerner la forêt de Saint-Germain par trois détachements de chevau-légers, qui, à une heure convenue, à onze heures par exemple, se mettraient en marche et rabattraient tout ce qui se trouve dans la forêt sur le pavillon de François Ier, que j'aurais, comme par hasard, désigné pour l'endroit du rendez-vous du dîner. Puis, quand, tout en ayant l'air de suivre mon faucon, je verrais Henri s'éloigner, je piquerais au rendez-vous, où il se trouvera pris avec tous ses complices.

— L'idée est bonne, dit le roi ; qu'on fasse venir mon capitaine des gardes.

D'Alençon tira de son pourpoint un sifflet d'argent pendu à une chaîne d'or et siffla.

M. de Nancey parut.

Charles alla à lui et lui donna ses ordres à voix basse.

Pendant ce temps, son grand lévrier Actéon avait saisi une proie qu'il roulait par la chambre et déchirait à belles dents avec mille bonds folâtres.

Charles se retourna, et poussa un juron terrible. Cette proie, que s'était faite Actéon, c'était ce précieux livre de vénerie, dont il n'existait, comme nous l'avons dit, que trois exemplaires au monde.

Le châtiment fut égal au crime ; Charles saisit un

fouet, la lanière sifflante enveloppa l'animal d'un triple nœud. Actéon jeta un cri et disparut sous une table couverte d'un immense tapis qui lui servait de retraite.

Charles ramassa le livre et vit avec joie qu'il n'y manquait qu'un feuillet; et, encore, ce feuillet n'était-il pas une page de texte, mais une gravure.

Il le plaça avec soin sur un rayon où Actéon ne pouvait atteindre. D'Alençon le regardait faire avec inquiétude. Il eût voulu fort que ce livre, maintenant qu'il avait rempli sa terrible mission, sortît des mains de Charles.

Six heures sonnèrent.

C'était l'heure à laquelle le roi devait descendre dans la cour encombrée de chevaux richement caparaçonnés, d'hommes et de femmes richement vêtus. Les veneurs tenaient sur leurs poings leurs faucons chaperonnés; quelques piqueurs avaient des cors en écharpe au cas où le roi, fatigué de la chasse au vol, comme cela lui arrivait quelquefois, voudrait courre un daim ou un chevreuil.

Le roi descendit, et, en descendant, ferma la porte de son cabinet des armes. D'Alençon suivait chacun de ses mouvements d'un ardent regard et lui vit mettre la clef dans sa poche.

En descendant l'escalier, il s'arrêta, porta la main à son front.

Les jambes du duc d'Alençon tremblaient non moins que celles du roi.

— En effet, balbutia-t-il, il me semble que le temps est à l'orage.

— A l'orage au mois de janvier, dit Charles, vous êtes fou! Non, j'ai des vertiges, ma peau est sèche; je suis faible, voilà tout.

Puis à demi-voix:

— Ils me tueront, continua-t-il, avec leur haine et leurs complots.

Mais, en mettant le pied dans la cour, l'air frais du matin, les cris des chasseurs, les saluts bruyants de cent personnes rassemblées, produisirent sur Charles leur effet ordinaire.

Il respira libre et joyeux.

Son premier regard avait été pour chercher Henri. Henri était près de Marguerite. Ces deux excellents époux semblaient ne se pouvoir quitter, tant ils s'aimaient.

En apercevant Charles, Henri fit bondir son cheval, et, en trois courbettes de l'animal, fut près de son beau-frère.

— Ah! ah! dit Charles, vous êtes monté en coureur de daim, Henriot. Vous savez cependant que c'est une chasse au vol que nous faisons aujourd'hui.

Puis, sans attendre la réponse:

— Partons, messieurs, partons, il faut que nous soyons en chasse à neuf heures! dit le roi le sourcil froncé et avec une intonation de voix presque menaçante.

Catherine regardait tout cela par une fenêtre du Louvre. Un rideau soulevé donnait passage à sa tête pâle et voilée, tout le corps vêtu de noir disparaissait dans la pénombre.

Sur l'ordre de Charles, toute cette foule dorée, brodée, parfumée, le roi en tête, s'allongea pour passer à travers les guichets et roula comme une avalanche sur la route de Saint-Germain, au milieu des cris du peuple, qui saluait le jeune roi, soucieux et pensif, sur son cheval plus blanc que la neige.

— Que vous a-t-il dit? demanda Marguerite à Henri.

— Il m'a félicité sur la finesse de mon cheval.

— Voilà tout?

— Voilà tout.

— Il sait quelque chose, alors?

— J'en ai peur.

— Soyons prudents.

Henri éclaira son visage d'un de ces fins sourires qui lui étaient habituels, et qui voulaient dire, pour Marguerite surtout: Soyez tranquille, ma mie.

Quant à Catherine, à peine tout ce cortége avait-il quitté la cour du Louvre qu'elle avait laissé retomber son rideau.

Mais elle n'avait point laissé échapper une chose, c'était la pâleur de Henri, c'étaient ses tressaillements nerveux, c'étaient ses conférences à voix basse avec Marguerite.

Henri était pâle parce que, n'ayant pas le courage sanguin, son sang, dans toutes les circonstances où sa vie était mise en jeu, au lieu de lui monter au cerveau comme il arrive ordinairement, lui refluait au cœur.

Il éprouvait des tressaillements nerveux, parce que la façon dont l'avait reçu Charles, si différente de l'accueil habituel qu'il lui faisait, l'avait vivement impressionné.

Enfin, il avait conféré avec Marguerite, parce que, ainsi que nous le savons, le mari et la femme avaient fait, sous le rapport de la politique, une alliance offensive et défensive.

Mais Catherine avait interprété les choses tout autrement.

— Cette fois, murmura-t-elle avec son sourire florentin, je crois qu'il en tient, ce cher Henriot.

Puis, pour s'assurer du fait, après avoir attendu un quart d'heure pour donner le temps à toute la chasse de quitter Paris, elle sortit de son appartement, suivit le corridor, monta le petit escalier tournant, et, à l'aide de sa double clef, ouvrit l'appartement du roi de Navarre.

Mais ce fut inutilement que par tout cet appartement elle chercha le livre. Ce fut inutilement que partout son regard ardent passa des tables aux dressoirs, des dressoirs aux rayons, des rayons aux armoires; nulle part elle n'aperçut le livre qu'elle cherchait.

Chacun était demeuré à sa place, les yeux fixés sur le fugitif et le poursuivant. — PAGE 114.

— D'Alençon l'aura déjà enlevé, dit-elle; c'est prudent.

Et elle descendit chez elle, presque certaine, cette fois, que son projet avait réussi.

Cependant le roi poursuivait sa route vers Saint-Germain, où il arriva après une heure et demie de course rapide; on ne monta même pas au vieux château, qui s'élevait sombre et majestueux au milieu des maisons éparses sur la montagne. On traversa le pont de bois situé à cette époque en face de l'arbre qu'aujourd'hui encore on appelle le chêne de Sully. Puis on fit signe aux barques pavoisées qui suivaient la chasse, pour donner la facilité au roi et aux gens de sa suite de traverser la rivière, de se mettre en mouvement.

A l'instant même, toute cette joyeuse jeunesse, animée d'intérêts si divers, se mit en marche, le roi en tête, sur cette magnifique prairie qui pend du sommet boisé de Saint-Germain, et qui prit soudain l'aspect d'une grande tapisserie à personnages diaprés de mille couleurs, et dont la rivière écumante sur sa rive simulait la frange argentée.

En avant du roi, toujours sur son cheval blanc et tenant son faucon favori au poing, marchaient

A ce cri, tous les courtisans accoururent — Page 114.

les valets de vénerie vêtus de justaucorps verts et chaussés de grosses bottes, qui, maintenant de la voix une demi-douzaine de chiens griffons, battaient les roseaux qui garnissaient la rivière.

En ce moment, le soleil, caché jusque-là derrière les nuages, sortit tout à coup du sombre océan où il s'était plongé. Un rayon de soleil éclaira de sa lumière tout cet or, tous ces joyaux, tous ces yeux ardents, et de toute cette lumière il faisait un torrent de feu.

Alors, et comme s'il n'eût attendu que ce moment pour qu'un beau soleil éclairât sa défaite, un héron s'éleva du sein des roseaux en poussant un cri prolongé et plaintif.

— Haw! haw! cria Charles en déchaperonnant son faucon et en le lançant après le fugitif.

— Haw! haw! crièrent toutes les voix pour encourager l'oiseau.

Le faucon, un instant ébloui par la lumière, tourna sur lui-même, décrivant un cercle sans avancer ni reculer; puis, tout à coup, il aperçut le héron et prit son vol sur lui à tire-d'ailes.

Cependant le héron, qui s'était, en oiseau prudent, levé à plus de cent pas des valets de vénerie, avait, pendant que le roi déchaperonnait son faucon et que celui-ci s'était habitué à la lumière, gagné de l'espace, ou plutôt de la hauteur. Il en résulta que, lorsque son ennemi l'aperçut, il était déjà à plus de cinq cents pieds de hauteur, et que, ayant trouvé dans les zones élevées l'air nécessaire à ses puissantes ailes, il montait rapidement.

— Haw! haw! Bec-de-Fer, cria Charles, encourageant son faucon, prouve-nous que tu es de race. Haw! haw!

Comme s'il eût entendu cet encouragement, le noble animal partit, semblable à une flèche, parcourant une ligne diagonale qui devait aboutir à la ligne verticale qu'adoptait le héron, lequel montait toujours comme s'il eût voulu disparaître dans l'éther.

— Ah! double couard! cria Charles comme si le fugitif eût pu l'entendre, en mettant son cheval au galop et en suivant la chasse autant qu'il était en lui, la tête renversée en arrière pour ne pas perdre un instant de vue les deux oiseaux. Ah! double couard, tu fuis. Mons Bec-de-Fer est de race; attends! attends! Haw! Bec-de-Fer, haw!

En effet, la lutte fut curieuse; les deux oiseaux se rapprochaient l'un de l'autre, ou plutôt le faucon se rapprochait du héron. La seule question était de savoir lequel dans cette première attaque conserverait le dessus.

La peur eut de meilleures ailes que le courage. Le faucon, emporté par son vol, passa sous le ventre du héron qu'il eût dû dominer. Le héron profita de sa supériorité et lui allongea un coup de son long bec.

Le faucon, frappé comme d'un coup de poignard, fit trois tours sur lui-même, comme étourdi, et, un instant, on dut croire qu'il allait redescendre. Mais, comme un guerrier blessé qui se relève plus terrible, il jeta une espèce de cri aigu et menaçant et reprit son vol sur le héron.

Le héron avait profité de son avantage, et, changeant la direction de son vol, il avait fait un coude vers la forêt, essayant cette fois de gagner de l'espace et d'échapper par la distance au lieu d'échapper par la hauteur.

Mais le faucon était un animal de noble race qui avait un coup d'œil de gerfaut. Il répéta la même manœuvre, piqua diagonalement sur le héron, qui jeta deux ou trois cris de détresse et essaya de monter perpendiculairement comme il l'avait fait une première fois. Au bout de quelques secondes de cette double lutte, les deux oiseaux semblèrent sur le point de disparaître dans les nuages. Le héron n'était pas plus gros qu'une alouette, et le faucon semblait un point noir qui, à chaque instant, devenait plus imperceptible.

Charles ni la cour ne suivaient plus les deux oiseaux. Chacun était demeuré à sa place, les yeux fixés sur le fugitif et le poursuivant.

— Bravo! bravo! Bec-de-Fer! cria tout à coup Charles. Voyez, voyez, messieurs, il a le dessus! Haw! haw!

— Ma foi, j'avoue que je ne vois plus ni l'un ni l'autre, dit Henri.

— Ni moi non plus, dit Marguerite.

— Oui, mais si tu ne les vois plus, Henriot, tu peux les entendre encore, dit Charles, — le héron, du moins. Entends-tu? entends-tu? il demande grâce!

En effet, deux ou trois cris plaintifs, et qu'une oreille exercée pouvait seule saisir, descendirent du ciel sur la terre.

— Écoute, écoute, cria Charles, et tu vas les voir descendre plus vite qu'ils ne sont montés.

En effet, comme le roi prononçait ces mots, les deux oiseaux commencèrent à reparaître. C'étaient deux points noirs seulement, mais à la différence de grosseur de ces deux points, il était facile de voir cependant que le faucon avait le dessus.

— Voyez! voyez! cria Charles... Bec-de-Fer le tient!

En effet, le héron, dominé par l'oiseau de proie, n'essayait même plus de se défendre. Il descendait rapidement, incessamment frappé par le faucon et ne répondant que par ses cris; tout à coup, il replia ses ailes et se laissa tomber comme une pierre; mais son adversaire en fit autant, et, lorsque le fugitif voulut reprendre son vol, un dernier coup de bec l'étendit; il continua sa chute en tournoyant sur lui-même, et, au moment où il touchait la terre, le faucon s'abattit sur lui, poussant un cri de victoire qui couvrit le cri de défaite du vaincu.

— Au faucon! au faucon! cria Charles. Et il lança son cheval au galop dans la direction de l'endroit où les deux oiseaux s'étaient abattus.

Mais, tout à coup, il arrêta court sa monture, jeta un cri lui-même, lâcha la bride et s'accrocha d'une main à la crinière de son cheval, tandis que de son autre main il saisit son estomac comme s'il eût voulu déchirer ses entrailles.

A ce cri, tous les courtisans accoururent.

— Ce n'est rien, ce n'est rien, dit Charles le visage enflammé et l'œil hagard; mais il vient de me sembler qu'on me passait un fer rouge à travers l'estomac. Allons, allons, ce n'est rien.

Et Charles remit son cheval au galop.

D'Alençon pâlit.

— Qu'y a-t-il donc encore de nouveau? demanda Henri à Marguerite.

— Je n'en sais rien, répondit celle-ci; mais vous avez vu? mon frère était pourpre.

— Ce n'est cependant pas son habitude, dit Henri.

Les courtisans s'entre-regardèrent étonnés et suivirent le roi.

On arriva à l'endroit où les deux oiseaux s'étaient

abattus. Le faucon rongeait déjà la cervelle du héron.

En arrivant, Charles sauta à bas de son cheval pour voir le combat de plus près.

Mais, en touchant la terre, il fut obligé de se tenir à la selle ; la terre tournait sous lui. Il éprouva une violente envie de dormir.

— Mon frère! mon frère! s'écria Marguerite, qu'avez-vous?

— J'ai, dit Charles, j'ai ce que dut avoir Porcie, quand elle eut avalé ses charbons ardents ; j'ai que je brûle, et qu'il me semble que mon haleine est de flamme.

En même temps, Charles poussa son souffle au dehors, et parut étonné de ne pas voir sortir du feu de ses lèvres.

Cependant, on avait repris et rechaperonné le faucon, et tout le monde s'était rassemblé autour de Charles.

— Eh bien! eh bien! que veut dire cela? Corps du Christ! ce n'est rien, ou, si c'est quelque chose, c'est le soleil qui me casse la tête et me crève les yeux. Allons, allons, en chasse, messieurs. Voici toute une compagnie de hallebrands. Lâchez tout! lâchez tout! Corbœuf! nous allons nous amuser!

On déchaperonna en effet et on lâcha à l'instant même cinq ou six faucons, qui s'élancèrent dans la direction du gibier, tandis que toute la chasse, le roi en tête, regagnait les bords de la rivière.

— Eh bien! que dites-vous, madame? demanda Henri à Marguerite.

— Que le moment est bon, dit Marguerite, et que, si le roi ne se retourne pas, nous pouvons d'ici gagner la forêt facilement.

Henri appela le valet de vénerie qui portait le héron ; et, tandis que l'avalanche bruyante et dorée roulait le long du talus qui fait aujourd'hui la terrasse, il resta seul en arrière comme s'il examinait le cadavre du vaincu.

<hr />

XXII

LE PAVILLON DE FRANÇOIS Ier.

'était une belle chose que la chasse à l'oiseau faite par des rois quand les rois étaient presque des demi-dieux et que la chasse était non-seulement un loisir, mais un art.

Néanmoins, nous devons quitter ce spectacle royal pour pénétrer dans un endroit de la forêt, où tous les acteurs de la scène que nous venons de raconter vont nous rejoindre bientôt.

A droite de l'allée des Violettes, longue arcade de feuillage, retraite moussue, où, parmi les lavandes et les bruyères, un lièvre inquiet lève de temps en temps les oreilles, tandis que le daim errant lève sa tête chargée de bois, ouvre les naseaux et écoute, est une clairière assez éloignée pour que de la route on ne la voie pas; mais pas assez pour que de cette clairière on ne voie pas la route.

Au milieu de cette clairière, deux hommes couchés sur l'herbe, ayant sous eux un manteau de voyage, à leur côté une longue épée, et auprès d'eux chacun un mousqueton à gueule évasée, qu'on appelait alors un poitrinal, ressemblaient de loin, par l'élégance de leur costume, à ces joyeux deviseurs du Décaméron ; de près, par la menace de leurs armes, à ces bandits des bois que, cent ans plus tard, Salvator Rosa peignit d'après nature dans ses paysages.

L'un d'eux était appuyé sur un genou et sur une main, et écoutait comme un de ces lièvres ou de ces daims dont nous avons parlé tout à l'heure.

— Il me semble, dit celui-ci, que la chasse s'était singulièrement rapprochée de nous tout à l'heure. J'ai entendu jusqu'aux cris des veneurs encourageant le faucon.

— Et maintenant, dit l'autre, qui paraissait attendre les événements avec beaucoup plus de philosophie que son camarade, maintenant, je n'entends plus rien : il faut qu'ils se soient éloignés... Je t'avais bien dit que c'était un mauvais endroit pour l'observation. On n'est pas vu, c'est vrai, mais on ne voit pas.

— Que diable! mon cher Annibal, dit le premier des interlocuteurs, il fallait bien mettre quelque part nos deux chevaux à nous, puis nos deux chevaux de main, puis ces deux mules si chargées que je ne sais pas comment elles feront pour nous suivre. Or, je ne connais que ces vieux hêtres et ces chênes séculaires qui puissent se charger convenablement de cette difficile besogne. J'oserais donc dire que, loin de blâmer comme toi M. de Mouy, je reconnais, dans tous les préparatifs de cette entreprise qu'il a dirigée, le sens profond d'un véritable conspirateur.

— Bon! dit le second gentilhomme dans lequel notre lecteur a déjà bien certainement reconnu Coconas, bon! voilà le mot lâché, je l'attendais. Je t'y prends. Nous conspirons donc?...

— Nous ne conspirons pas, nous servons le roi et la reine.

— Qui conspirent, ce qui revient exactement au même pour nous.

— Coconas, je te l'ai dit, reprit la Mole, je ne te force pas le moins du monde à me suivre dans cette aventure qu'un sentiment particulier que tu ne partages pas, que tu ne peux partager, me fait seul entreprendre.

— Eh! mordi! qui est-ce donc qui dit que tu me forces? D'abord, je ne sache pas un homme qui pourrait forcer Coconas à faire ce qu'il ne veut pas faire; mais crois-tu que je te laisserai aller sans te suivre, surtout quand je vois que tu vas au diable?

— Annibal! Annibal! dit la Mole, je crois que j'aperçois là-bas sa blanche haquenée. Oh! c'est étrange comme, rien que de penser qu'elle vient, mon cœur bat.

— Eh bien! c'est drôle, dit Coconas en bâillant, le cœur ne me bat pas du tout, à moi.

— Ce n'était pas elle, dit la Mole. Qu'est-il donc arrivé? c'était pour midi, ce me semble.

— Il est arrivé qu'il n'est point midi, dit Coconas, voilà tout, et que nous avons encore le temps de faire un somme, à ce qu'il paraît.

Et, sur cette conviction, Coconas s'étendit sur son manteau en homme qui va joindre le précepte aux paroles; mais, comme son oreille touchait la terre, il demeura le doigt levé et faisant signe à la Mole de se taire.

— Qu'y a-t-il donc? demanda celui-ci.

— Silence! cette fois, j'entends quelque chose et je ne me trompe pas.

— C'est singulier, j'ai beau écouter, je n'entends rien, moi.

— Tu n'entends rien?

— Non.

— Eh bien! dit Coconas en se soulevant et en posant la main sur le bras de la Mole, regarde ce daim.

— Où?

— Là-bas.

Et Coconas montra du doigt l'animal à la Mole.

— Eh bien`

— Eh bien! tu vas voir.

La Mole regarda l'animal. La tête inclinée comme s'il s'apprêtait à brouter, il écoutait immobile. Bientôt, il releva son front chargé de bois superbes, et tendit l'oreille du côté d'où sans doute venait le bruit; puis, tout à coup, sans cause apparente, il partit rapide comme l'éclair.

— Oh! oh! dit la Mole, je crois que tu as raison, car voilà le daim qui s'enfuit.

— Donc, puisqu'il s'enfuit, dit Coconas, c'est qu'il entend ce que tu n'entends pas.

En effet, un bruit sourd et à peine perceptible frémissait vaguement dans l'herbe: pour des oreilles moins exercées, c'eût été le vent; pour des cavaliers, c'était un galop lointain de chevaux.

La Mole fut sur pieds en un moment.

— Les voici, dit-il, alerte!

Coconas se leva, mais plus tranquillement; la vivacité du Piémontais semblait être passée dans le cœur de la Mole, tandis qu'au contraire l'insouciance de celui-ci semblait à son tour s'être emparée de son ami. C'est que l'un, dans cette circonstance, agissait d'enthousiasme, et l'autre à contre-cœur.

Bientôt un bruit égal et cadencé frappa l'oreille des deux amis; le hennissement d'un cheval fit dresser l'oreille aux chevaux qu'ils tenaient prêts à dix pas d'eux, et dans l'allée passa, comme une ombre blanche, une femme qui, se tournant de leur côté, fit un signe étrange et disparut.

— La reine! s'écrièrent-ils ensemble.

— Qu'est-ce que cela signifie? dit Coconas.

— Elle a fait ainsi avec le bras, dit la Mole; ce qui signifie: Tout à l'heure...

— Elle a fait ainsi, dit Coconas, ce qui signifie: Partez...

— Ce signe répond à: *Attendez-moi.*

— Ce signe répond à: *Sauvez-vous.*

— Eh bien! dit la Mole, agissons chacun selon notre conviction. Pars, je resterai.

Coconas haussa les épaules et se recoucha.

Au même instant, en sens inverse du chemin qu'avait suivi la reine, mais par la même allée, passa, bride abattue, une troupe de cavaliers que les deux amis reconnurent pour des protestants ardents, presque furieux. Leurs chevaux bondissaient comme ces sauterelles dont parle Job: ils parurent et disparurent.

— Peste! cela devient grave, dit Coconas en se relevant. Allons au pavillon de François Ier.

— Au contraire, n'y allons pas! dit la Mole. Si nous sommes découverts, c'est sur ce pavillon que se portera d'abord l'attention du roi! puisque c'était là le rendez-vous général.

— Cette fois, tu peux bien avoir raison, grommela Coconas.

Coconas n'avait pas prononcé ces paroles, qu'un cavalier passa comme l'éclair au milieu des arbres, et, franchissant fossés, buissons, barrières, arriva près des deux gentilshommes, il tenait un pistolet de chaque main et guidait des genoux seulement son cheval dans cette course furieuse.

— M. de Mouy! s'écria Coconas inquiet et devenu plus alerte maintenant que la Mole. M. de Mouy fuyant! On se sauve donc?

— Eh! vite! vite! cria le huguenot, détalez, tout est perdu! J'ai fait un détour pour vous le dire. En route!

Et, comme il n'avait pas cessé de courir en prononçant ces paroles, il était déjà loin quand elles furent achevées, et, par conséquent, lorsque la Mole et Coconas en saisirent complétement le sens.

— Et la reine? cria la Mole.

Mais la voix du jeune homme se perdit dans l'espace; de Mouy était déjà à une trop grande distance pour l'entendre, et surtout pour lui répondre.

Coconas eut bientôt pris son parti. Tandis que la Mole restait immobile et suivait des yeux de Mouy, qui disparaissait entre les branches qui s'ouvraient devant lui et se refermaient sur lui, il courut aux chevaux, les amena, sauta sur le sien, jeta la bride de l'autre aux mains de la Mole et s'apprêta à piquer.

— Allons, allons! dit-il, je répéterai ce qu'a dit M. de Mouy : En route! Et M. de Mouy est un monsieur qui parle bien. En route, en route, la Mole!

— Un instant, dit la Mole; nous sommes venus ici pour quelque chose.

— A moins que ce ne soit pour nous faire pendre, répondit Coconas, je te conseille de ne pas perdre de temps. Je devine; tu vas faire de la rhétorique, paraphraser le mot fuir; parler d'Horace qui jeta son bouclier, et d'Épaminondas qu'on rapporta sur le sien; moi, je dirai un seul mot : Où fuit M. de Mouy de Saint-Phale, tout le monde peut fuir.

— M. de Mouy de Saint-Phale, dit la Mole, n'est pas chargé d'enlever la reine Marguerite, M. de Mouy de Saint-Phale n'aime pas la reine Marguerite.

— Mordi! et il fait bien, si cet amour devait lui faire faire des sottises pareilles à celle que je te vois méditer. Que cinq cent mille diables d'enfer enlèvent l'amour qui peut coûter la tête à deux braves gentilshommes! Corne de bœuf! comme dit le roi Charles, nous conspirons, mon cher; et, quand on conspire mal, il faut se bien sauver. En selle, en selle, la Mole!

— Sauve-toi, mon cher, je ne t'en empêche pas, et même je t'y invite. Ta vie est plus précieuse que la mienne. Défends donc ta vie.

— Il faut me dire : Coconas, faisons-nous pendre ensemble; et non me dire : Coconas, sauve-toi tout seul.

— Bah! mon ami, répondit la Mole, le corde est faite pour les manants, et non pour des gentilshommes comme nous.

— Je commence à croire, dit Coconas avec un

soupir, que la précaution que j'ai prise n'est pas mauvaise.

— Laquelle?

— De me faire un ami du bourreau.

— Tu es sinistre, mon cher Coconas.

— Mais, enfin, que faisons-nous? s'écria celui-ci impatienté.

— Nous allons retrouver la reine.

— Où cela?

— Je n'en sais rien... Retrouver le roi.

— Où cela?

— Je n'en sais rien... mais nous les retrouverons, et nous ferons à nous deux ce que cinquante personnes n'ont pu ou n'ont osé faire.

— Tu me prends par l'amour-propre, Hyacinthe : c'est mauvais signe.

— Eh bien! voyons, à cheval et partons.

— C'est bien heureux!

La Mole se retourna pour prendre le pommeau de la selle; mais, au moment où il mettait le pied à l'étrier, une voix impérieuse se fit entendre.

— Halte-là! rendez-vous! dit la voix.

En même temps, une figure d'homme parut derrière un chêne, puis une autre, puis trente : c'étaient des chevau-légers, qui, devenus fantassins, s'étaient glissés à plat-ventre dans les bruyères et fouillaient le bois.

— Qu'est-ce que je t'ai dit? murmura Coconas.

Une espèce de rugissement sourd fut la réponse de la Mole.

Les chevau-légers étaient encore à trente pas des deux amis.

— Voyons, continua le Piémontais parlant tout haut au lieutenant des chevau-légers et tout bas à la Mole; messieurs, qu'y a-t-il?

Le lieutenant ordonna de coucher en joue les deux amis.

Coconas continua tout bas :

— En selle! la Mole, il en est temps encore : saute à cheval, comme je t'ai vu cent fois, et partons.

Puis, se retournant vers les chevau-légers :

— Eh! que diable, messieurs, ne tirez pas, vous pourriez tuer des amis.

Puis, à la Mole :

— A travers les arbres, on tire mal; ils tireront et nous manqueront.

— Impossible! dit la Mole; nous ne pouvons emmener avec nous le cheval de Marguerite et les deux mules; ce cheval et ces deux mules la comprometraient, tandis que, par mes réponses, j'éloignerai tout soupçon. Pars, mon ami, pars!

— Messieurs, dit Coconas en tirant son épée et en l'élevant en l'air, messieurs, nous sommes tout rendus!

Les chevau-légers relevèrent leurs mousquetons

— Mais d'abord, pourquoi faut-il que nous nous rendions?

— Vous le demanderez au roi de Navarre.

— Quel crime avons-nous commis?

— M. d'Alençon vous le dira.

Coconas et la Mole se regardèrent : le nom de leur ennemi en un pareil moment était peu fait pour les rassurer.

Cependant, ni l'un ni l'autre ne fit résistance. Coconas fut invité à descendre de cheval, manœuvre qu'il exécuta sans observation. Puis, tous deux furent placés au centre des chevau-légers, et l'on prit la route du pavillon de François Ier.

— Tu voulais voir le pavillon de François Ier? dit Coconas à la Mole en apercevant, à travers les arbres, les murs d'une charmante fabrique gothique, eh bien! il paraît que tu le verras.

La Mole ne répondit rien et tendit seulement la main à Coconas.

A côté de ce charmant pavillon bâti du temps de Louis XII, et qu'on appelait le pavillon de François Ier, parce que celui-ci le choisissait toujours pour ses rendez-vous de chasse, était une espèce de hutte élevée pour les piqueurs et qui disparaissait en quelque sorte sous les mousquets et sous les hallebardes et les épées reluisantes, comme une taupinière sous une moisson blanchissante.

C'était dans cette hutte qu'avaient été conduits les prisonniers.

Maintenant, éclairons la situation fort nuageuse, pour les deux amis surtout, en racontant ce qui s'était passé.

Les gentilshommes protestants s'étaient réunis, comme la chose avait été convenue, dans le pavillon de François Ier, dont, on le sait, de Mouy s'était procuré la clef.

Maîtres de la forêt, à ce qu'ils croyaient du moins, ils avaient posé par-ci par-là quelques sentinelles, que les chevau-légers, moyennant un changement d'écharpes blanches en écharpes rouges, précaution due au zèle ingénieux de M. de Nancey, avaient enlevées sans coup férir, par une surprise vigoureuse.

Les chevau-légers avaient continué leur battue, cernant le pavillon; mais de Mouy, qui, ainsi que nous l'avons dit, attendait le roi au bout de l'allée des Violettes, avait vu ces écharpes rouges marchant à pas de loup, et, dès ce moment, les écharpes rouges lui avaient paru suspectes. Il s'était donc jeté de côté pour n'être point vu, et avait remarqué que le vaste cercle se rétrécissait de manière à battre la forêt et à envelopper le lieu du rendez-vous.

Puis, en même temps, au fond de l'allée principale, il avait vu poindre les aigrettes blanches et briller les arquebuses de la garde du roi. Enfin, il

avait reconnu le roi lui-même, tandis que, du côté opposé, il avait aperçu le roi de Navarre.

Alors, il avait coupé l'air en croix avec son chapeau, ce qui était le signal convenu pour dire que tout était perdu.

A ce signal, le roi avait rebroussé chemin et avait disparu.

Aussitôt, de Mouy, enfonçant les deux larges molettes de ses éperons dans le ventre de son cheval, avait pris la fuite, et, tout en fuyant, avait jeté les paroles d'avertissement que nous avons dites, à la Mole et à Coconas.

Or, le roi, qui s'était aperçu de la disparition de Henri et de Marguerite, arrivait escorté de M. d'Alençon pour les voir sortir tous deux de la hutte où il avait dit de renfermer tout ce qui se trouverait non-seulement dans le pavillon, mais encore dans la forêt.

D'Alençon, plein de confiance, galopait près du roi, dont les douleurs aiguës augmentaient la mauvaise humeur. Deux ou trois fois, il avait failli s'évanouir, et une fois il avait vomi jusqu'au sang.

— Allons, allons! dit le roi en arrivant, dépêchons-nous; j'ai hâte de rentrer au Louvre : tirez-moi tous ces parpaillots du terrier, c'est aujourd'hui saint Blaise, cousin de saint Barthélemy.

A ces paroles du roi, toute cette fourmilière de piques et d'arquebuses se mit en mouvement, et l'on força les huguenots, arrêtés soit dans la forêt, soit dans le pavillon, à sortir l'un après l'autre de la cabane.

Mais de roi de Navarre, de Marguerite et de de Mouy, point.

— Eh bien! dit le roi, où est Henri, où est Margot? Vous me les avez promis, d'Alençon, et, corbœuf! il faut qu'on me les trouve.

— Le roi et la reine de Navarre? dit M. de Nancey, nous ne les avons pas même aperçus, sire.

— Mais les voilà, dit madame de Nevers.

En effet, à ce moment même, à l'extrémité d'une allée qui donnait sur la rivière, parurent Henri et Margot, tous deux calmes comme s'il ne se fût agi de rien; tous deux le faucon au poing et amoureusement serrés avec tant d'art, que leurs chevaux, tout en galopant, non moins unis qu'eux, semblaient se caresser l'un l'autre des naseaux.

Ce fut alors que d'Alençon furieux fit fouiller les environs et que l'on trouva la Mole et Coconas sous leur berceau de lierre.

Eux aussi firent leur entrée dans le cercle que formaient les gardes, avec un fraternel enlacement. Seulement, comme ils n'étaient point rois, ils n'avaient pu se donner si bonne contenance que Henri et Marguerite : la Mole était trop pâle, Coconas était trop rouge.

XXIII

LES INVESTIGATIONS.

L e spectacle qui frappa les deux jeunes gens en entrant dans le cercle fut de ceux qu'on n'oublie jamais, ne les eût-on vus qu'une seule fois et un seul instant.

Charles IX avait, comme nous l'avons dit, regardé défiler tous les gentilshommes enfermés dans la hutte des piqueurs et extraits l'un après l'autre par ses gardes.

Lui et d'Alençon suivaient chaque mouvement d'un œil avide, s'attendant à voir sortir le roi de Navarre à son tour.

Leur attente avait été trompée.

Mais ce n'était point assez, il fallait savoir ce qu'ils étaient devenus.

Aussi, quand au bout de l'allée on vit apparaître les deux jeunes époux, d'Alençon pâlit, Charles sentit son cœur se dilater; car instinctivement il désirait que tout ce que son frère l'avait forcé de faire retombât sur lui.

— Il échappera encore! murmura François en pâlissant.

En ce moment, le roi fut saisi de douleurs d'entrailles si violentes, qu'il lâcha la bride, saisit ses flancs des deux mains et poussa des cris comme un homme en délire.

Henri s'approcha avec empressement; mais, pendant le temps qu'il avait mis à parcourir les deux cents pas qui le séparaient de son frère, Charles était déjà remis.

— D'où venez-vous, monsieur? dit le roi avec une dureté de voix qui émut Marguerite.

— Mais... de la chasse, mon frère, reprit-elle.

— La chasse était au bord de la rivière et non dans la forêt.

— Mon faucon s'est emporté sur un faisan, sire, au moment où nous étions restés en arrière pour voir le héron.

— Et où est le faisan?

— Le voici; un beau coq, n'est-ce pas?

Et Henri, de son air le plus innocent, présenta à Charles son oiseau de pourpre, d'azur et d'or.

— Ah! ah! dit Charles; et, ce faisan pris, pourquoi ne m'avez-vous pas rejoint?

— Parce qu'il avait dirigé son vol vers le parc, sire; de sorte que, lorsque nous sommes descendus sur le bord de la rivière, nous vous avons vu une demi-lieue en avant de nous, remontant déjà vers la forêt : alors nous nous sommes mis à galoper sur vos traces, car, étant de la chasse de Votre Majesté, nous n'avons pas voulu la perdre.

— Et tous ces gentilshommes, reprit Charles, étaient-ils invités aussi?

— Quels gentilshommes? répondit Henri en jetant un regard circulaire et interrogateur autour de lui.

— Eh! vos huguenots, pardieu! dit Charles, dans tous les cas, si quelqu'un les a invités, ce n'est pas moi.

— Non, sire, répondit Henri, mais c'est peut-être M. d'Alençon.

— M. d'Alençon! comment cela?

— Moi! fit le duc.

— Eh! oui, mon frère, reprit Charles, n'avez-vous pas annoncé hier que vous étiez roi de Navarre? Eh bien! les huguenots, qui vous ont demandé pour roi, viennent vous remercier, vous, d'avoir accepté la couronne, et le roi de l'avoir donnée. N'est-ce pas, messieurs?

— Oui! oui! crièrent vingt voix; vive le duc d'Alençon! vive le roi Charles!

— Je ne suis pas le roi des huguenots, dit François pâlissant de colère; puis, jetant à la dérobée un regard sur Charles : Et j'espère bien, ajouta-t-il, ne l'être jamais!

— N'importe! dit Charles, vous saurez, Henri, que je trouve tout cela étrange.

— Sire, dit le roi de Navarre avec fermeté, on dirait, Dieu me pardonne, que je subis un interrogatoire.

— Et si je vous disais que je vous interroge, que répondriez-vous?

— Que je suis roi comme vous, sire, dit fièrement Henri, car ce n'est pas la couronne, mais la naissance qui fait la royauté, et que je répondrai à mon frère et à mon ami, mais jamais à mon juge.

— Je voudrais bien savoir, cependant, murmura Charles, à quoi m'en tenir une fois dans ma vie.

— Qu'on amène M. de Mouy, dit d'Alençon, vous le saurez. M. de Mouy doit être pris.

— M. de Mouy est-il parmi les prisonniers? demanda le roi.

Henri eut un moment d'inquiétude et échangea un regard avec Marguerite; mais ce moment fut de courte durée.

Aucune voix ne répondit.

— M. de Mouy n'est point parmi les prisonniers, dit M. de Nancey; quelques-uns de nos hommes croient l'avoir vu, mais aucun n'en est sûr.

D'Alençon murmura un blasphème.

— Eh! dit Marguerite en montrant la Mole et Coconas, qui avaient entendu tout le dialogue, et sur l'intelligence desquels elle croyait pouvoir compter, sire, voici deux gentilshommes de M. d'Alençon, interrogez-les, ils répondront.

Le duc sentit le coup.

— Je les ai fait arrêter justement pour prouver qu'ils ne sont point à moi, dit le duc.

Le roi regarda les deux amis et tressaillit en revoyant la Mole.

— Oh! oh! encore ce Provençal, dit-il.

Coconas salua gracieusement.

— Que faisiez-vous quand on vous a arrêtés? dit le roi.

— Sire, nous devisions de faits de guerre et d'amour.

— A cheval! armés jusqu'aux dents! prêts à fuir!

— Non pas, sire, dit Coconas, et Votre Majesté est mal renseignée. Nous étions couchés sous l'ombre d'un hêtre... *sub tegmine fagi*.

— Ah! vous étiez couchés sous l'ombre d'un hêtre?

— Et nous eussions même pu fuir, si nous avions cru avoir en quelque façon encouru la colère de Votre Majesté. — Voyons, messieurs, sur votre parole de soldats, dit Coconas en se retournant vers les chevau-légers; croyez-vous que, si nous l'eussions voulu, nous pouvions nous échapper?

— Le fait est, dit le lieutenant, que ces messieurs n'ont pas fait un mouvement pour fuir.

— Parce que leurs chevaux étaient loin, dit le duc d'Alençon.

— J'en demande humblement pardon à monseigneur, dit Coconas, mais j'avais le mien entre les jambes, et mon ami le comte Lérac de la Mole tenait le sien par la bride.

— Est-ce vrai, messieurs? dit le roi.

— C'est vrai, sire, répondit le lieutenant, M. de Coconas, en nous apercevant, est même descendu du sien.

Coconas grimaça un sourire qui signifiait: — Vous voyez bien, sire!

— Mais ces chevaux de main, mais ces mules, mais ces coffres dont elles sont chargées? demanda François.

— Eh bien! dit Coconas, est-ce que nous sommes des valets d'écurie? faites chercher le palefrenier qui les gardait.

— Il n'y est pas, dit le duc furieux.

— Alors, c'est qu'il aura pris peur et se sera sauvé, reprit Coconas; on ne peut pas demander à un manant d'avoir le calme d'un gentilhomme.

— Toujours le même système, dit d'Alençon en grinçant des dents. Heureusement, sire, je vous ai prévenu que ces messieurs depuis quelques jours n'étaient plus à mon service.

— Moi, dit Coconas, j'aurais le malheur de ne plus appartenir à Votre Altesse?...

— Eh! morbleu! monsieur, vous le savez mieux que personne, puisque vous m'avez donné votre démission dans une lettre assez impertinente que j'ai conservée, Dieu merci, et que, par bonheur, j'ai sur moi.

— Oh! dit Coconas, j'espérais que Votre Altesse m'avait pardonné une lettre écrite dans un premier mouvement de mauvaise humeur. J'avais appris que Votre Altesse avait voulu, dans un corridor du Louvre, étrangler mon ami la Mole.

— Eh bien! interrompit le roi, que dit-il donc?

— J'avais cru que Votre Altesse était seule, continua ingénument la Mole. Mais depuis que j'ai su que trois autres personnes...

— Silence! dit Charles, nous sommes suffisamment renseignés. — Henri, dit-il au roi de Navarre, votre parole de ne pas fuir?

— Je la donne à Votre Majesté, sire.

— Retournez à Paris avec M. de Nancey et prenez les arrêts dans votre chambre. — Vous, messieurs, continua-t-il en s'adressant aux deux gentilshommes, rendez vos épées.

La Mole regarda Marguerite. Elle sourit. Aussitôt la Mole remit son épée au capitaine qui était le plus proche de lui.

Coconas en fit autant.

— Et M. de Mouy, l'a-t-on retrouvé? demanda le roi.

— Non, sire, dit M. de Nancey, ou il n'était pas dans la forêt, ou il s'est sauvé.

— Tant pis, dit le roi. Retournons. J'ai froid, je suis ébloui.

— Sire, c'est la colère sans doute, dit François.

— Oui, peut-être. Mes yeux vacillent. Où sont donc les prisonniers? Je n'y vois plus. Est-ce donc déjà la nuit? Oh! miséricorde! je brûle!... A moi! à moi!

Et le malheureux roi, lâchant la bride de son cheval, étendant les bras, tomba en arrière, soutenu par les courtisans épouvantés de cette seconde attaque.

François, à l'écart, essuyait la sueur de son front, car lui seul connaissait la cause du mal qui torturait son frère.

De l'autre côté, le roi de Navarre, déjà sous la

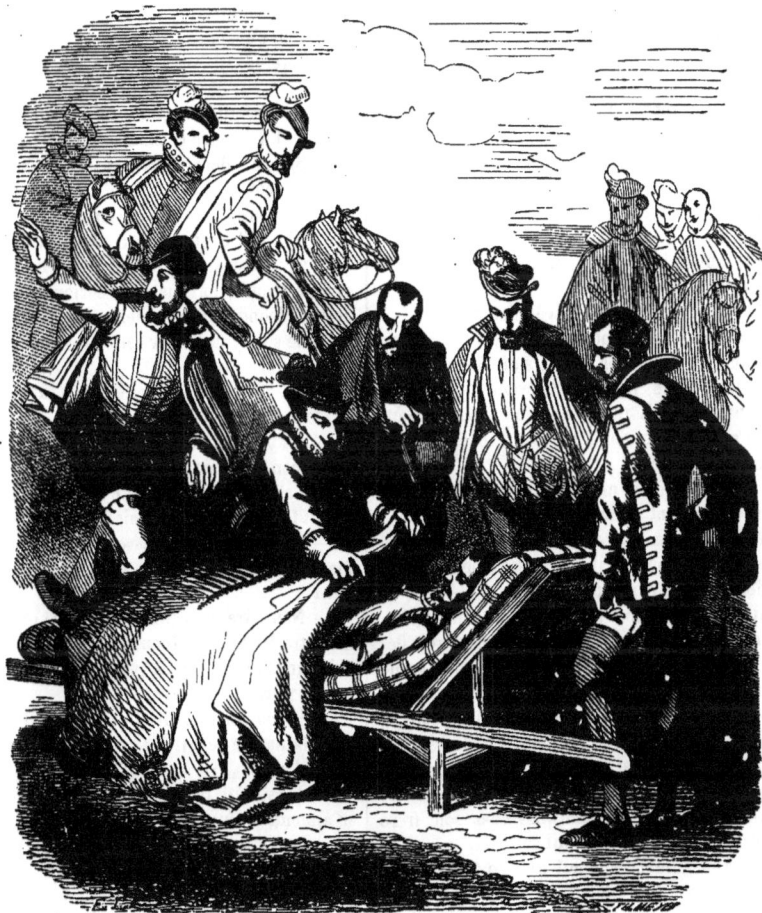

On le recouvrit d'un manteau.

garde de M. de Nancey, considérait toute cette scène avec un étonnement croissant.

— Eh! eh! murmura-t-il avec cette prodigieuse intuition qui par moments faisait de lui un homme illuminé pour ainsi dire, si j'allais me trouver heureux d'avoir été arrêté dans ma fuite?

Il regarda Margot, dont les grands yeux, dilatés par la surprise, se reportaient de lui au roi et du roi à lui.

Cette fois, le roi était sans connaissance. On fit approcher une civière sur laquelle on l'étendit. On le recouvrit d'un manteau, qu'un des cavaliers dé-

tacha de ses épaules, et le cortége reprit tranquillement la route de Paris, d'où l'on avait vu partir le matin des conspirateurs allègres et un roi joyeux, et où l'on voyait rentrer un roi moribond entouré de rebelles prisonniers.

Marguerite, qui dans tout cela n'avait perdu ni sa liberté de corps, ni sa liberté d'esprit, fit un dernier signe d'intelligence à son mari, puis elle passa si près de la Mole, que celui-ci put recueillir ces deux mots grecs qu'elle laissa tomber :

— *Mê deidê.*

C'est-à-dire : — Ne crains rien.

— Que t'a-t-elle dit? demanda Coconas.

— Elle m'a dit de ne rien craindre, répondit la Mole.

— Tant pis, murmura le Piémontais, tant pis, cela veut dire qu'il ne fait pas bon ici pour nous. Toutes les fois que ce mot-là m'a été adressé en manière d'encouragement, j'ai reçu à l'instant même soit une balle quelque part, soit un coup d'épée dans le corps, soit un pot de fleurs sur la tête. *Ne crains rien*, soit en hébreu, soit en grec, soit en latin, soit en français, a toujours signifié pour moi : *Gare làdessous!*

— En route, messieurs! dit le lieutenant des chevau-légers.

— Et, sans indiscrétion, monsieur, demanda Coconas, où nous mène-t-on?

— A Vincennes, je crois, dit le lieutenant.

— J'aimerais mieux aller ailleurs, dit Coconas; mais, enfin, on ne va pas toujours où l'on veut.

Pendant la route, le roi était revenu de son évanouissement et avait repris quelque force. A Nanterre, il avait même voulu monter à cheval, mais on l'en avait empêché.

— Faites prévenir maître Ambroise Paré, dit Charles en arrivant au Louvre.

Il descendit de sa litière, monta l'escalier, appuyé au bras de Tavannes, et il gagna son appartement, où il défendit que personne le suivît.

Tout le monde remarqua qu'il était fort grave; pendant toute la route, il avait profondément réfléchi, n'adressant la parole à personne, et ne s'occupant plus ni de la conspiration ni des conspirateurs. Il était évident que ce qui le préoccupait, c'était sa maladie.

Maladie si subite, si étrange, si aiguë, et dont quelques symptômes étaient les mêmes que les symptômes qu'on avait remarqués chez son frère François II quelque temps avant sa mort.

Aussi la défense faite à qui que ce fût, excepté maître Paré, d'entrer chez le roi, n'étonna-t-elle personne. La misanthropie, on le savait, était le fond du caractère du prince.

Charles entra dans sa chambre à coucher, s'assit sur une espèce de chaise longue, appuya sa tête sur des coussins, et, réfléchissant que maître Ambroise Paré pourrait n'être pas chez lui et tarder à venir, il voulut utiliser le temps de l'attente.

En conséquence, il frappa dans ses mains; un garde parut.

— Prévenez le roi de Navarre que je veux lui parler, dit Charles.

Le garde s'inclina et obéit.

Charles renversa sa tête en arrière, une lourdeur effroyable de cerveau lui laissait à peine la faculté de lier ses idées les unes aux autres, une espèce de nuage sanglant flottait devant ses yeux; sa bouche était aride, et il avait déjà, sans étancher sa soif, vidé toute une carafe d'eau.

Au milieu de cette somnolence, la porte se rouvrit, et Henri parut; M. de Nancey le suivait par derrière, mais il s'arrêta dans l'antichambre.

Le roi de Navarre attendit que la porte fût refermée derrière lui.

Alors il s'avança.

— Sire, dit-il, vous m'avez fait demander, me voici.

Le roi tressaillit à cette voix, et fit le mouvement machinal d'étendre la main.

— Sire, dit Henri en laissant ses deux mains pendre à ses côtés, Votre Majesté oublie que je ne suis plus son frère, mais son prisonnier.

— Ah! ah! c'est vrai, dit Charles; merci de me l'avoir rappelé. Il y a plus, il me souvient que vous m'avez promis, lorsque nous serions en tête à tête, de me répondre franchement.

— Je suis prêt à tenir cette promesse. Interrogez, sire.

Le roi versa de l'eau froide dans sa main, et posa sa main sur son front.

— Qu'y a-t-il de vrai dans l'accusation du duc d'Alençon? Voyons, répondez, Henri.

— La moitié seulement: c'était M. d'Alençon qui devait fuir et moi qui devais l'accompagner.

— Et pourquoi deviez-vous l'accompagner? demanda Charles; êtes-vous donc mécontent de moi, Henri?

— Non, sire, au contraire; je n'ai qu'à me louer de Votre Majesté; et Dieu, qui lit dans les cœurs, voit dans le mien quelle profonde affection je porte à mon frère et à mon roi.

— Il me semble, dit Charles, qu'il n'est point dans la nature de fuir les gens que l'on aime et qui nous aiment!

— Aussi, dit Henri, je ne fuyais pas ceux qui m'aiment, je fuyais ceux qui me détestent. Votre Majesté me permet-elle de lui parler à cœur ouvert?

— Parlez, monsieur.

— Ceux qui me détestent ici, sire, c'est M. d'Alençon et la reine mère.

— M. d'Alençon, je ne dis pas, reprit Charles, mais la reine mère vous comble d'attentions.

— C'est justement pour cela que je me défie d'elle, sire. Et bien m'en a pris de m'en défier.

— D'elle?

— D'elle ou de ceux qui l'entourent. Vous savez que le malheur des rois, sire, n'est pas toujours d'être trop mal, mais trop bien servis.

— Expliquez-vous : c'est un engagement pris de votre part de tout me dire.

— Et Votre Majesté voit que je l'accomplis.

— Continuez.

— Votre Majesté m'aime, m'a-t-elle dit?

— C'est-à-dire que je vous aimais avant votre trahison, Henriot.

— Supposez que vous m'aimez toujours, sire.

— Soit !

— Si vous m'aimez, vous devez désirer que je vive, n'est-ce pas ?

— J'aurais été désespéré qu'il t'arrivât malheur.

— Eh bien ! sire, deux fois Votre Majesté a bien manqué de tomber dans le désespoir !

— Comment cela ?

— Oui, car deux fois la Providence seule m'a sauvé la vie. Il est vrai que la seconde fois la Providence avait pris les traits de Votre Majesté.

— Et, la première fois, quelle marque avait-elle prise ?

— Celle d'un homme qui serait bien étonné de se voir confondu avec elle, de René. Oui, vous, sire, vous m'avez sauvé du fer.

Charles fronça le sourcil, car il se rappelait la nuit où il avait emmené Henriot rue des Barres.

— Et René ? dit-il.

— René m'a sauvé du poison.

— Peste ! tu as de la chance, Henriot, dit le roi en essayant un sourire dont une vive douleur fit une contraction nerveuse. Ce n'est pas là son état.

— Deux miracles m'ont donc sauvé, sire. Un miracle de la part du Florentin, un miracle de bonté de votre part. Eh bien ! je l'avoue à Votre Majesté, j'ai peur que le ciel ne se lasse de faire des miracles, et j'ai voulu fuir en raison de cet axiome : Aide-toi, le ciel t'aidera.

— Pourquoi ne m'as-tu pas dit cela plus tôt, Henri ?

— En vous disant ces mêmes paroles hier, j'étais un dénonciateur.

— Et en me les disant aujourd'hui ?

— Aujourd'hui, c'est autre chose ; je suis accusé et me défends.

— Es-tu sûr de cette première tentative, Henriot ?

— Aussi sûr que de la seconde.

— Et l'on a tenté de t'empoisonner ?

— On l'a tenté.

— Avec quoi ?

— Avec de l'opiat.

— Et comment empoisonne-t-on avec de l'opiat ?

— Dame ! sire, demandez à René ; on empoisonne bien avec des gants...

Charles fronça le sourcil ; puis, peu à peu, sa figure se dérida.

— Oui, oui, dit-il comme s'il se parlait à lui-même, c'est dans la nature des êtres créés de fuir la mort. Pourquoi donc l'intelligence ne ferait-elle pas ce que fait l'instinct ?

— Eh bien ! sire, demanda Henri, Votre Majesté est-elle contente de ma franchise, et croit-elle que je lui aie tout dit ?

— Oui, Henriot, oui, et tu es un brave garçon. Et tu crois alors que ceux qui t'en voulaient ne se

sont point lassés, que de nouvelles tentatives auraient été faites ?

— Sire, tous les soirs, je m'étonne de me trouver encore vivant.

— C'est parce qu'on sait que je t'aime, vois-tu, Henriot, qu'ils veulent te tuer. Mais, sois tranquille ; ils seront punis de leur mauvais vouloir. En attendant, tu es libre.

— Libre de quitter Paris, sire ? demanda le roi.

— Non pas, tu sais bien qu'il m'est impossible de me passer de toi. Eh ! mille noms d'un diable ! il faut bien que j'aie quelqu'un qui m'aime.

— Alors, sire, si Votre Majesté me garde près d'elle, qu'elle veuille bien m'accorder une grâce...

— Laquelle ?

— C'est de ne point me regarder à titre d'ami, mais à titre de prisonnier.

— Comment, de prisonnier ?

— Eh ! oui. Votre Majesté ne voit-elle pas que c'est son amitié qui me perd ?

— Et tu aimes mieux ma haine ?

— Une haine apparente, sire. Cette haine me sauvera : tant qu'on me croira en disgrâce, on aura moins hâte de me voir mort.

— Henriot, dit Charles, je ne sais pas ce que tu désires ; je ne sais pas quel est ton but ; mais, si tes désirs ne s'accomplissent point, si tu manques le but que tu te proposes, je serai bien étonné.

— Je puis donc compter sur la sévérité du roi ?

— Oui.

— Alors, je suis plus tranquille. — Maintenant, qu'ordonne Votre Majesté ?

— Rentre chez toi, Henriot. Moi, je suis souffrant, je vais voir mes chiens et me mettre au lit.

— Sire, dit Henri, Votre Majesté aurait dû faire venir un médecin, son indisposition d'aujourd'hui est peut-être plus grave qu'elle ne pense.

— J'ai fait prévenir maître Ambroise Paré, Henriot.

— Alors, je m'éloigne plus tranquille.

— Sur mon âme, dit le roi, je crois que de toute ma famille tu es le seul qui m'aime véritablement.

— Est-ce bien votre opinion, sire ?

— Foi de gentilhomme !

— Eh bien ! recommandez-moi à M. de Nancey comme un homme à qui votre colère ne donne pas un mois à vivre : c'est le moyen que je vous aime longtemps.

— M. de Nancey ! cria Charles.

Le capitaine des gardes entra.

— Je remets le plus grand coupable du royaume entre vos mains, continua le roi, vous m'en répondez sur votre tête.

Et Henri, la mine consternée, sortit derrière M. de Nancey.

XXIV

ACTÉON.

harles, resté seul, s'étonna de n'avoir pas vu paraître l'un ou l'autre de ses deux fidèles ; ses deux fidèles étaient sa nourrice Madeleine et son lévrier Actéon.

— La nourrice sera allée chanter ses psaumes chez quelque huguenot de sa connaissance, se dit-il, et Actéon me boude encore du coup de fouet que je lui ai donné ce matin.

En effet, Charles prit une bougie et passa chez la bonne femme. La bonne femme n'était pas chez elle. Une porte de l'appartement de Madeleine donnait, on se le rappelle, dans le cabinet des armes. Il s'approcha de cette porte.

Mais, dans le trajet, une de ces crises qu'il avait déjà éprouvées, et qui semblaient s'abattre sur lui tout à coup, le reprit. Le roi souffrait comme si l'on eût fouillé ses entrailles avec un fer rouge. Une soif inextinguible le dévorait, il vit une tasse de lait sur une table, l'avala d'un trait, et se sentit un peu calmé.

Alors, il reprit la bougie, qu'il avait posée sur un meuble, et entra dans le cabinet.

A son grand étonnement, Actéon ne vint pas au-devant de lui. L'avait-on enfermé? En ce cas, il sentirait que son maître est revenu de la chasse, et hurlerait.

Charles appela, siffla; rien ne parut.

Il fit quatre pas en avant ; et, comme la lumière de la bougie parvenait jusqu'à l'angle du cabinet, il aperçut dans cet angle une masse inerte étendue sur le carreau.

— Holà! Actéon! holà! dit Charles.

Et il siffla de nouveau.

Le chien ne bougea point.

Charles courut à lui et le toucha ; le pauvre animal était roide et froid. De sa gueule, contractée par la douleur, quelques gouttes de fiel étaient tombées, mêlées à une bave écumeuse et sanglante. Le chien avait trouvé dans le cabinet une barrette de son maître, et il avait voulu mourir en appuyant sa tête sur cet objet qui lui représentait un ami.

A ce spectacle, qui lui fit oublier ses propres dou-

leurs et lui rendit toute son énergie, la colère bouillonna dans les veines de Charles, il voulut crier ; mais, enchaînés qu'ils sont dans leurs grandeurs, les rois ne sont pas libres de ce premier mouvement que tout homme fait tourner au profit de sa passion ou de sa défense. Charles réfléchit qu'il y avait là quelque trahison, et se tut.

Alors, il s'agenouilla devant son chien, et examina le cadavre d'un œil expert. L'œil était vitreux, la langue rouge et criblée de pustules. C'était une étrange maladie, et qui fit frissonner Charles.

Le roi remit ses gants, qu'il avait ôtés et passés à sa ceinture, souleva la lèvre livide du chien pour examiner les dents, et aperçut dans les interstices quelques fragments blanchâtres accrochés aux pointes des crocs aigus.

Il détacha ces fragments, et reconnut que c'était du papier.

Près de ce papier, l'enflure était plus violente, les gencives étaient tuméfiées et la peau était rongée comme par du vitriol.

Charles regarda attentivement autour de lui. Sur le tapis gisaient deux ou trois parcelles de papier semblable à celui qu'il avait déjà reconnu dans la bouche du chien. L'une de ces parcelles, plus large que les autres, offrait des traces d'un dessin sur bois.

Les cheveux de Charles se hérissèrent sur sa tête, il reconnut un fragment de cette image représentant un seigneur chassant au vol, et qu'Actéon avait arrachée de son livre de chasse.

— Ah! dit-il en pâlissant, le livre était empoisonné.

Puis tout à coup rappelant ses souvenirs :

— Mille démons! s'écria-t-il, j'ai touché chaque page de mon doigt, et, à chaque page, j'ai porté mon doigt à ma bouche pour le mouiller. Ces évanouissements, ces douleurs, ces vomissements !... Je suis mort!

Charles demeura un instant immobile sous le poids de cette effroyable idée. Puis, se relevant avec un rugissement sourd, il s'élança vers la porte de son cabinet.

— Maître René! cria-t-il, maître René le Florentin! qu'on coure au pont Saint-Michel, et qu'on me l'amène; dans dix minutes, il faut qu'il soit ici. Que l'un de vous monte à cheval et prenne un cheval de main pour être plus tôt de retour. Quant à maître Ambroise Paré, s'il vient, vous le ferez attendre.

Un garde partit tout courant pour obéir à l'ordre donné.

— Oh! murmura Charles, quand je devrais faire donner la torture à tout le monde, je saurai qui a donné ce livre à Henriot.

Et, la sueur au front, les mains crispées, la poitrine haletante, Charles demeura les yeux fixés sur le cadavre de son chien.

Dix minutes après, le Florentin heurta timidement, et non sans inquiétude, à la porte du roi. Il est de certaines consciences pour lesquelles le ciel n'est jamais pur.

— Entrez, dit Charles.

Le parfumeur parut. Charles marcha à lui l'air impérieux et la lèvre crispée.

— Votre Majesté m'a fait demander? dit René tout tremblant.

— Oui. Vous êtes habile chimiste, n'est-ce pas?

— Sire...

— Et vous savez tout ce que savent les plus habiles médecins?

— Votre Majesté exagère.

— Non; ma mère me l'a dit. D'ailleurs, j'ai confiance en vous, et j'ai mieux aimé vous consulter, vous, que tout autre. Tenez, continua-t-il en démasquant le cadavre du chien, regardez, je vous prie, ce que cet animal a entre les dents, et dites-moi de quoi il est mort?

Pendant que René, la bougie à la main, se baissait jusqu'à terre autant pour dissimuler son émotion que pour obéir au roi, Charles, debout, les yeux fixés sur cet homme, attendait avec une impatience facile à comprendre la parole qui devait être sa sentence de mort ou son gage de salut.

René tira une espèce de scalpel de sa poche, l'ouvrit, et, du bout de la pointe, détacha de la gueule du lévrier les parcelles de papier adhérentes à ses gencives, et regarda longtemps et avec attention le fiel et le sang que distillait chaque plaie.

— Sire, dit-il en tremblant, voilà de bien tristes symptômes.

Charles sentit un frisson glacé courir dans ses veines et pénétrer jusqu'à son cœur.

— Oui, dit-il, ce chien a été empoisonné, n'est-ce pas?

— J'en ai peur, sire.

— Et avec quel genre de poison?

— Avec un poison minéral, à ce que je suppose.

— Pourriez-vous acquérir la certitude qu'il a été empoisonné?

— Oui, sans doute, en l'ouvrant et en examinant l'estomac.

— Ouvrez-le; je veux ne conserver aucun doute.

— Il faudrait appeler quelqu'un pour m'aider.

— Je vous aiderai, moi, dit Charles.

— Vous, sire!

— Oui, moi. Et, s'il est empoisonné, quels symptômes trouverons-nous?

— Des rougeurs et des herborisations dans l'estomac.

— Allons, dit Charles, à l'œuvre!

René, d'un coup de scalpel, ouvrit la poitrine du lévrier, et l'écarta avec force de ses deux mains, tandis que Charles, un genou en terre, éclairait d'une main crispée et tremblante.

— Voyez, sire, dit René, voyez, voici des traces évidentes. Ces rougeurs sont celles que je vous ai prédites; quant à ces veines sanguinolentes, qui semblent les racines d'une plante, c'est ce que je désignais sous le nom d'herborisations. Je trouve ici tout ce que je cherchais.

— Ainsi, le chien est empoisonné?

— Oui, sire.

— Avec un poison minéral?

— Selon toute probabilité.

— Et qu'éprouverait un homme qui, par mégarde, aurait avalé de ce même poison?

— Une grande douleur de tête, des brûlures intérieures, comme s'il eût avalé des charbons ardents; des douleurs d'entrailles, des vomissements.

— Et aurait-il soif? demanda Charles.

— Une soif inextinguible.

— C'est bien cela, c'est bien cela, murmura le roi.

— Sire, je cherche en vain le but de toutes ces demandes.

— A quoi bon le chercher? Vous n'avez pas besoin de le savoir. Répondez à nos questions, voilà tout.

— Que Votre Majesté m'interroge.

— Quel est le contre-poison à administrer à un homme qui aurait avalé la même substance que mon chien?

René réfléchit un instant.

— Il y a plusieurs poisons minéraux, dit-il : je voudrais bien, avant de répondre, savoir duquel il s'agit. Votre Majesté a-t-elle quelque idée de la façon dont son chien a été empoisonné?

— Oui, dit Charles : il a mangé une feuille d'un livre.

— Une feuille d'un livre?

— Oui.

— Et Votre Majesté a-t-elle ce livre?

— Le voilà, dit Charles en prenant le manuscrit de chasse sur le rayon où il l'avait placé et en le montrant à René.

René fit un mouvement de surprise qui n'échappa point au roi.

— Il a mangé une feuille de ce livre? balbutia René.

— Celle-ci.

Et Charles montra la feuille déchirée.

— Permettez-vous que j'en déchire une autre, sire ?

— Faites.

René déchira une feuille, l'approcha de la bougie. Le papier prit feu, et une forte odeur alliacée se répandit dans le cabinet.

— Il a été empoisonné avec une mixture d'arsenic, dit-il.

— Vous en êtes sûr ?

— Comme si je l'avais préparée moi-même.

— Et le contre-poison ?...

René secoua la tête.

— Comment, dit Charles d'une voix rauque, vous ne connaissez pas de remède ?

— Le meilleur et le plus efficace sont des blancs d'œufs battus dans du lait ; mais...

— Mais... quoi ?

— Mais il faudrait qu'il fût administré aussitôt, sans cela...

— Sans cela ?

— Sire, c'est un poison terrible, reprit encore une fois René.

— Il ne tue pas tout de suite, cependant ? dit Charles.

— Non, mais il tue sûrement, peu importe le temps qu'on mette à mourir, et, quelquefois même, c'est un calcul.

Charles s'appuya sur la table de marbre.

— Maintenant, dit-il en posant la main sur l'épaule de René, vous connaissez ce livre ?

— Moi, sire ! dit René en pâlissant.

— Oui, vous ; en l'apercevant, vous vous êtes trahi.

— Sire, je vous jure...

— René, dit Charles, écoutez bien ceci : Vous avez empoisonné la reine de Navarre avec des gants ; vous avez empoisonné le prince de Porcian avec la fumée d'une lampe ; vous avez essayé d'empoisonner M. de Condé avec une pomme de senteur. René, je vous ferai enlever la chair lambeau par lambeau avec une tenaille rougie si vous ne me dites pas à qui appartenait ce livre.

Le Florentin vit qu'il n'y avait pas à plaisanter avec la colère de Charles IX, et résolut de payer d'audace.

— Et, si je dis la vérité, sire, qui me garantira que je ne serai pas puni plus cruellement encore que si je me tais ?

— Moi.

— Me donnerez-vous votre parole royale ?

— Foi de gentilhomme, vous aurez la vie sauve, dit le roi.

— En ce cas, ce livre m'appartient, dit-il.

— A vous ? fit Charles en se reculant et en regardant l'empoisonneur d'un œil égaré.

— Oui, à moi.

— Et comment est-il sorti de vos mains ?

— C'est Sa Majesté la reine mère qui l'a pris chez moi.

— La reine mère ! s'écria Charles.

— Oui.

— Mais dans quel but ?

— Dans le but, je crois, de le faire porter au roi de Navarre, qui avait demandé au duc d'Alençon un livre de ce genre pour étudier la chasse au vol.

— Oh ! s'écria Charles, c'est cela ; je tiens tout. Ce livre, en effet, était chez Henriot. Il y a une destinée, et je la subis.

En ce moment, Charles fut pris d'une toux sèche et violente, à laquelle succéda une nouvelle douleur d'entrailles. Il poussa deux ou trois cris étouffés, et se renversa sur sa chaise.

— Qu'avez-vous, sire ? demanda René d'une voix épouvantée.

— Rien, dit Charles ; seulement, j'ai soif, donnez-moi à boire.

René emplit un verre d'eau et le présenta d'une main tremblante à Charles, qui l'avala d'un seul trait.

— Maintenant, dit Charles prenant une plume et la trempant dans l'encre, écrivez sur ce livre.

— Que faut-il que j'écrive ?

— Ce que je vais vous dicter :

« Ce manuel de chasse au vol a été donné par moi à la reine mère Catherine de Médicis. »

René prit la plume et écrivit.

— Et maintenant, signez.

Le Florentin signa.

— Vous m'avez promis la vie sauve, dit le parfumeur.

— Et, de mon côté, je vous tiendrai parole.

— Mais, dit René, du côté de la reine mère ?

— Oh ! de ce côté, dit Charles, cela ne me regarde plus ; si on vous attaque, défendez-vous.

— Sire, puis-je quitter la France quand je croirai ma vie menacée ?

— Je vous répondrai à cela dans quinze jours. Mais, en attendant...

Charles posa, en fronçant le sourcil, son doigt sur ses lèvres livides.

— Oh ? soyez tranquille, sire.

Et, trop heureux d'en être quitte à si bon marché, le Florentin s'inclina et sortit.

Derrière lui, la nourrice apparut à la porte de sa chambre.

— Qu'y a-t-il donc, mon Charlot ? dit-elle.

— Nourrice, il y a que j'ai marché dans la rosée, et que cela m'a fait mal.

— En effet, tu es bien pâle, mon Charlot.

— C'est que je suis bien faible. Donne-moi le bras, nourrice, pour aller jusqu'à mon lit.

La nourrice s'avança vivement. Charles s'appuya sur elle et gagna sa chambre.

— Maintenant, dit Charles, je me mettrai au lit tout seul.

— Et si maître Ambroise Paré vient?

— Tu lui diras que je vais mieux et que je n'ai plus besoin de lui.

— Mais, en attendant, que prendras-tu?

— Oh! une médecine bien simple, dit Charles, des blancs d'œufs battus dans du lait. A propos, nourrice, continua-t-il, ce pauvre Actéon est mort. Il faudra, demain matin, le faire enterrer dans un coin du jardin du Louvre. C'était un de mes meilleurs amis... Je lui ferai faire un tombeau... si j'en ai le temps.

XXV

LE BOIS DE VINCENNES.

insi que l'ordre en avait été donné par Charles IX, Henri fut conduit le même soir au bois de Vincennes. C'est ainsi qu'on appelait, à cette époque, le fameux château dont il ne reste plus aujourd'hui qu'un débris, fragment colossal qui suffit à donner une idée de sa grandeur passée.

Le voyage se fit en litière. Quatre gardes marchaient de chaque côté. M. de Nancey, porteur de l'ordre qui devait ouvrir à Henri les portes de la prison protectrice, marchait le premier.

A la poterne du donjon, on s'arrêta. M. de Nancey descendit de cheval, ouvrit la portière fermée à cadenas, et invita respectueusement le roi à descendre.

Henri obéit sans faire la moindre observation. Toute demeure lui semblait plus sûre que le Louvre, et dix portes se fermant sur lui se fermaient en même temps entre lui et Catherine de Médicis.

Le prisonnier royal traversa le pont-levis entre deux soldats, franchit les trois portes du bas du donjon et les trois portes du bas de l'escalier; puis, toujours précédé de M. de Nancey, il monta un étage. Arrivé là, le capitaine des gardes, voyant qu'il s'apprêtait à monter encore, lui dit :

— Monseigneur, arrêtez-vous là.

— Ah! ah! ah! dit Henri en s'arrêtant, il paraît qu'on me fait les honneurs du premier étage.

— Sire, répondit M. de Nancey, on vous traite en tête couronnée.

— Diable! diable! se dit Henri, deux ou trois étages de plus ne m'auraient aucunement humilié. Je serai trop bien ici : on se doutera de quelque chose.

— Votre Majesté veut-elle me suivre? dit M. de Nancey.

— Ventre-saint-gris! dit le roi de Navarre, vous savez bien, monsieur, qu'il ne s'agit point ici de ce que je veux ou de ce que je ne veux pas; mais de ce qu'ordonne mon frère Charles. Ordonne-t-il que je vous suive?

— Oui, sire.

— En ce cas, je vous suis, monsieur.

On s'engagea dans une espèce de corridor à l'extrémité duquel on se trouva dans une salle assez vaste, aux murs sombres et d'un aspect parfaitement lugubre.

Henri regarda autour de lui avec un regard qui n'était pas exempt d'inquiétude.

— Où sommes-nous? dit-il.

— Nous traversons la salle de la question, monseigneur.

— Ah! ah! fit le roi.

Et il regarda plus attentivement.

Il y avait un peu de tout dans cette chambre : des brocs et des chevalets pour la question de l'eau, des coins et des maillets pour la question des brodequins; en outre, des sièges de pierres destinés aux malheureux qui attendaient la torture faisaient à peu près le tour de la salle, et au-dessus de ces sièges, à ces sièges eux-mêmes, au pied de ces sièges, étaient des anneaux de fer scellés dans le mur, sans autre symétrie que celle de l'art tortionnaire. Mais leur proximité des sièges indiquait assez qu'ils

M. de Beaulieu.

étaient là pour attendre les membres de ceux qui seraient assis.

Henri continua son chemin sans dire une parole, mais ne perdant pas un détail de tout cet appareil hideux, qui écrivait, pour ainsi dire, l'histoire de la douleur sur les murailles.

Cette attention à regarder autour de lui fit qu'Henri ne regarda point à ses pieds et trébucha.

— Eh! dit-il, qu'est-ce donc que cela?

Et il montrait une espèce de sillon creusé sur la dalle humide qui faisait le plancher.

— C'est la gouttière, sire.

— Il pleut donc ici?

— Oui, sire, du sang.

— Ah! ah! dit Henri, fort bien. Est-ce que nous n'arriverons pas bientôt à ma chambre?

— Si fait, monseigneur, nous y sommes, dit une ombre qui se dessinait dans l'obscurité, et qui devenait, à mesure qu'on s'approchait d'elle, plus visible et plus palpable.

Henri, qui croyait avoir reconnu la voix, fit quelques pas et reconnut la figure.

— Tiens! c'est vous, Beaulieu, dit-il, et que diable faites-vous ici?

Le château de Vincennes.

— Sire, je viens de recevoir ma nomination au gouvernement de la forteresse de Vincennes.

— Eh bien! mon cher ami, votre début vous fait honneur; un roi pour prisonnier, ce n'est point mal.

— Pardon, sire, reprit Beaulieu; mais, avant vous, j'ai déjà reçu deux gentilshommes.

— Lesquels? Ah! pardon, je commets peut-être une indiscrétion. Dans ce cas, prenons que je n'ai rien dit.

— Monseigneur, on ne m'a pas recommandé le secret. Ce sont MM. de la Mole et de Coconas.

— Ah! c'est vrai, je les ai vu arrêter, ces pauvres gentilshommes; et comment supportent-ils ce malheur?

— D'une façon tout opposée : l'un est gai, l'autre est triste; l'un chante, l'autre gémit.

— Et lequel gémit?

— M. de la Mole, sire.

— Ma foi, dit Henri, je comprends plutôt celui qui gémit que celui qui chante. D'après ce que j'en vois, la prison n'est pas une chose bien gaie. Et à quel étage sont-ils logés?

— Tout en haut, au quatrième.

Henri poussa un soupir. C'est là qu'il eût voulu être.

— Allons, monsieur de Beaulieu, dit Henri, ayez la bonté de m'indiquer ma chambre, j'ai hâte de m'y voir, étant très-fatigué de la journée que je viens de passer.

— Voici, monseigneur, dit Beaulieu montrant à Henri une porte tout ouverte.

— Numéro 2, dit Henri ; et pourquoi pas le numéro 1 ?

— Parce qu'il est retenu, monseigneur.

— Ah ! ah ! il paraît alors que vous attendez un prisonnier de meilleure noblesse que moi ?

— Je n'ai pas dit, monseigneur, que ce fût un prisonnier.

— Et qui est-ce donc ?

— Que monseigneur n'insiste point, car je serais forcé de manquer, en gardant le silence, à l'obéissance que je lui dois.

— Ah ! c'est autre chose, dit Henri.

Et il devint plus pensif encore qu'il n'était ; ce numéro 1 l'intriguait visiblement.

Au reste, le gouverneur ne démentit pas sa politesse première. Avec mille précautions oratoires, il installa Henri dans sa chambre ; lui fit toutes ses excuses des commodités qui pouvaient lui manquer, plaça deux soldats à sa porte et sortit.

— Maintenant, dit le gouverneur s'adressant au guichetier, passons aux autres.

Le guichetier marcha devant. On reprit le même chemin qu'on venait de faire, on traversa la salle de la question, on franchit le corridor, l'on arriva à l'escalier ; et, toujours suivant son guide, M. de Beaulieu monta trois étages.

En arrivant au haut de ces trois étages, qui, y compris le premier, en faisaient quatre, le guichetier ouvrit successivement trois portes ornées chacune de deux serrures et de trois énormes verrous.

Il touchait à peine à la troisième porte que l'on entendit une voix joyeuse qui s'écriait :

— Eh ! mordi ! ouvrez donc, quand ce ne serait que pour donner de l'air. Votre poêle est tellement chaud, qu'on étouffe ici.

Et Coconas, qu'à son juron favori le lecteur a déjà reconnu sans doute, ne fit qu'un bond de l'endroit où il était jusqu'à la porte.

— Un instant, mon gentilhomme, dit le guichetier, je ne viens pas pour vous faire sortir, je viens pour entrer, et M. le gouverneur me suit.

— M. le gouverneur ! dit Coconas, et que vient-il faire ?

— Vous visiter.

— C'est beaucoup d'honneur qu'il me fait, répondit Coconas, que M. le gouverneur soit le bienvenu.

M. de Beaulieu entra effectivement et comprima aussitôt le sourire cordial de Coconas par une de ces politesses glaciales qui sont propres aux gouverneurs de forteresses, aux geôliers et aux bourreaux.

— Avez-vous de l'argent, monsieur ? demanda-t-il au prisonnier.

— Moi ? dit Coconas, pas un écu.

— Des bijoux ?

— J'ai une bague.

— Voulez-vous permettre que je vous fouille ?

— Mordi ! s'écria Coconas rougissant de colère, bien vous prend d'être en prison et moi aussi.

— Il faut tout souffrir pour le service du roi.

— Mais, dit le Piémontais, les honnêtes gens qui dévalisent sur le pont Neuf sont donc, comme vous, au service du roi ? Mordi ! j'étais bien injuste, monsieur, car, jusqu'à présent, je les avais pris pour des voleurs.

— Monsieur, je vous salue, dit Beaulieu. Geôlier, enfermez monsieur.

Le gouverneur s'en alla, emportant la bague de Coconas, laquelle était une fort belle émeraude que madame de Nevers lui avait donnée pour lui rappeler la couleur de ses yeux.

— A l'autre, dit-il en sortant.

On traversa une chambre vide, et le jeu des trois portes, des six serrures et des neuf verrous recommença.

La dernière porte s'ouvrit, et un soupir fut le premier bruit qui frappa les visiteurs.

La chambre était plus lugubre encore d'aspect que celle d'où M. de Beaulieu venait de sortir. Quatre meurtrières longues et étroites, qui allaient en diminuant de l'intérieur à l'extérieur, éclairaient faiblement ce triste séjour. De plus, des barreaux de fer, croisés avec assez d'art pour que la vue fût sans cesse arrêtée par une ligne opaque, empêchaient que par les meurtrières le prisonnier pût même voir le ciel.

Des filets ogiviques partaient de chaque angle de la salle et allaient se réunir au milieu du plafond, où ils s'épanouissaient en rosace.

La Mole était assis dans un coin, et, malgré la visite et les visiteurs, il resta comme s'il n'eût rien entendu.

Le gouverneur s'arrêta sur le seuil, et regarda un instant le prisonnier, qui demeurait immobile, la tête dans ses mains.

— Bonsoir, monsieur de la Mole, dit Beaulieu.

Le jeune homme leva lentement la tête.

— Bonsoir, monsieur, dit-il.

— Monsieur, continua le gouverneur, je viens vous fouiller.

— C'est inutile, dit la Mole, je vais vous remettre tout ce que j'ai.

— Qu'avez-vous ?

— Trois cents écus environ, ces bijoux, ces bagues.

— Donnez, monsieur, dit le gouverneur.

— Voici.

La Mole retourna ses poches, dégarnit ses doigts, et arracha l'agrafe de son chapeau.

— N'avez-vous rien de plus?

— Non, pas que je sache.

— Et ce cordon de soie serré à votre cou, que porte-t-il? demanda le gouverneur.

— Monsieur, ce n'est point un joyau, c'est une relique.

— Donnez.

— Comment! vous exigez...

— J'ai ordre de ne vous laisser que vos vêtements, et une relique n'est point un vêtement.

La Mole fit un mouvement de colère, qui, au milieu du calme douloureux et digne qui le distinguait, parut plus effrayant encore à ces gens habitués aux rudes émotions.

Mais il se remit presque aussitôt.

— C'est bien, monsieur, dit-il, et vous allez avoir ce que vous demandez.

Alors, se détournant comme pour s'approcher de la lumière, il détacha la prétendue relique, laquelle n'était autre qu'un médaillon contenant un portrait qu'il tira du médaillon et qu'il porta à ses lèvres. Mais, après l'avoir baisé à plusieurs reprises, il feignit de le laisser tomber, et, appuyant violemment dessus le talon de sa botte, il l'écrasa en mille morceaux.

— Monsieur!... dit le gouverneur.

Et il se baissa pour voir s'il ne pourrait pas sauver de la destruction l'objet inconnu que la Mole voulait lui dérober; mais la miniature était littéralement en poussière.

— Le roi voulait avoir ce joyau, dit la Mole; mais il n'avait aucun droit sur le portrait qu'il renfermait. Maintenant, voici le médaillon, vous le pouvez prendre.

— Monsieur, dit Beaulieu, je me plaindrai au roi.

Et, sans prendre congé du prisonnier par une seule parole, il se retira si courroucé, qu'il laissa au guichetier le soin de fermer les portes, sans présider à leur fermeture.

Le geôlier fit quelques pas pour sortir, et voyant que M. de Beaulieu descendait déjà les premières marches de l'escalier:

— Ma foi! monsieur, dit-il en se retournant, bien m'en a pris de vous inviter à me donner tout de suite les cent écus moyennant lesquels je consens à vous laisser parler à votre compagnon; car, si vous ne me les aviez pas donnés, le gouvernement vous les eût pris avec les trois cents autres, et ma conscience ne me permettrait plus de rien faire pour vous; mais j'ai été payé d'avance, je vous ai promis que vous verriez votre camarade... venez... un honnête homme n'a que sa parole... Seulement, si cela est

possible, autant pour vous que pour moi, ne causez pas politique.

La Mole sortit de sa chambre et se trouva en face de Coconas, qui arpentait les dalles de la chambre du milieu.

Les deux amis se jetèrent dans les bras l'un de l'autre.

Le guichetier fit semblant de s'essuyer le coin de l'œil, et sortit pour veiller à ce qu'on ne surprît pas les prisonniers, ou plutôt à ce qu'on ne le surprît pas lui-même.

— Ah! te voilà, dit Coconas; eh bien! cet affreux gouverneur t'a fait sa visite?

— Comme à toi, je présume.

— Et il t'a tout pris?

— Comme à toi aussi.

— Oh! moi, je n'avais pas grand'chose, une bague d'Henriette, voilà tout.

— Et de l'argent comptant?

— J'avais donné tout ce que j'en possédais à ce brave homme de guichetier pour qu'il nous procurât cette entrevue.

— Ah! ah! dit la Mole, il paraît qu'il reçoit des deux mains.

— Tu l'as donc payé aussi, toi?

— Je lui ai donné cent écus.

— Tant mieux que notre guichetier soit un misérable.

— Sans doute, on en fera tout ce qu'on voudra avec de l'argent, et, il faut l'espérer, l'argent ne nous manquera point.

— Maintenant, comprends-tu ce qui nous arrive?

— Parfaitement... Nous avons été trahis.

— Par cet exécrable duc d'Alençon. J'avais bien raison de vouloir lui tordre le cou, moi.

— Et crois-tu que notre affaire est grave?

— J'en ai peur.

— Ainsi il y a à craindre... la question.

— Je ne me cache pas que j'y ai déjà songé.

— Que diras-tu, si on en vient là?

— Et toi?

— Moi, je garderai le silence, répondit la Mole avec une rougeur fébrile.

— Tu te tairas? s'écria Coconas.

— Oui, si j'en ai la force.

— Eh bien! moi, dit Coconas, si on me fait cette infamie, je te garantis que je dirai bien des choses.

— Mais quelles choses? demanda vivement la Mole.

— Oh! sois tranquille, de ces choses qui empêcheront pendant quelque temps M. d'Alençon de dormir.

La Mole allait répliquer lorsque le geôlier, qui sans doute avait entendu quelque bruit, accourut, poussa chacun des deux amis dans sa chambre et referma la porte sur lui.

XXVI

LA FIGURE DE CIRE.

epuis huit jours, Charles était cloué dans son lit par une fièvre de langueur entrecoupée par des accès violents qui ressemblaient à des attaques d'épilepsie. Pendant ces accès, il poussait parfois des hurlements qu'écoutaient avec effroi les gardes qui veillaient dans son antichambre, et que répétaient dans leurs profondeurs les échos du vieux Louvre, éveillés depuis quelque temps par tant de bruits sinistres. Puis, ces accès passés, écrasé de fatigue, l'œil éteint, il se laissait aller aux bras de sa nourrice avec des silences qui tenaient à la fois du mépris et de la terreur.

Dire ce que, chacun de son côté, sans se communiquer leurs sensations, car la mère et son fils se fuyaient plutôt qu'ils ne se cherchaient; dire ce que Catherine de Médicis et le duc d'Alençon remuaient de pensées sinistres au fond de leur cœur, ce serait vouloir peindre ce fourmillement hideux qu'on voit grouiller au fond d'un nid de vipères.

Henri avait été enfermé dans sa chambre; et, sur sa propre recommandation à Charles, personne n'avait obtenu la permission de le voir, pas même Marguerite. C'était, aux yeux de tous, une disgrâce complète. Catherine et d'Alençon respiraient, le croyant perdu, et Henri buvait et mangeait plus tranquillement, s'espérant oublié.

A la cour, nul ne soupçonnait la cause de la maladie du roi. Maître Ambroise Paré et Mazille, son collègue, avaient reconnu une inflammation d'estomac, se trompant de la cause au résultat, voilà tout. Ils avaient, en conséquence, prescrit un régime adoucissant qui ne pouvait qu'aider au breuvage particulier indiqué par René, que Charles recevait trois fois par jour de la main de sa nourrice, et qui faisait sa seule nourriture.

La Mole et Coconnas étaient à Vincennes, au secret le plus rigoureux. Marguerite et madame de Nevers avaient fait dix tentatives pour arriver jusqu'à eux, ou tout au moins pour leur faire passer un billet, et n'y étaient point parvenues.

Un matin, au milieu des éternelles alternatives de bien et de mal qu'il éprouvait, Charles se sentit un peu mieux, et voulut qu'on laissât entrer toute la cour, qui, comme d'habitude, quoique le lever n'eût plus lieu, se présentait tous les matins pour le lever. Les portes furent donc ouvertes, et l'on put reconnaître, à la pâleur de ses joues, au jaunissement de son front d'ivoire, à la flamme fébrile qui jaillissait de ses yeux caves et entourés d'un cercle de bistre, quels effroyables ravages avait faits sur le jeune monarque la maladie inconnue dont il était atteint.

La chambre royale fut bientôt pleine de courtisans curieux et intéressés.

Catherine, d'Alençon et Marguerite, furent avertis que le roi recevait.

Tous trois entrèrent à peu d'intervalle l'un de l'autre, Catherine calme, d'Alençon souriant, Marguerite abattue.

Catherine s'assit au chevet du lit de son fils, sans remarquer le regard avec lequel celui-ci l'avait vue s'approcher.

M. d'Alençon se plaça aux pieds, et se tint debout.

Marguerite s'appuya à un meuble, et, voyant le front pâle, le visage amaigri et l'œil enfoncé de son frère, elle ne put retenir un soupir et une larme.

Charles, auquel rien n'échappait, vit cette larme, entendit ce soupir, et, de la tête, fit un signe imperceptible à Marguerite.

Ce signe, si imperceptible qu'il fût, éclaira le visage de la pauvre reine de Navarre, à qui Henri n'avait eu le temps de rien dire, ou peut-être même n'avait voulu rien dire. Elle craignait pour son mari, elle tremblait pour son amant.

Pour elle-même, elle ne redoutait rien; elle connaissait trop bien la Mole, et savait qu'elle pouvait compter sur lui.

— Eh bien! mon cher fils, dit Catherine, comment vous trouvez-vous?

— Mieux, ma mère, mieux.

— Et que disent vos médecins?

— Mes médecins? ah! ce sont de grands docteurs, ma mère, dit Charles en éclatant de rire, et j'ai un suprême plaisir, je l'avoue, à les enten-

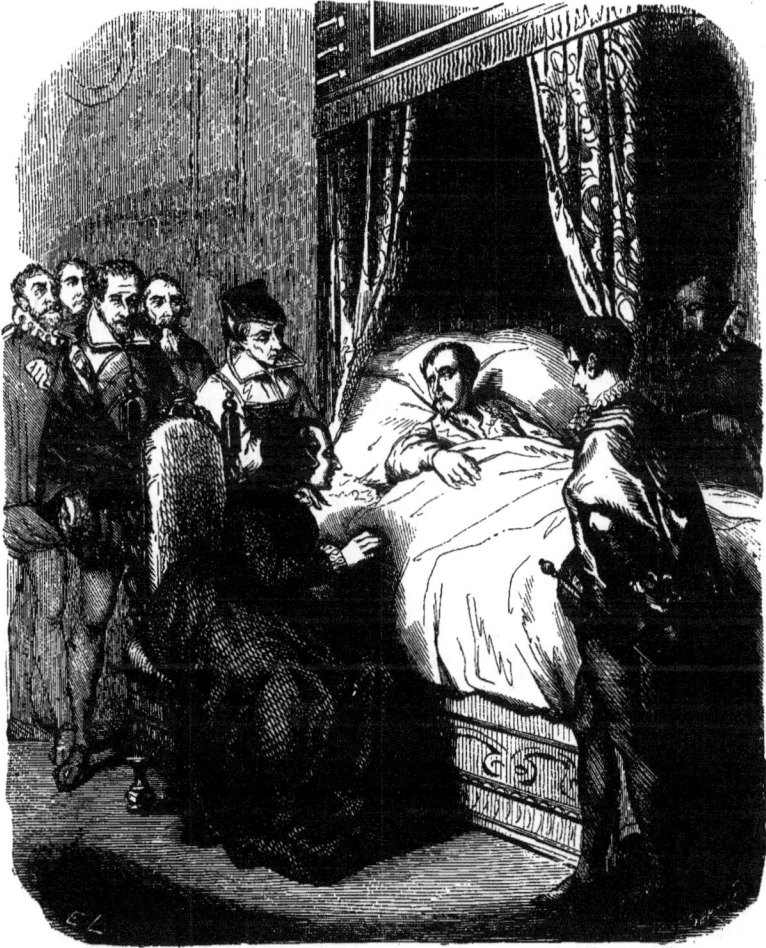

— Nourrice, donne-moi à boire

dre discuter sur ma maladie. Nourrice, donne-moi à boire.

La nourrice apporta à Charles une tasse de sa potion ordinaire.

— Et que vous font-ils prendre, mon fils?

— Oh! madame, qui connaît quelque chose à leurs préparations? répondit le roi en avalant vivement le breuvage.

— Ce qu'il faudrait a mon frère, dit François, ce serait de pouvoir se lever et prendre le beau soleil; la chasse, qu'il aime tant, lui ferait grand bien.

— Oui, dit Charles avec un sourire dont il fut impossible au duc de deviner l'expression ; cependant, la dernière m'a fait grand mal.

Charles avait dit ces mots d'une façon si étrange, que la conversation, à laquelle les assistants ne s'étaient pas un instant mêlés, en resta là. Puis, il fit un petit signe de tête. Les courtisans comprirent que la réception était achevée, et se retirèrent les uns après les autres.

D'Alençon fit un mouvement pour s'approcher de son frère, mais un sentiment intérieur l'arrêta. Il salua et sortit.

Marguerite se jeta sur la main décharnée que son

frère lui tendait, la serra et la baisa, et sortit à son tour.

— Bonne Margot! murmura Charles.

Catherine seule resta, conservant sa place au chevet du lit. Charles, en se trouvant en tête à tête avec elle, se recula vers la ruelle avec le même sentiment de terreur qui fait qu'on recule devant un serpent.

C'est que Charles, instruit par les aveux de René, puis, peut-être mieux encore, par le silence et la méditation, n'avait plus même le bonheur de douter.

Il savait parfaitement à qui et à quoi attribuer sa mort.

Aussi, lorsque Catherine se rapprocha du lit et allongea vers son fils une main froide comme son regard, celui-ci frissonna et eut peur.

— Vous demeurez, madame? lui dit-il.

— Oui, mon fils, répondit Catherine; j'ai à vous entretenir de choses importantes.

— Parlez, madame, dit Charles en se reculant encore.

— Sire, dit la reine, je vous ai entendu affirmer tout à l'heure que vos médecins étaient de grands docteurs...

— Et je l'affirme encore, madame.

— Cependant, qu'ont-ils fait depuis que vous êtes malade?

— Rien, c'est vrai... mais, si vous aviez entendu ce qu'ils ont dit... en vérité, madame, on voudrait être malade rien que pour entendre de si savantes dissertations.

— Eh bien! moi, mon fils, voulez-vous que je vous dise une chose?

— Comment donc! dites, ma mère.

— Eh bien! je soupçonne que tous ces grands docteurs ne connaissent rien à votre maladie!

— Vraiment, madame!

— Qu'ils voient peut-être un résultat, mais que la cause leur échappe.

— C'est possible, dit Charles, ne comprenant pas où sa mère en voulait venir.

— De sorte qu'ils traitent le symptôme au lieu de traiter le mal.

— Sur mon âme! reprit Charles étonné, je crois que vous avez raison, ma mère.

— Eh bien! moi, mon fils, dit Catherine, comme il ne convient ni à mon cœur ni au bien de l'État que vous soyez malade si longtemps, attendu que le moral pourrait finir par s'affecter chez vous, j'ai rassemblé les plus savants docteurs.

— En art médical, madame?

— Non, dans un art plus profond, dans l'art qui permet non-seulement de lire dans les corps, mais encore dans les cœurs.

— Ah! le bel art, madame, fit Charles, et qu'on a raison de ne pas l'enseigner aux rois! Et vos recherches ont eu un résultat? continua-t-il.

— Oui.

— Lequel?

— Celui que j'espérais; et j'apporte à Votre Majesté le remède qui doit guérir son corps et son esprit.

Charles frissonna. Il crut que sa mère, trouvant qu'il vivrait longtemps encore, avait résolu d'achever sciemment ce qu'elle avait commencé sans le savoir.

— Et où est-il, ce remède? dit Charles en se soulevant sur un coude et en regardant sa mère.

— Il est dans le mal même, répondit Catherine.

— Alors, où est le mal?

— Écoutez-moi, mon fils, dit Catherine. Avez-vous entendu dire parfois qu'il est des ennemis secrets dont la vengeance à distance assassine la victime?

— Par le fer ou par le poison? demanda Charles sans perdre un instant de vue la physionomie impassible de sa mère.

— Non, par des moyens bien autrement sûrs, bien autrement terribles, dit Catherine.

— Expliquez-vous.

— Mon fils, demanda la Florentine, avez-vous foi aux pratiques de la cabale et de la magie?

Charles comprima un sourire de mépris et d'incrédulité.

— Beaucoup, dit-il.

— Eh bien! dit vivement Catherine, de là viennent vos souffrances. Un ennemi de Votre Majesté, qui n'eût point osé vous attaquer en face, a conspiré dans l'ombre. Il a dirigé contre la personne de Votre Majesté une conspiration d'autant plus terrible, qu'il n'avait pas de complices, et que les fils mystérieux de cette conspiration étaient insaisissables.

— Ma foi non! dit Charles révolté par tant d'astuce.

— Cherchez bien, mon fils, dit Catherine, rappelez-vous certains projets d'évasion qui devaient assurer l'impunité au meurtrier.

— Au meurtrier! s'écria Charles, au meurtrier! dites-vous; on a donc essayé de me tuer, ma mère?

L'œil chatoyant de Catherine roula hypocritement sous sa paupière plissée.

— Oui, mon fils: vous en doutez, peut-être, vous; mais, moi, j'en ai acquis la certitude.

— Je ne doute jamais de ce que vous me dites, répondit amèrement le roi. Et comment a-t-on essayé de me tuer? je suis curieux de le savoir.

— Par la magie, mon fils.

— Expliquez-vous, madame, dit Charles ramené par le dégoût à son rôle d'observateur.

— Si ce conspirateur que je veux désigner — et que Votre Majesté a déjà désigné du fond du cœur — ayant tout disposé pour ses batteries, étant sûr du succès, eût réussi à s'esquiver, nul peut-être n'eût pénétré la cause des souffrances de Votre Majesté; mais heureusement, sire, votre frère veillait sur vous.

— Quel frère? demanda Charles.

— Votre frère d'Alençon.

— Ah! oui, c'est vrai; j'oublie toujours que j'ai un frère, murmura Charles en riant avec amertume. Et vous dites donc, madame?

— Qu'il a heureusement révélé le côté matériel de la conspiration à Votre Majesté. Mais, tandis qu'il ne cherchait, lui, enfant inexpérimenté, que les traces d'un complot ordinaire, que les preuves d'une escapade de jeune homme, je cherchais, moi, des preuves d'une action bien plus importante; car je connais la portée de l'esprit du coupable.

— Ah çà! mais, ma mère, on dirait que vous parlez du roi de Navarre, dit Charles voulant voir jusqu'où irait cette dissimulation florentine.

Catherine baissa hypocritement les yeux.

— Je l'ai fait arrêter, ce me semble, et conduire à Vincennes pour l'escapade en question, continua le roi: serait-il donc encore plus coupable que je ne le soupçonne?

— Sentez-vous la fièvre qui vous dévore? demanda Catherine.

— Oui, certes, madame, dit Charles en fronçant le sourcil.

— Sentez-vous la chaleur brûlante qui ronge votre cœur et vos entrailles?

— Oui, madame, répondit Charles en s'assombrissant de plus en plus.

— Et les douleurs aiguës de tête qui passent par vos yeux pour arriver à votre cerveau, comme autant de coups de flèche?

— Oui, oui, madame; oh! je sens bien tout cela! Oh! vous savez bien décrire mon mal!

— Eh bien! cela est tout simple, dit la Florentine; regardez...

Et elle tira de dessous son manteau un objet qu'elle présenta au roi.

C'était une figurine de cire jaunâtre, haute de six pouces à peu près. Cette figurine était vêtue d'abord d'une robe étoilée d'or, en cire, comme la figurine; puis, d'un manteau royal de même matière.

— Eh bien! demanda Charles, qu'est-ce que cette petite statue?

— Voyez ce qu'elle a sur la tête, dit Catherine.

— Une couronne, répondit Charles.

— Et au cœur?

— Une aiguille.

— Eh bien!

— Eh bien! sire, vous reconnaissez-vous?

— Moi?

— Oui, vous, avec votre couronne, avec votre manteau?

— Et qui donc a fait cette figure? dit Charles,

que cette comédie fatiguait; le roi de Navarre, sans doute?

— Non pas, sire.

— Non pas!... Alors, je ne vous comprends plus.

— Je dis *non*, reprit Catherine, parce que Votre Majesté pourrait tenir au fait exact. J'aurais dit *oui* si Votre Majesté m'eût posé la demande d'une autre façon.

Charles ne répondit pas. Il essayait de pénétrer toutes les pensées de cette âme ténébreuse, qui se refermait sans cesse devant lui au moment où il se croyait tout prêt à y lire.

— Sire, continua Catherine, cette statue a été trouvée, par les soins de votre procureur général Laguesle, au logis de l'homme qui, le jour de la chasse au vol, tenait un cheval de main tout prêt pour le roi de Navarre.

— Chez M. de la Mole? dit Charles.

— Chez lui-même; et, s'il vous plaît, regardez encore cette aiguille d'acier qui perce le cœur, et voyez quelle lettre est écrite sur l'étiquette qu'elle porte.

— Je vois un M, dit Charles.

— C'est-à-dire mort: c'est la formule magique, sire. L'inventeur écrit ainsi son vœu sur la plaie même qu'il creuse. S'il eût voulu frapper de folie, comme le duc de Bretagne fit pour le roi Charles VI, il eût enfoncé l'épingle dans la tête, et eût mis un F au lieu d'un M.

— Ainsi, dit Charles IX, à votre avis, madame, celui qui en veut à mes jours, c'est M. de la Mole?

— Oui, comme le poignard en veut au cœur; oui, mais derrière le poignard il y a le bras qui le pousse.

— Et voilà toute la cause du mal dont je suis atteint: le jour où le charme sera détruit le mal cessera? Mais comment s'y prendre? demanda Charles; vous le savez, vous, ma bonne mère; mais moi, tout au contraire de vous, qui vous en êtes occupée toute votre vie, je suis fort ignorant en cabale et en magie.

— La mort de l'inventeur rompt le charme, voilà tout. Le jour où le charme sera détruit, le mal cessera, dit Catherine.

— Vraiment? dit Charles d'un air étonné.

— Comment, vous ne savez pas cela?

— Dame! je ne suis pas sorcier, dit le roi.

— Eh bien! maintenant, dit Catherine, Votre Majesté est convaincue, n'est-ce pas?

— Certainement.

— La conviction va chasser l'inquiétude?

— Complètement.

— Ce n'est point par complaisance que vous le dites?

— Non pas, ma mère; c'est du fond de mon cœur.

Le visage de Catherine se dérida.

— Dieu soit loué! s'écria-t-elle, comme si elle eût cru en Dieu.

— Dieu soit loué! reprit ironiquement Charles.

— Oui, Dieu soit loué! reprit ironiquement Charles. Je sais maintenant comme vous à qui attribuer l'état où je me trouve, et, par conséquent, qui punir.

— Et nous punirons.

— M. de la Mole : n'avez-vous pas dit qu'il était le coupable?

— J'ai dit qu'il était l'instrument.

— Eh bien! dit Charles, M. de la Mole d'abord; c'est le plus important. Toutes ces crises dont je suis atteint peuvent faire naître autour de nous de dangereux soupçons. Il est urgent que la lumière se fasse, et qu'à l'éclat que jettera cette lumière la vérité se découvre.

— Ainsi, M. de la Mole?...

— Me va admirablement comme coupable, je l'accepte donc. Commençons par lui d'abord; et, s'il y a un complice, il parlera.

— Oui, murmura Catherine; s'il ne parle pas, on le fera parler. Nous avons des moyens infaillibles pour cela.

Puis tout haut en se levant :

— Vous permettez donc, sire, que l'instruction commence?

Il aperçut Marguerite qui soulevait la tapisserie.

— Je le désire, madame, répondit Charles, et le plus tôt sera le mieux.

Catherine serra la main de son fils sans comprendre le tressaillement nerveux qui agita cette main en serrant la sienne, et sortit sans entendre le rire sardonique du roi et la sourde et terrible imprécation qui suivit ce rire.

Le roi se demandait s'il n'y avait pas danger à laisser aller ainsi cette femme, qui, en quelques heures, ferait peut-être tant de besogne qu'il n'y aurait plus moyen d'y remédier.

En ce moment, comme il regardait la portière re-

tombant derrière Catherine, il entendit un léger froissement derrière lui, et, se retournant, il aperçut Marguerite qui soulevait la tapisserie retombant devant le corridor qui conduisait chez sa nourrice.

Marguerite, dont la pâleur, les yeux hagards et la poitrine oppressée décelaient la plus violente émotion :

— Oh! sire, sire! s'écria Marguerite en se précipitant vers le lit de son frère, vous savez bien qu'elle ment!

— Qui, *elle?* demanda Charles.

— Écoutez, Charles : certes, c'est terrible d'accu-

ser sa mère ; mais je me suis doutée qu'elle reste-
rait près de vous pour les poursuivre encore. Mais,
sur ma vie, sur la vôtre, sur notre âme à tous les
deux, je vous dis qu'elle ment !

— Les poursuivre !... Qui poursuit-elle ?

Tous les deux parlaient bas par instinct : on eût
dit qu'ils avaient peur de s'entendre eux-mêmes.

— Henri d'abord, votre Henriot, qui vous aime,
qui vous est dévoué plus que personne au monde.

— Tu le crois, Margot ? dit Charles.

— Oh ! sire, j'en suis sûre.

— Eh bien ! moi aussi, dit Charles.

— Alors, si vous en êtes sûr, mon frère, dit Marguerite étonnée, pourquoi l'avez-vous fait arrêter et
conduire à Vincennes ?

— Parce qu'il me l'a demandé lui-même.

— Il vous l'a demandé, sire ?...

— Oui, il a de singulières idées, Henriot. Peut-
être se trompe-t-il, peut-être a-t-il raison ; mais
enfin, une de ses idées, c'est qu'il est plus en sûreté
dans ma disgrâce que dans ma faveur, loin de moi
que près de moi, à Vincennes qu'au Louvre.

— Ah ! je comprends, dit Marguerite. Et il est en
sûreté alors ?

— Dame ! aussi en sûreté que peut l'être un
homme dont Beaulieu me répond sur sa tête.

— Oh ! merci, mon frère ; voilà pour Henri,
mais...

— Mais quoi ? demanda Charles.

— Mais il y a une autre personne, sire, à laquelle
j'ai tort de m'intéresser peut-être, mais à laquelle je
m'intéresse enfin...

— Et quelle est cette personne ?

— Sire, épargnez-moi... j'oserais à peine le nommer à mon frère, et n'ose le nommer à mon roi.

— M. de la Mole, n'est-ce pas ? dit Charles.

— Hélas ! dit Marguerite, vous avez voulu le tuer
une fois, sire, et il n'a échappé que par miracle à
votre vengeance royale.

— Et cela, Marguerite, quand il était coupable
d'un seul crime ; mais, maintenant qu'il en a commis deux...

— Sire, il n'est pas coupable du second.

— Mais, dit Charles, n'as-tu pas entendu ce qu'a
dit notre bonne mère, pauvre Margot ?

— Oh ! je vous ai déjà dit, Charles, reprit Marguerite en baissant la voix, je vous ai déjà dit
qu'elle mentait.

— Vous ne savez peut-être pas qu'il existe une
figure de cire qui a été saisie chez M. de la Mole ?

— Si fait, mon frère, je le sais.

— Que cette figure est percée au cœur par une
aiguille, et que l'aiguille qui la blesse ainsi porte
une petite bannière avec un M ?

— Je le sais encore.

— Que cette figure a un manteau royal sur les
épaules et une couronne royale sur la tête ?

— Je sais tout cela.

— Eh bien ! qu'avez-vous à dire ?

— J'ai à dire que cette petite figure qui porte un
manteau royal sur les épaules et une couronne
royale sur la tête est la représentation d'une femme,
et non d'un homme.

— Bah ! dit Charles ; et cette aiguille qui lui perce
le cœur ?

— C'était un charme pour se faire aimer de cette
femme, et non un maléfice pour faire mourir un
homme.

— Mais cette lettre M ?

— Elle ne veut pas dire : MORT, comme l'a dit la
reine mère.

— Que veut-elle donc dire, alors ? demanda
Charles.

— Elle veut dire... elle veut dire le nom de la
femme que M. de la Mole aimait.

— Et cette femme se nomme ?

— Cette femme se nomme *Marguerite*, mon
frère, dit la reine de Navarre en tombant à genoux
devant le lit du roi, en prenant sa main dans les
deux siennes, et en appuyant son visage baigné de
larmes sur cette main.

— Ma sœur, silence ! dit Charles en promenant
autour de lui un regard étincelant sous un sourcil
froncé ; car, de même que vous avez entendu, vous,
on pourrait vous entendre à votre tour.

— Oh ! que m'importe ! dit Marguerite en relevant la tête, et que le monde entier n'est-il là pour
m'écouter ! devant le monde entier, je déclarerais
qu'il est infâme d'abuser de l'amour d'un gentilhomme pour souiller sa réputation d'un soupçon
d'assassinat.

— Margot, si je te disais que je sais aussi bien
que toi ce qui est et ce qui n'est pas ?

— Mon frère !

— Si je te disais que M. de la Mole est innocent ?

— Vous le savez ?...

— Si je te disais que je connais le vrai coupable ?

— Le vrai coupable ! s'écria Marguerite ; mais il
y a donc eu un crime commis ?

— Oui. Volontaire ou involontaire, il y a eu un
crime commis.

— Sur vous ?

— Sur moi.

— Impossible.

— Impossible ?... Regarde-moi, Margot.

La jeune femme regarda son frère et frissonna en
le voyant si pâle.

— Margot, je n'ai pas trois mois à vivre, dit
Charles.

— Vous, mon frère ! Toi, mon Charles ! s'écria-
t-elle.

— Margot, je suis empoisonné.

Marguerite jeta un cri.

— Tais-toi donc, dit Charles ; il faut qu'on croie
que je meurs par magie.

— Et vous connaissez le coupable ?

— Je le connais.

— Vous avez dit que ce n'est pas la Mole.

— Non, ce n'est pas lui.

— Ce n'est pas Henri non plus, certainement. — Grand Dieu! serait-ce?...

— Qui?

— Mon frère... d'Alençon?... murmura Marguerite.

— Peut-être.

— Ou bien, ou bien... Marguerite baissa la voix comme épouvantée elle-même de ce qu'elle allait dire; ou bien... notre mère?

Charles se tut.

Marguerite le regarda, lut dans son regard tout ce qu'elle y cherchait, et tomba toujours à genoux et demi-renversée sur un fauteuil.

— Oh! mon Dieu! mon Dieu! murmura-t-elle, c'est impossible!

— Impossible! dit Charles avec un rire strident; il est fâcheux que René ne soit pas ici, il te raconterait mon histoire.

— Lui, René?

— Oui. Il te raconterait, par exemple, qu'une femme à laquelle il n'ose rien refuser a été lui demander un livre de chasse enfoui dans sa bibliothèque; qu'un poison subtil a été versé sur chaque page de ce livre; que le poison, destiné à quelqu'un, je ne sais à qui, est tombé, par un caprice du hasard, ou par un châtiment du ciel, sur une autre personne que celle à qui il était destiné. Mais, en l'absence de René, si tu veux voir le livre, il est là, dans mon cabinet, et, écrit de la main du Florentin, tu verras que ce livre, qui contient dans ses feuilles la mort de vingt personnes encore, a été donné de sa main à sa compatriote.

— Silence, Charles, à ton tour, silence! dit Marguerite.

— Tu vois bien, maintenant, qu'il faut qu'on croie que je meurs par magie.

— Mais c'est inique! mais c'est affreux! Grâce! grâce! vous savez bien qu'il est innocent.

— Oui, je le sais; mais il faut qu'on le croie coupable. Souffre donc la mort de ton amant; c'est peu pour sauver l'honneur de la maison de France. Je souffre bien la mort pour que le secret meure avec moi.

Marguerite courba la tête, comprenant qu'il n'y avait rien à faire pour sauver la Mole du côté du roi, et se retira toute pleurante et n'ayant plus d'espoir qu'en ses propres ressources.

Pendant ce temps, comme l'avait prévu Charles, Catherine ne perdait pas une minute, et elle écrivait au procureur général Laguesle une lettre dont l'histoire a conservé jusqu'au moindre mot, et qui jette sur toute cette affaire de sanglantes lueurs.

« Monsieur le procureur,

« Ce soir, on me dit pour certain que la Mole a « fait le sacrilége. En son logis, à Paris, on a trouvé « beaucoup de méchantes choses, comme des livres « et des papiers. Je vous prie d'appeler le premier « président et d'instruire au plus vite l'affaire de la « figure de cire à laquelle ils ont donné un coup au « cœur, et ce, contre le roi (1).

« CATHERINE. »

(1) Textuelle.

XXVII

L e lendemain du jour où Catherine avait écrit la lettre qu'on vient de lire, le gouverneur entra chez Coconas avec un appareil des plus imposants : il se composait de deux hallebardiers et de quatre robes noires.

Coconas était invité à descendre dans une salle où le procureur Laguesle et deux juges l'attendaient pour l'interroger, selon les instructions de Catherine.

Pendant les huit jours qu'il avait passés en prison, Coconas avait beaucoup réfléchi ; sans compter que chaque jour la Mole et lui, réunis un instant par les soins de leur geôlier, qui, sans leur rien dire, leur avait fait cette surprise que, selon toute probabilité, ils ne devaient pas à sa seule philanthropie ; sans compter, disons-nous, que la Mole et lui s'étaient recordés sur la conduite qu'ils avaient à tenir et qui était une négation absolue ; il était donc persuadé qu'avec un peu d'adresse son affaire prendrait la meilleure tournure ; les charges n'étaient pas plus fortes pour eux que pour les autres. Henri et Marguerite n'avaient fait aucune tentative de fuite, ils ne pouvaient donc être compromis dans une affaire où les principaux coupables étaient libres. Coconas ignorait que Henri habitât le même château que lui, et la complaisance de son geôlier lui apprenait qu'au-dessus de sa tête planaient des protections qu'il appelait ses *boucliers invisibles*.

Jusque-là les interrogatoires avaient porté sur les desseins du roi de Navarre, sur les projets de fuite et sur la part que les deux amis devaient prendre à cette fuite. A tous ces interrogatoires, Coconas avait constamment répondu d'une façon plus que vague et beaucoup plus qu'adroite ; il s'apprêtait encore à répondre de la même façon, et d'avance il avait préparé toutes ses petites reparties, lorsqu'il s'aperçut tout à coup que l'interrogatoire avait changé d'objet.

Il s'agissait d'une ou de plusieurs visites faites à René, d'une ou plusieurs figures de cire faites à l'instigation de la Mole.

Coconas, tout préparé qu'il était, crut remarquer que l'accusation perdait beaucoup de son intensité, puisqu'il ne s'agissait plus, au lieu d'avoir trahi un roi, que d'avoir fait une statue de reine ; encore cette statue était-elle haute de huit à dix pouces tout au plus.

Il répondit donc fort gaiement que ni lui ni son ami ne jouaient plus depuis longtemps à la poupée, et remarqua avec plaisir que plusieurs fois ses réponses avaient eu le privilége de faire sourire les juges.

On n'avait pas encore dit en vers : *J'ai ri, me voilà désarmé ;* mais cela s'était déjà beaucoup dit en prose. Et Coconas crut avoir à moitié désarmé ses juges parce qu'ils avaient souri.

Son interrogatoire terminé, il remonta donc dans sa chambre, si chantant, si bruyant, que la Mole, pour qui il faisait tout ce tapage, dut en tirer les plus heureuses conséquences.

On le fit descendre à son tour. La Mole, comme Coconas, vit avec étonnement l'accusation abandonner sa première voie et entrer dans une voie nouvelle. On l'interrogea sur ses visites à René. Il répondit qu'il avait été chez le Florentin une fois seulement. On lui demanda si, cette fois, il ne lui avait pas commandé une figure de cire. Il répondit que René lui avait montré cette figure toute faite. On lui demanda si cette figure ne représentait pas un homme. Il répondit qu'elle représentait une femme. On lui demanda si le charme n'avait point pour but de faire mourir cet homme. Il répondit que le but de ce charme était de se faire aimer de cette femme.

Ces questions furent faites, tournées et retournées de cent façons différentes ; mais à toutes ces questions, sous quelques faces qu'elles lui fussent présentées, la Mole fit constamment les mêmes réponses.

Les juges se regardèrent avec une sorte d'indécision, ne sachant trop que dire ni que faire devant une pareille simplicité, lorsqu'un billet apporté au procureur général trancha la difficulté.

Il était conçu en ces termes :

« Si l'accusé nie, recourez à la question.

« C. »

On l'interrogea. — Page 140.

Le procureur mit le billet dans sa poche, sourit à la Mole, et le congédia poliment. La Mole rentra dans son cachot presque aussi rassuré, sinon presque aussi joyeux que Coconas.

— Je crois que tout va bien, dit-il.

Une heure après, il entendit des pas et vit un billet qui se glissait sous la porte, sans voir quelle main lui donnait le mouvement. Il le prit, tout en pensant que la dépêche venait, selon toute probabilité, du guichetier.

En voyant ce billet, un espoir presque aussi douloureux qu'une déception lui était venu au cœur : il espérait que ce billet était de Marguerite, dont il n'avait eu aucune nouvelle depuis qu'il était prisonnier. Il s'en saisit tout tremblant. L'écriture faillit le faire mourir de joie.

« Courage, disait le billet, je veille. »

— Ah! si elle veille, s'écria la Mole en couvrant de baisers ce papier qu'avait touché une main si chère, si elle veille, je suis sauvé!...

Il faut, pour que la Mole comprenne ce billet et pour qu'il ait foi avec Coconas dans ce que le Piémontais appelait ses *boucliers invisibles*, que nous ramenions le lecteur à cette petite maison, à cette chambre où tant de scènes d'un bonheur enivrant, où tant de parfums à peine évaporés, où tant de doux souvenirs, devenus depuis des angoisses, brisaient le cœur d'une femme à demi renversée sur des coussins de velours.

— Être reine, être forte, être jeune, être riche, être belle, et souffrir ce que je souffre! s'écriait cette femme; oh! c'est impossible!

Puis, dans son agitation, elle se levait, marchait, s'arrêtait tout à coup, appuyait son front brûlant contre quelque marbre glacé, se relevait pâle et le visage couvert de larmes, se tordait les bras avec des cris, et retombait brisée sur quelque fauteuil.

Tout à coup, la tapisserie qui séparait l'appartement de la rue Cloche-Percée de l'appartement de la rue Tizon se souleva; un frémissement soyeux effleura la boiserie, et la duchesse de Nevers apparut.

— Oh! s'écria Marguerite, c'est toi! Avec quelle impatience je t'attendais! Eh bien! quelles nouvelles?

— Mauvaises, mauvaises, ma pauvre amie. Catherine pousse elle-même l'instruction, et, en ce moment encore, elle est à Vincennes.

— Et René?

— Il est arrêté.

— Avant que tu aies pu lui parler?

— Oui.

— Et nos chers prisonniers?

— J'ai de leurs nouvelles.

— Par le guichetier?

— Toujours.

— Eh bien?

— Eh bien! ils communiquent chaque jour ensemble. Avant-hier, on les a fouillés. La Mole a brisé ton portrait plutôt que de le livrer.

— Ce cher la Mole!

— Annibal a ri au nez des inquisiteurs.

— Bon Annibal! Mais après?

— On les a interrogés ce matin sur la fuite du roi, sur ses projets de rébellion en Navarre, et ils n'ont rien dit.

— Oh! je savais bien qu'ils garderaient le silence; mais ce silence les tue aussi bien que s'ils parlaient.

— Oui, mais nous les sauvons, nous.

— Tu as donc pensé à notre entreprise?

— Je ne me suis occupée que de cela depuis hier.

— Eh bien?

— Je viens de conclure avec Beaulieu. Ah! ma chère reine, quel homme difficile et cupide! Cela coûtera la vie d'un homme et trois cent mille écus.

— Tu dis qu'il est difficile et cupide... et, cependant, il ne demande que la vie d'un homme et trois cent mille écus... Mais c'est pour rien!

— Pour rien... trois cent mille écus!... Mais tous tes joyaux et tous les miens n'y suffiraient pas.

— Oh! qu'à cela ne tienne. Le roi de Navarre payera, le duc d'Alençon payera, mon frère Charles payera, ou sinon...

— Allons! tu raisonnes comme une folle. Je les ai, les trois cent mille écus.

— Toi?

— Oui, moi.

— Et comment te les es-tu procurés?

— Ah! voilà!

— C'est un secret?

— Pour tout le monde, excepté pour toi.

— Oh! mon Dieu! dit Marguerite souriante au milieu de ses larmes, les aurais-tu volés?

— Tu en jugeras.

— Voyons.

— Tu te rappelles cet horrible Nantouillet?

— Le richard, l'usurier?

— Si tu veux.

— Eh bien?

— Eh bien! tant il y a qu'un jour en voyant passer certaine femme blonde, aux yeux verts, coiffée de trois rubis posés l'un au front, les deux autres aux tempes, coiffure qui lui va si bien, et ignorant que cette femme était une duchesse, ce richard, cet usurier s'écria:

« Pour trois baisers à la place de ces trois rubis, je ferais naître trois diamants de cent mille écus chacun. »

— Eh bien! Henriette?

— Eh bien! ma chère, les diamants sont éclos et vendus.

— Oh! Henriette! Henriette! murmura Marguerite.

— Tiens! s'écria la duchesse avec un accent d'impudeur naïf et sublime à la fois, qui résume et le siècle et la femme, tiens! j'aime Annibal, moi!

— C'est vrai, dit Marguerite en souriant et en rougissant tout à la fois, tu l'aimes beaucoup, tu l'aimes trop, même.

Et cependant elle lui serra la main.

— Donc, continua Henriette, grâce à nos trois diamants, les cent mille écus et l'homme sont prêts.

— L'homme? quel homme?

— L'homme à tuer. Tu oublies qu'il faut tuer un homme.

— Et tu as trouvé l'homme qu'il te fallait?

— Parfaitement.

— Au même prix? demanda en souriant Marguerite.

— Au même prix, j'en eusse trouvé mille, répondit Henriette. Non, non; moyennant cinq cents écus, tout bonnement.

— Pour cinq cents écus, tu as trouvé un homme qui a consenti à se faire tuer?

— Que veux-tu, il faut bien vivre.

— Ma chère amie, je ne te comprends plus.

Voyons, parle clairement; les énigmes prennent trop de temps à deviner dans la situation où nous nous trouvons.

— Eh bien! écoute : le geôlier auquel est confiée la garde de la Mole et de Coconas est un ancien soldat qui sait ce que c'est qu'une blessure; il veut bien aider à sauver nos amis, mais il ne veut pas perdre sa place. Un coup de poignard adroitement placé fera l'affaire; nous lui donnerons une récompense, et l'État un dédommagement. De cette façon, le brave homme recevra des deux mains, et aura renouvelé la fable du pélican.

— Mais, dit Marguerite, un coup de poignard...

— Sois tranquille, c'est Annibal qui le donnera.

— Au fait, dit en riant Marguerite, il a donné trois coups tant d'épée que de poignard à la Mole, et la Mole n'en est pas mort; il y a donc tout lieu d'espérer.

— Méchante! tu mériterais que j'en restasse là.

— Oh! non; non, au contraire, dis-moi le reste, je t'en supplie. Comment les sauverons-nous, voyons?

— Eh bien! voici l'affaire : la chapelle est le seul lieu du château où puissent pénétrer les femmes qui ne sont point prisonnières. On nous fait cacher derrière l'autel : sous la nappe de l'autel, ils trouvent deux poignards. La porte de la sacristie est ouverte d'avance; Coconas frappe son geôlier qui tombe et fait semblant d'être mort; nous apparaissons, nous jetons chacune un manteau sur les épaules de nos amis; nous fuyons avec eux par la petite porte de la sacristie, et, comme nous avons le mot d'ordre, nous sortons sans empêchement.

— Et une fois sortis?

— Deux chevaux les attendent à la porte; ils sautent dessus, quittent l'Ile-de-France et gagnent la Lorraine, d'où de temps en temps ils reviennent incognito.

— Oh! tu me rends la vie, dit Marguerite. Ainsi, nous les sauverons?

— J'en répondrais presque.

— Et cela bientôt?

— Dame! dans trois ou quatre jours; Beaulieu nous préviendra.

— Mais, si l'on te reconnaît dans les environs de Vincennes, cela peut faire du tort à notre projet.

— Comment veux-tu que l'on me reconnaisse? Je sors en religieuse avec une coiffe, grâce à laquelle on ne me voit pas même le bout du nez.

— C'est que nous ne pouvons prendre trop de précautions.

— Je le sais bien, mordi! comme dirait le pauvre Annibal.

— Et le roi de Navarre, t'en es-tu informée?

— Je n'ai eu garde d'y manquer.

— Eh bien?

— Eh bien! il n'a jamais été si joyeux, à ce qu'il paraît; il rit, il chante, il fait bonne chère, et ne demande qu'une chose, c'est d'être bien gardé.

— Il a raison. Et ma mère?

— Je te l'ai dit, elle pousse tant qu'elle peut le procès.

— Oui, mais elle ne se doute de rien relativement à nous?

— Comment voudrais-tu qu'elle se doutât de quelque chose? Tous ceux qui sont du secret ont intérêt à le garder. — Ah! j'ai su qu'elle avait fait dire aux juges de Paris de se tenir prêts.

— Agissons vite, Henriette. Si nos pauvres captifs changeaient de prison, tout serait à recommencer.

— Sois tranquille, je désire autant que toi les voir dehors.

— Oh! oui, je le sais bien, et merci, merci cent fois de ce que tu fais pour en arriver là.

— Adieu, Marguerite, adieu! Je me remets en campagne.

— Et tu es sûre de Beaulieu?

— Je l'espère.

— Du guichetier?

— Il a promis.

— Des chevaux?

— Ils seront les meilleurs de l'écurie du duc de Nevers.

— Je t'adore, Henriette.

Et Marguerite se jeta au cou de son amie, après quoi les deux femmes se séparèrent, se promettant de se revoir le lendemain, et tous les jours au même lieu et à la même heure.

C'étaient ces deux créatures charmantes et dévouées que Coconas appelait avec une si saine raison ses boucliers invisibles.

Il me semble que tout marche à ravir.

XXVIII

LES JUGES.

h bien! mon brave ami, dit Coconas à la Mole lorsque les deux compagnons se retrouvèrent ensemble à la suite de l'interrogatoire où, pour la première fois, il avait été question de la figure de cire, il me semble que tout marche à ravir, et que nous ne tarderons pas à être abandonnés des juges, ce qui est un diagnostic tout opposé à celui de l'abandon des médecins; car, lorsque le médecin abandonne le malade, c'est qu'il ne peut plus le sauver; mais, tout au contraire, quand le juge abandonne l'accusé, c'est qu'il perd l'espoir de lui faire couper la tête.

— Oui, dit la Mole; il me semble même qu'à cette politesse, à cette facilité des geôliers, à l'élasticité des portes, je reconnais nos nobles amies; mais je

— Monsieur m'appelle? dit le geôlier. — Page 146.

ne reconnais pas M. de Beaulieu, à ce que l'on m'a-
vait dit, du moins.

— Je le reconnais bien, moi, dit Coconas, seulement, cela coûtera cher; mais, bast! l'une est princesse, l'autre est reine, elles sont riches toutes
deux, et jamais elles n'auront occasion de faire si
bon emploi de leur argent. Maintenant, récapitu-
lons bien notre leçon : on nous mène à la chapelle;
on nous laisse là sous la garde de notre guichetier;
nous trouvons à l'endroit indiqué chacun un poignard; je pratique un trou dans le ventre de notre
guide.

— Oh! non pas dans le ventre, tu lui volerais ses
cinq cents écus; dans le bras.

— Ah! oui, dans le bras, ce serait le perdre, pauvre cher homme! on verrait bien qu'il y a mis de
la complaisance, et moi aussi. Non, non, dans le
côté droit, en glissant adroitement le long des cô-
tes : c'est un coup vraisemblable et innocent.

— Allons, va pour celui-là; ensuite...

— Ensuite, tu barricades la grande porte avec
des bancs tandis que nos deux princesses s'élancent
de l'autel où elles sont cachées et qu'Henriette ouvre la petite porte. Ah! ma foi! je l'aime aujour-

I

d'hui, Henriette, il faut qu'elle m'ait fait quelque infidélité pour que cela me reprenne ainsi.

— Et puis, dit la Mole avec cette voix frémissante qui passe comme une musique à travers les lèvres, et puis nous gagnons les bois. Un bon baiser donné à chacun de nous nous fait joyeux et forts. Nous vois-tu, Annibal, penchés sur nos chevaux rapides et le cœur doucement oppressé! Oh! la bonne chose que la peur! La peur en plein air lorsqu'on a sa bonne épée nue au flanc : lorsqu'on crie hourra au coursier qu'on aiguillonne de l'éperon, et qui à chaque hourra bondit et vole!

— Oui, dit Coconas, mais la peur entre quatre murs, qu'en dis-tu, la Mole? Moi, je puis en parler, car j'ai éprouvé quelque chose comme cela. Quand ce visage blême de Beaulieu est entré pour la première fois dans ma chambre, derrière lui dans l'ombre brillaient des pertuisanes et retentissait un sinistre bruit de fer heurté contre du fer. Je te jure que j'ai pensé tout aussitôt au duc d'Alençon, et que je m'attendais à voir apparaître sa laide face entre deux vilaines têtes de hallebardiers. J'ai été trompé, et ce fut ma seule consolation; mais je n'ai pas tout perdu, la nuit venue, j'en ai rêvé.

— Ainsi, dit la Mole, qui suivait sa pensée souriante sans accompagner son ami dans les excursions que faisait la sienne aux champs du fantastique, ainsi elles ont tout prévu, même le lieu de notre retraite. Nous allons en Lorraine, cher ami. En vérité, j'eusse mieux aimé aller en Navarre; en Navarre, j'étais chez elle, mais la Navarre est trop loin. Nancy vaut mieux; d'ailleurs, là, nous ne serons qu'à quatre-vingts lieues de Paris. Sais-tu un regret que j'emporte, Annibal, en sortant d'ici?

— Ah! ma foi non... par exemple. Quant à moi, j'avoue que j'y laisse tous les miens.

— Eh bien! c'est de ne pouvoir emmener avec nous le digne geôlier, au lieu de...

— Mais il ne voudrait pas, dit Coconas, il y perdrait trop : songe donc, cinq cents écus de nous, une récompense du gouvernement, de l'avancement peut-être; comme il va vivre heureux, ce gaillard-là, quand je l'aurai tué.... Mais, qu'as-tu donc?

— Rien! Une idée qui me passe par l'esprit.

— Elle n'est pas drôle, à ce qu'il paraît, car tu pâlis affreusement.

— C'est que je me demande pourquoi on nous mènerait à la chapelle.

— Tiens! dit Coconas, pour faire nos pâques. Voilà le moment, ce me semble.

— Mais, dit la Mole, on ne conduit à la chapelle que les condamnés à mort ou les torturés.

— Oh! oh! fit Coconas en pâlissant légèrement à son tour, ceci mérite attention. Interrogeons sur ce point le brave homme que je dois éventrer incessamment. Eh! porte-clefs, mon ami!

— Monsieur m'appelle? dit le geôlier, qui faisait le guet sur les premières marches de l'escalier.

— Oui, viens çà.

— Me voici.

— Il est convenu que c'est de la chapelle que nous nous sauverons, n'est-ce pas?

— Chut! dit le porte-clefs en regardant avec effroi autour de lui.

— Sois tranquille, personne ne nous écoute.

— Oui, monsieur, c'est de la chapelle.

— On nous y conduira donc à la chapelle?

— Sans doute, c'est l'usage.

— C'est l'usage?

— Oui, après toute condamnation à mort, c'est l'usage de permettre que le condamné passe la nuit dans la chapelle.

Coconas et la Mole tressaillirent et se regardèrent en même temps.

— Vous croyez donc que nous serons condamnés à mort?

— Sans doute... mais vous aussi, vous le croyez.

— Comment! nous aussi? dit la Mole.

— Certainement... si vous ne le croyiez pas, vous n'auriez pas tout préparé pour votre fuite.

— Sais-tu que c'est plein de sens, ce qu'il dit là! fit Coconas à la Mole.

— Oui... ce que je sais aussi, maintenant du moins, c'est que nous jouons gros jeu, à ce qu'il paraît.

— Et moi donc! dit le guichetier, croyez-vous que je ne risque rien?... Si, dans un moment d'émotion, monsieur allait se tromper de côté!...

— Et mordi! je voudrais être à ta place, dit lentement Coconas, et ne pas avoir affaire à d'autres mains qu'à cette main, à d'autre fer que celui qui te touchera.

— Condamnés à mort! murmura la Mole, mais c'est impossible!

— Impossible! dit naïvement le guichetier, et pourquoi?

— Chut! dit Coconas, je crois que l'on ouvre la porte d'en bas.

— En effet, reprit vivement le geôlier, rentrez, messieurs, rentrez!

— Et quand croyez-vous que le jugement ait lieu? demanda la Mole.

— Demain au plus tard. Mais, soyez tranquilles, les personnes qui doivent être prévenues le seront.

— Alors, embrassons-nous et faisons nos adieux à ces murs.

Les deux amis se jetèrent dans les bras l'un de l'autre, et rentrèrent chacun dans sa chambre, la Mole soupirant, Coconas chantonnant.

Il ne se passa rien de nouveau jusqu'à sept heures du soir. La nuit descendit sombre et pluvieuse sur le donjon de Vincennes, une vraie nuit d'évasion. On apporta le repas du soir de Coconas, lequel soupa avec son appétit ordinaire, tout en songeant au plaisir qu'il aurait à être mouillé par cette pluie qui fouettait les murailles, et déjà il se préparait à s'endormir au murmure sourd et monotone du vent, quand il lui sembla que ce vent, qu'il écoutait parfois avec un sentiment de mélancolie qu'il n'avait jamais éprouvé avant qu'il fût en prison, sifflait plus étrangement que d'habitude sous toutes les portes, et que le poêle ronflait avec plus de rage qu'à l'ordinaire. Ce phénomène avait lieu chaque fois qu'on ouvrait un des cachots de l'étage supérieur et surtout celui d'en face. C'est à ce bruit qu'Annibal reconnaissait toujours que le geôlier allait venir, attendu que ce bruit indiquait qu'il sortait de chez la Mole.

Cependant, cette fois Coconnas demeura inutilement le cou tendu et l'oreille au guet.

Le temps s'écoula, personne ne vint.

— C'est étrange! dit Coconnas, on a ouvert chez la Mole et l'on n'ouvre pas chez moi. La Mole aurait-il appelé? serait-il malade? que veut dire cela?

Tout est soupçon et inquiétude, comme tout est joie et espoir pour un prisonnier.

Une demi-heure s'écoula, puis une heure, puis une heure et demie.

Coconnas commençait à s'endormir de dépit, quand le bruit de la serrure le fit bondir.

— Oh! oh! dit-il, est-ce déjà l'heure du départ et va-t-on nous conduire à la chapelle sans être condamnés? Mordi! ce serait un plaisir de fuir par une nuit pareille, il fait noir comme dans un four; pourvu que les chevaux ne soient point aveugles!

Il se préparait à questionner gaiement le porte-clefs, quand il vit celui-ci appliquer son doigt sur ses lèvres en roulant de gros yeux très-éloquents.

En effet, derrière le geôlier, on entendait du bruit et l'on apercevait des ombres.

Tout à coup, au milieu de l'obscurité, il distingua deux casques sur chacun desquels la chandelle fumeuse envoya une paillette d'or.

— Oh! oh! demanda-t-il à demi-voix, qu'est-ce que c'est que cet appareil sinistre? où allons-nous donc?

Le geôlier ne répondit que par un soupir qui ressemblait fort à un gémissement.

— Mordi! murmura Coconnas, quelle peste d'existence, toujours des extrêmes, jamais de terre ferme; on barbote dans cent pieds d'eau ou l'on plane au-dessus des nuages, pas de milieu. — Voyons, où allons-nous?

— Suivez les hallebardiers, monsieur, dit une voix grasseyante, qui fit connaître à Coconnas que les soldats qu'il avait entrevus étaient accompagnés d'un huissier quelconque.

— Et M. de la Mole, demanda le Piémontais, où est-il? que devient-il?

— Suivez les hallebardiers, répéta la même voix grasseyante sur le même ton.

Il fallait obéir. Coconnas sortit de sa chambre, et aperçut l'homme noir dont la voix lui avait été si désagréable. C'était un petit greffier bossu, et qui, sans doute, s'était fait homme de robe pour qu'on ne s'aperçût point qu'il était bancal en même temps.

Il descendit lentement l'escalier en spirale. Au premier étage, les gardes s'arrêtèrent.

— C'est beaucoup descendre, murmura Coconnas, mais pas encore assez.

La porte s'ouvrit. Coconnas avait un regard de lynx et un flair de limier, il flaira des juges, et vit dans l'ombre une silhouette d'homme aux bras nus qui lui fit monter la sueur au front. Il n'en prit pas moins la mine la plus souriante, pencha la tête à gauche, selon le code des grands airs à la mode à cette époque, et, le poing sur la hanche, entra dans la salle.

On leva une tapisserie, et Coconnas aperçut effectivement des juges et des greffiers.

A quelques pas de ces juges et de ces greffiers, la Mole était assis sur un banc.

Coconnas fut conduit devant le tribunal. Arrivé en face des juges, Coconnas s'arrêta, salua la Mole d'un signe de tête et d'un sourire, puis il attendit.

— Comment vous nommez-vous, monsieur? lui demanda le président.

— Marc-Annibal de Coconnas, répondit le gentil-homme avec une grâce parfaite, comte de Montpantier, Chenaux et autres lieux; mais, on connaît nos qualités, je présume.

— Où êtes-vous né?

— A Saint-Colomban, près de Suze.

— Quel âge avez-vous?

— Vingt-sept ans et trois mois.

— Bien, dit le président.

— Il paraît que cela lui fait plaisir, murmura Coconnas.

— Maintenant, dit le président après un moment de silence qui donna au greffier le temps d'écrire les réponses de l'accusé, quel était votre but en quittant la maison de M. d'Alençon?

— De me réunir à M. de la Mole, mon ami, que voilà, et qui, lorsque je le quittai, moi, l'avait déjà quittée depuis quelques jours.

— Que faisiez-vous à la chasse, où vous fûtes arrêté?

— Mais, répondit Coconnas... je chassais.

— Le roi était aussi à cette chasse, et il y ressentit les premières atteintes du mal dont il souffre en ce moment.

— Quant à ceci, je n'étais pas près du roi, et je ne puis rien dire. J'ignorais même qu'il fût atteint d'un mal quelconque.

Les juges se regardèrent avec un sourire d'incrédulité.

— Ah! vous l'ignoriez? dit le président.

— Oui, monsieur, et j'en suis fâché. Quoique le roi de France ne soit pas mon roi, j'ai beaucoup de sympathie pour lui.

— Vraiment?

— Parole d'honneur! Ce n'est pas comme pour son frère le duc d'Alençon. Celui-là, je l'avoue...

— Il ne s'agit point ici du duc d'Alençon, monsieur, mais de Sa Majesté.

— Eh bien! je vous ai déjà dit que j'étais son très-humble serviteur, répondit Coconnas en se dandinant avec une adorable indolence.

— Si vous êtes en effet son serviteur, comme vous le prétendez, monsieur, voulez-vous nous dire ce que vous savez d'une certaine statue magique?

— Ah! bon! nous revenons à l'histoire de la statue, à ce qu'il paraît.

— Oui, monsieur; cela vous déplaît-il?

— Non point, au contraire; j'aime mieux cela. Allez.

— Pourquoi cette statue se trouvait-elle chez M. de la Mole?

— Chez M. de la Mole, cette statue? Chez René, vous voulez dire.

— Vous reconnaissez donc qu'elle existe?

— Dame! si on me la montre.

— La voici. Est-ce celle que vous connaissez!

— Très-bien.

— Greffier, dit le président, écrivez que l'accusé reconnaît la statue pour l'avoir vue chez M. de la Mole.

— Non pas, non pas, dit Coconnas, ne confondons point : pour l'avoir vue chez René.

— Chez René, soit! Quel jour?

— Le seul jour où nous y avons été, M. de la Mole et moi.

— Vous avouez donc que vous avez été chez René avec M. de la Mole?

— Ah çà! est-ce que je m'en suis jamais caché?

— Greffier, écrivez que l'accusé avoue avoir été chez René pour faire des conjurations.

— Holà, hé! tout beau, tout beau, monsieur le président. Modérez votre enthousiasme, je vous prie : je n'ai pas dit un mot de cela.

— Vous niez que vous ayez été chez René pour faire des conjurations?

— Je le nie. La conjuration s'est faite par accident, mais sans préméditation.

— Mais elle a eu lieu?

— Je ne puis nier qu'il se soit fait quelque chose qui ressemblait à un charme.

— Greffier, écrivez que l'accusé avoue qu'il s'est fait chez René un charme contre la vie du roi.

— Comment! contre la vie du roi! C'est un infâme mensonge. Il ne s'est jamais fait de charmes contre la vie du roi.

— Vous le voyez, messieurs, dit la Mole.

— Silence! fit le président; puis, se retournant

vers le greffier : Contre la vie du roi, continua-t-il. Y êtes-vous?

— Mais non, mais non, dit Coconnas. D'ailleurs, la statue n'est pas une statue d'homme, mais de femme.

— Eh bien! messieurs, que vous avais-je dit? reprit la Mole.

— Monsieur de la Mole, dit le président, répondez quand nous vous interrogerons; mais n'interrompez point l'interrogatoire des autres.

— Ainsi, vous dites que c'est une femme?

— Sans doute, je le dis.

— Pourquoi alors a-t-elle une couronne et un manteau royal?

— Pardieu! dit Coconnas, c'est bien simple; parce que c'était..

La Mole se leva et mit un doigt sur sa bouche.

— C'est juste, dit Coconnas; qu'allais-je donc raconter, moi, comme si cela regardait ces messieurs!

— Vous persistez à dire que cette statue est une statue de femme?

— Oui, certainement, je persiste.

— Et vous refusez de dire quelle est cette femme?

— Une femme de mon pays, dit la Mole, que j'aimais et dont je voulais être aimé.

— Ce n'est pas vous qu'on interroge, monsieur de la Mole, s'écria le président, taisez-vous donc, où l'on vous bâillonnera.

— ... Bâillonnera, dit Coconnas; comment dites-vous cela, monsieur de la robe noire? On bâillonnera mon ami, un gentilhomme! Allons donc!

— Faites entrer René, dit le procureur général Laguesle.

— Oui, faites entrer René, dit Coconnas, faites; nous allons voir un peu qui a raison ici, de vous trois ou de nous deux.

René entra pâle, vieilli, presque méconnaissable pour les deux amis; courbé sous le poids du crime qu'il allait commettre, bien plus que de ceux qu'il avait commis.

— Maître René, dit le juge, reconnaissez-vous les deux accusés ici présents?

— Oui, monsieur, répondit René d'une voix que trahissait son émotion.

— Pour les avoir vus où?

— En plusieurs lieux, et notamment chez moi.

— Combien de fois ont-ils été chez vous?

— Une seule.

A mesure que René parlait, la figure de Coconnas s'épanouissait. Le visage de la Mole, au contraire, demeurait grave comme s'il avait eu un pressentiment.

— Et à quelle occasion ont-ils été chez vous?

René sembla hésiter un moment.

— Pour me commander une figure de cire, dit-il.

— Reconnaissez-vous les deux accusés? — Page 148.

— Pardon, pardon, maître René, dit Coconas, vous faites une petite erreur.

— Silence! dit le président; puis, se retournant vers René : Cette figurine, continua-t-il, est-elle une figure d'homme ou de femme?

— D'homme, répondit René.

Coconas bondit comme s'il eût reçu une commotion électrique.

— D'homme! dit-il.

— D'homme, répéta René, mais d'une voix si faible, qu'à peine le président l'entendit.

— Et pourquoi cette statue d'homme a-t-elle un manteau sur les épaules et une couronne sur la tête?

— Parce que cette statue représente un roi, dit René.

— Infâme menteur! cria Coconas exaspéré.

— Tais-toi, Coconas, tais-toi, interrompit la Mole; laisse dire cet homme, chacun est maître de perdre son âme.

— Mais non pas le corps des autres, mordi !

— Et que voulait dire cette aiguille d'acier que la statue avait dans le cœur, avec la lettre M écrite sur une petite bannière?

— L'aiguille simulait l'épée ou le poignard, la lettre M veut dire MORT.

Coconas fit un mouvement pour étrangler René, quatre gardes le retinrent.

— C'est bien, dit le procureur Laguesle, le tribunal est suffisamment renseigné. Reconduisez les prisonniers dans les chambres d'attente.

— Mais, s'écriait Coconas, il est impossible de s'entendre accuser de pareilles choses sans protester.

— Protestez, monsieur, on ne vous en empêche pas. Gardes, vous avez entendu.

Les gardes s'emparèrent des deux accusés, et les firent sortir, la Mole par une porte, Coconas par l'autre.

Puis le procureur fit signe à cet homme que Coconas avait aperçu dans l'ombre et lui dit :

— Ne vous éloignez pas, maître, vous aurez de la besogne cette nuit.

— Par lequel commencerai-je, monsieur ? demanda l'homme en mettant respectueusement le bonnet à la main.

— Par celui-ci, dit le président en montrant la Mole, qu'on apercevait encore comme une ombre entre les deux gardes ; puis s'approchant de René, qui était resté debout et tremblant en attendant à son tour qu'on le reconduisît au Châtelet, où il était enfermé :

— Bien, monsieur, lui dit-il, soyez tranquille, la reine et le roi sauront que c'est à vous qu'ils auront dû de connaître la vérité.

Mais, au lieu de lui rendre de la force, cette promesse parut atterrer René, et il ne répondit qu'en poussant un profond soupir.

XXIX

LA TORTURE DU BRODEQUIN.

C e fut seulement lorsqu'on l'eut reconduit dans son nouveau cachot, et qu'on eut refermé la porte derrière lui, que Coconas, abandonné à lui-même et cessant d'être soutenu par la lutte avec les juges et par sa colère contre René, commença la série de ses tristes réflexions.

— Il me semble, se dit-il à lui-même, que cela tourne au plus mal, et qu'il serait temps d'aller un peu à la chapelle. Je me défie des condamnations à mort ; car, incontestablement, on s'occupe de nous condamner à mort à cette heure. Je me défie surtout des condamnations à mort qui se prononcent dans le huis clos d'un château-fort devant des figures aussi laides que toutes ces figures qui m'entouraient.

On veut sérieusement nous couper la tête, hum ! hum !... Je reviens donc à ce que je disais, il serait temps d'aller à la chapelle.

Ces mots, prononcés à demi-voix, furent suivis d'un silence, et ce silence fut interrompu par un cri sourd, étouffé, lugubre, et qui n'avait rien d'humain ; ce cri sembla percer la muraille épaisse et vint vibrer sur le fer de ses barreaux.

Coconas frissonna malgré lui ; et, cependant, c'était un homme si brave, que chez lui la valeur ressemblait à l'instinct des bêtes féroces. Coconas demeura immobile à l'endroit où il avait entendu la plainte, doutant qu'une pareille plainte pût être prononcée par un être humain, et la prenant pour le gémissement du vent dans les arbres, ou pour un de ces mille bruits de la nuit qui semblent descendre ou monter des deux mondes inconnus entre lesquels tourne notre monde ; alors une seconde plainte, plus douloureuse, plus profonde, plus poignante encore que la première, parvint à Coconas, et, cette fois, non-seulement il distingua bien positivement l'expression de la douleur dans la voix humaine, mais encore il crut reconnaître dans cette voix celle de la Mole.

A cette voix, le Piémontais oublia qu'il était retenu par deux portes, par trois grilles et par une muraille épaisse de douze pieds ; il s'élança de tout son poids contre cette muraille comme pour la renverser et voler au secours de la victime en s'écriant :

— On égorge donc quelqu'un ici ? — Mais il rencontra sur son chemin le mur auquel il n'avait pas pensé, et il tomba froissé du choc contre un banc de pierre sur lequel il s'affaissa.

Ce fut tout.

— Oh ! ils l'ont tué, murmura-t-il, c'est abominable ; mais c'est qu'on ne peut le défendre ici... rien, pas d'armes.

Il étendit les mains autour de lui.

— Ah ! cet anneau de fer, s'écria-t-il, je l'arracherai, et malheur à qui m'approchera !

Coconas se releva, saisit l'anneau de fer, et, d'une première secousse, l'ébranla si violemment, qu'il était évident qu'avec deux secousses pareilles il le descellerait.

Mais soudain la porte s'ouvrit, et une lumière produite par deux torches envahit le cachot.

— Venez, monsieur, dit la même voix grasseyante qui lui avait été déjà si particulièrement désagréable, et qui, pour se faire entendre cette fois trois étages au-dessous, ne lui parut pas avoir acquis le charme qui lui manquait, venez, monsieur, la cour vous attend.

— Bon ! dit Coconas lâchant son anneau, c'est mon arrêt que je vais entendre, n'est-ce pas ?

— Oui, monsieur.

— Oh ! je respire, marchons ! dit-il.

Et il suivit l'huissier, qui marchait devant lui de son pas compassé et tenant sa baguette noire.

Malgré la satisfaction qu'il avait témoignée dans un premier mouvement, Coconas jetait, tout en marchant, un regard inquiet à droite et à gauche, devant et derrière.

— Oh ! oh ! murmura-t-il, je n'aperçois pas mon digne geôlier, j'avoue que sa présence me manque.

On entra dans la salle que venaient de quitter les juges et où demeurait seul debout un homme que Coconas reconnut pour le procureur général, qui avait plusieurs fois, dans le cours de l'interrogatoire, porté la parole, et toujours avec une animosité facile à reconnaître.

En effet, c'était celui à qui Catherine, tantôt par lettre, tantôt de vive voix, avait particulièrement recommandé le procès.

Un rideau levé laissait voir le fond de cette chambre, et cette chambre, dont les profondeurs se perdaient dans l'obscurité, avait, dans ses parties éclairées, un aspect si terrible, que Coconas sentit que les jambes lui manquaient et s'écria :

— Oh ! mon Dieu !

Ce n'était pas sans cause que Coconas avait poussé ce cri de terreur.

Le spectacle était en effet des plus lugubres. La salle, cachée pendant l'interrogatoire par ce rideau, qui était levé maintenant, apparaissait comme le vestibule de l'enfer.

Au premier plan, on voyait un chevalet de bois garni de cordes, de poulies et d'autres accessoires tortionnaires. Plus loin flambait un brasier qui reflétait ses lueurs rougeâtres sur tous les objets environnants, et qui assombrissait encore la silhouette de ceux qui se trouvaient entre Coconas et lui. Contre une des colonnes qui soutenaient la voûte, un homme, immobile comme une statue, se tenait de bout une corde à la main. On eût dit qu'il était de la même pierre que la colonne à laquelle il adhérait. Sur les murs, au-dessus des bancs de grès, entre des anneaux de fer, pendaient des chaînes et reluisaient des lames.

— Oh ! murmura Coconas, la salle de la torture toute préparée et qui semble ne plus attendre que le patient ! Qu'est-ce que cela signifie ?

— A genoux, Marc-Annibal de Coconas, dit une voix qui fit relever la tête du gentilhomme, à genoux pour entendre l'arrêt qui vient d'être rendu contre vous !

C'étaient de ces invitations contre lesquelles toute la personne d'Annibal réagissait instinctivement.

Mais, comme elle était en train de réagir, deux hommes appuyèrent leurs mains sur son épaule d'une façon si inattendue, et surtout si pesante, qu'il tomba les deux genoux sur la dalle.

La voix continua :

« Arrêt rendu par la cour, séant au donjon de Vincennes, contre Marc-Annibal de Coconas, atteint et convaincu du crime de lèse-majesté, de tentative d'empoisonnement, de sortilège et de magie contre la personne du roi, du crime de conspiration contre la sûreté de l'État, comme aussi pour avoir entraîné, par ses pernicieux conseils, un prince du sang à la rébellion... »

A chacune de ces imputations, Coconas avait hoché la tête en battant la mesure comme font les écoliers indociles.

Le juge continua :

« En conséquence de quoi, sera ledit Marc-Annibal de Coconas, conduit de la prison à la place Saint-Jean en Grève, pour y être décapité ; ses biens seront confisqués, ses hautes futaies coupées à la hauteur de six pieds, ses châteaux ruinés, et en l'air un poteau planté avec une plaque de cuivre qui constatera le crime et le châtiment... »

— Pour ma tête, dit Coconas, je crois bien qu'on la tranchera, car elle est en France et fort aventurée même. Quant à mes bois de haute futaie, et quant à mes châteaux, je défie toutes les scies et toutes les pioches du royaume très-chrétien de mordre dedans.

— Silence ! fit le juge.

—Il me sera fait quelque chose encore après la décapitation ?

Et il continua :

« De plus, sera ledit Coconas... »

— Comment! interrompit Coconas, il me sera fait quelque chose encore après la décapitation? oh! oh! celle-là me paraît bien sévère.

— Non, monsieur, dit le juge : avant...

Et il reprit :

« Et sera de plus ledit Coconas, avant l'exécution
« du jugement, appliqué à la question extraordi-
« naire, qui est des dix coins... »

Coconas bondit, foudroyant le juge d'un regard étincelant.

— Et pourquoi faire? s'écria-t-il ne trouvant pas d'autres mots que cette naïveté pour exprimer la foule des pensées qui venaient de surgir dans son esprit.

En effet, cette torture était pour Coconas le renversement complet de ses espérances; il ne serait conduit à la chapelle qu'après la torture, et de cette torture on en mourait souvent; on en mourait d'autant mieux qu'on était plus brave et plus fort, car alors on regardait comme une lâcheté d'avouer;

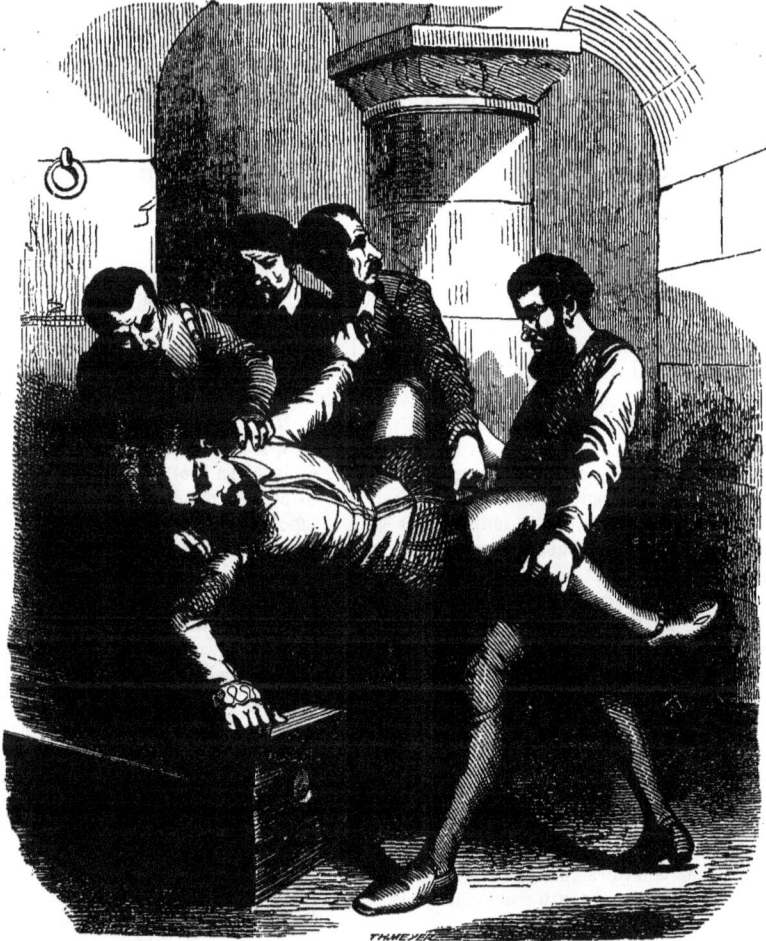

Coconas fut renversé.

et, tant qu'on n'avouait pas, la torture continuait; et non-seulement continuait, mais redoublait de force.

Le juge se dispensa de répondre à Coconas, la suite de l'arrêt répondant pour lui ; seulement, il continua :

« Afin de le forcer d'avouer ses complices, com-
« plots et machinations dans le détail. »

— Mordi! s'écria Coconas, voilà ce que j'appelle une infamie; voilà ce que j'appelle bien plus qu'une infamie. voilà ce que j'appelle une lâcheté!

Accoutumé aux colères des victimes, colères que la souffrance calme en les changeant en larmes, le juge impassible ne fit qu'un seul geste.

Coconas, saisi par les pieds et par les épaules, fut renversé, emporté, couché et attaché sur le lit de la question avant d'avoir pu regarder même ceux qui lui faisaient cette violence.

— Misérables! hurlait Coconas, secouant, dans un paroxysme de fureur, le lit et les tréteaux de ma-
nière à faire reculer les tourmenteurs eux-mêmes; misérables! torturez-moi, brisez-moi, mettez-moi en morceaux, vous ne saurez rien, je vous le jure! Ah!

vous croyez que c'est avec des morceaux de bois et avec des morceaux de fer qu'on fait parler un gentilhomme de mon nom! Allez, allez, je vous en défie!

— Préparez-vous à écrire, gieffier, dit le juge.

— Oui, prépare-toi! hurla Coconas, et, si tu écris tout ce que je vais vous dire à tous, infâmes bourreaux, tu auras de l'ouvrage. Écris, écris!

— Voulez-vous faire des révélations? dit le juge de sa même voix calme.

— Rien, pas un mot, allez au diable!

— Vous réfléchirez, monsieur, pendant les préparatifs. Allons, maître, ajustez les bottines à monsieur.

À ces mots, l'homme qui était resté debout et immobile jusque-là, les cordes à la main, se détacha de la colonne, et, d'un pas lent, s'approcha de Coconas, qui se retourna de son côté pour lui faire la grimace.

C'était maître Caboche, le bourreau de la prévôté de Paris.

Un douloureux étonnement se peignit sur les traits de Coconas, qui, au lieu de crier et de s'agiter, demeura immobile et ne pouvant détacher ses yeux du visage de cet ami oublié qui reparaissait en un pareil moment.

Caboche, sans qu'un seul muscle de son visage fût agité, sans qu'il parût avoir jamais vu Coconas autre part que sur le chevalet, lui introduisit deux planches entre les jambes, lui plaça deux autres planches pareilles en dehors des jambes, et ficela le tout avec la corde qu'il tenait à la main.

C'était cet appareil qu'on appelait les brodequins.

Pour la question ordinaire, on enfonçait six coins entre les deux planches, qui, en s'écartant, broyaient les chairs.

Pour la question extraordinaire, on enfonçait dix coins, et alors les planches, non-seulement broyaient les chairs, mais faisaient éclater les os.

L'opération préliminaire terminée, maître Caboche introduisit l'extrémité du coin entre les deux planches; puis, son maillet à la main, agenouillé sur un seul genou, il regarda le juge.

— Voulez-vous parler? demanda celui-ci.

— Non, répondit résolûment Coconas, quoiqu'il sentît la sueur perler sur son front et ses cheveux se dresser sur sa tête.

— En ce cas, allez, dit le juge; premier coin de l'ordinaire.

Caboche leva son bras armé d'un lourd maillet et asséna un coup terrible sur le coin, qui rendit un son mat.

Le chevalet trembla.

Coconas ne laissa point échapper une plainte à ce premier coin, qui, d'ordinaire, faisait gémir les plus résolus.

Il y eut même plus : la seule expression qui se

peignit sur son visage fut celle d'un indicible étonnement. Il regarda avec des yeux stupéfaits Caboche, qui, le bras levé, à demi retourné vers le juge, s'apprêtait à redoubler.

— Quelle était votre intention en vous cachant dans la forêt? demanda le juge.

— De nous asseoir à l'ombre, répondit Coconas.

— Allez, dit le juge.

Caboche appliqua un second coup, qui résonna comme le premier.

Mais, pas plus qu'au premier coup, Coconas ne sourcilla, et son œil continua de regarder le bourreau avec la même expression.

Le juge fronça le sourcil.

— Voilà un chrétien bien dur, murmura-t-il; le coin est-il entré jusqu'au bout, maître?

Caboche se baissa comme pour examiner; mais, en se baissant, il dit tout bas à Coconas :

— Mais criez donc, malheureux!

Puis, se relevant :

— Jusqu'au bout, monsieur, dit-il.

— Second coin de l'ordinaire, reprit froidement le juge.

Les quatre mots de Caboche expliquaient tout à Coconas. Le digne bourreau venait de rendre à *son ami* le plus grand service qui se puisse rendre de bourreau à gentilhomme.

Il lui épargnait plus que la douleur, il lui épargnait la honte des aveux, en lui enfonçant entre les jambes des coins de cuir élastiques, dont la partie supérieure était seulement garnie de bois, au lieu de lui enfoncer des coins en chêne. De plus, il lui laissait toute sa force pour faire face à l'échafaud.

— Ah! brave, brave Caboche, murmura Coconas, sois tranquille, va, je vais crier, puisque tu me le commandes, et, si tu n'es pas content, tu seras difficile.

Pendant ce temps, Caboche avait introduit entre les planches l'extrémité d'un coin plus gros encore que le premier.

— Allez, dit le juge.

À ce mot, Caboche frappa comme s'il se fût agi de démolir d'un seul coup le donjon de Vincennes.

— Ah! ah! hou! hou! cria Coconas sur les intonations les plus variées. Mille tonnerres! vous me brisez les os, prenez donc garde!

— Ah! dit le juge en souriant, le second fait son effet; cela m'étonnait aussi.

Coconas respira comme un soufflet de forge.

— Que faisiez-vous donc dans la forêt? répéta le juge.

— Eh! mordieu! je vous l'ai déjà dit, je prenais le frais.

— Allez, dit le juge.

— Avouez, lui glissa Caboche à l'oreille.

— Quoi?

— Tout ce que vous voudrez, mais avouez quelque chose.

Et il donna le second coup non moins bien appliqué que le premier.

Coconas pensa s'étrangler à force de crier.

— Oh! là là! dit-il. Que désirez-vous savoir, monsieur; par ordre de qui j'étais dans le bois?

— Oui, monsieur.

— J'y étais par ordre de M. d'Alençon.

— Écrivez, dit le juge.

— Si j'ai commis un crime en tendant un piége au roi de Navarre, continua Coconas, je n'étais qu'un instrument, monsieur, et j'obéissais à mon maître.

Le greffier se mit à écrire.

— Oh! tu m'as dénoncé, face blême, murmura le patient, attends, attends.

Et il raconta les visites de François au roi de Navarre, les entrevues entre de Mouy et M. d'Alençon, l'histoire du manteau rouge, le tout en hurlant par réminiscence et en se faisant ajouter de temps en temps un coup de marteau.

Enfin, il donna tant de renseignements précis, véridiques, incontestables, terribles, contre M. le duc d'Alençon; il fit si bien paraître ne les accorder qu'à la violence des douleurs; il grimaça, rugit, se plaignit si naturellement, et sur tant d'intonations différentes, que le juge lui-même finit par s'effaroucher d'avoir à enregistrer des détails si compromettants pour un fils de France.

— Eh bien! à la bonne heure! disait Caboche, voici un gentilhomme à qui il n'est pas besoin de dire les choses à deux fois et qui fait bonne mesure au greffier. Jésus-Dieu! que serait-ce donc, si, au lieu d'être de cuir, les coins étaient de bois!

Aussi fit-on grâce à Coconas du dernier coin de l'extraordinaire; mais, sans compter celui-là, il avait eu affaire à neuf autres, ce qui suffisait parfaitement à lui mettre les jambes en bouillie.

Le juge fit valoir à Coconas la douceur qu'il lui accordait en faveur de ses aveux et se retira.

Le patient resta seul avec Caboche.

— Eh bien! lui demanda celui-ci, comment allons-nous, mon gentilhomme?

— Ah! mon ami! mon brave ami, mon cher Caboche! dit Coconas, sois certain que je serai reconnaissant toute ma vie de ce que tu viens de faire pour moi.

— Peste! vous avez raison, monsieur, car si on savait ce que j'ai fait pour vous, c'est moi qui prendrais votre place sur ce chevalet, et on ne me ménagerait point, moi, comme je vous ai ménagé.

— Mais comment as-tu eu l'ingénieuse idée?...

— Voilà, dit Caboche tout en entortillant les jambes de Coconas dans les linges ensanglantés: j'ai su que vous étiez arrêté, j'ai su qu'on faisait votre procès, j'ai su que la reine Catherine voulait votre mort; j'ai deviné qu'on vous donnerait la question, et j'ai pris mes précautions en conséquence.

— Au risque de ce qui pouvait arriver?

— Monsieur, dit Caboche, vous êtes le seul gentilhomme qui m'ait donné la main, et l'on a de la mémoire et un cœur, tout bourreau qu'on est, et peut-être même parce qu'on est bourreau. Vous verrez demain comme je ferai proprement ma besogne.

— Demain? dit Coconas.

— Sans doute, demain.

— Quelle besogne?

Caboche regarda Coconas avec stupéfaction.

— Comment, quelle besogne? avez-vous donc oublié l'arrêt?

— Ah! oui, en effet, l'arrêt, dit Coconas; je l'avais oublié.

Le fait est que Coconas ne l'avait point oublié, mais qu'il n'y pensait pas.

Ce à quoi il pensait, c'était à la chapelle, au couteau caché sous la nappe sacrée, à Henriette et à la reine, à la porte de la sacristie et aux deux chevaux attendant à la lisière de la forêt; ce à quoi il pensait, c'était à la liberté, c'était à la course en plein air, c'était à la sécurité au delà des frontières de France.

— Maintenant, dit Caboche, il s'agit de vous faire passer adroitement du chevalet sur la litière. N'oubliez pas que pour tout le monde, et même pour mes valets, vous avez les jambes brisées, et qu'à chaque mouvement vous devez pousser un cri.

— Aïe! fit Coconas rien qu'en voyant les deux valets approcher de lui la litière.

— Allons! allons! un peu de courage, dit Caboche; si vous criez déjà, que direz-vous donc tout à l'heure!

— Mon cher Caboche, dit Coconas, ne me laissez pas toucher, je vous en supplie, par vos estimables acolytes; peut-être n'auraient-ils pas la main aussi légère que vous.

— Posez la litière près du chevalet, dit maître Caboche.

Les deux valets obéirent. Maître Caboche prit Coconas dans ses bras comme il aurait fait d'un enfant, et le déposa couché sur le brancard; mais, malgré toutes ces précautions, Coconas poussa des cris féroces.

Le brave guichetier apparut alors avec une lanterne.

— A la chapelle, dit-il.

Et les porteurs de Coconas se mirent en route après que Coconas eut donné à Caboche une seconde poignée de main.

La première avait trop bien réussi au Piémontais pour qu'il fît désormais le difficile.

XXX

LA CHAPELLE.

L e lugubre cortége traversa dans le plus profond silence les deux ponts-levis du donjon et la grande cour du château qui mène à la chapelle, et aux vitraux de laquelle une pâle lumière colorait les figures livides des apôtres en robes rouges.

Coconas aspirait avidement l'air de la nuit, quoique cet air fût tout chargé de pluie. Il regardait l'obscurité profonde et s'applaudissait de ce que toutes ces circonstances étaient propices à sa fuite et à celle de son compagnon.

Il lui fallut toute sa volonté, toute sa prudence, toute sa puissance sur lui-même, pour ne pas sauter en bas de la litière, dès que, porté dans la chapelle, il aperçut dans le chœur, et, à trois pas de l'autel, une masse gisante dans un grand manteau blanc. C'était la Mole.

Les deux soldats qui accompagnaient la litière s'étaient arrêtés en dehors de la porte.

— Puisqu'on nous fait cette suprême grâce de nous réunir encore une fois, dit Coconas alanguissant sa voix, portez-moi près de mon ami.

Les porteurs n'avaient aucun ordre contraire, ils ne firent donc aucune difficulté d'accorder la demande de Coconas.

La Mole était sombre et pâle, sa tête était appuyée au marbre de la muraille; ses cheveux noirs, baignés d'une sueur abondante, qui donnait à son visage la mate pâleur de l'ivoire, semblaient avoir conservé leur roideur après s'être hérissés sur sa tête.

Sur un signe du porte-clefs, les deux valets s'éloignèrent pour aller chercher le prêtre que demanda Coconas.

C'était le signal convenu.

Coconas les suivait des yeux avec anxiété; mais il n'était pas le seul dont le regard ardent était fixé sur eux. A peine eurent-ils disparu, que deux femmes s'élancèrent de derrière l'autel et firent irruption dans le chœur avec des frémissements de joie qui les précédaient, agitant l'air comme un souffle chaud et bruyant précède l'orage.

Marguerite se précipita vers la Mole et le saisit dans ses bras.

La Mole poussa un cri terrible, un de ces cris comme en avait entendu Coconas dans son cachot et qui avaient failli le rendre fou.

— Mon Dieu! qu'y a-t-il donc, la Mole? dit Marguerite se reculant d'effroi.

La Mole poussa un gémissement profond et porta ses mains à ses yeux comme pour ne pas voir Marguerite.

Marguerite fut épouvantée plus encore de ce silence et de ce geste que du cri de douleur qu'avait poussé la Mole.

— Oh! s'écria-t-elle, qu'as-tu donc? tu es tout en sang.

Coconas, qui s'était élancé vers l'autel, qui avait pris le poignard, qui tenait Henriette enlacée, se retourna.

— Lève-toi donc, disait Marguerite, lève-toi donc, je t'en supplie! tu vois bien que le moment est venu.

Un sourire effrayant de tristesse passa sur les lèvres blêmes de la Mole, qui semblait ne plus devoir sourire.

— Chère reine! dit le jeune homme, vous aviez compté sans Catherine, et, par conséquent, sans un crime. J'ai subi la question, mes os sont rompus, tout mon corps n'est qu'une plaie, et le mouvement que je fais en ce moment pour appuyer mes lèvres sur votre front me cause des douleurs pires que la mort.

Et, en effet, avec effort et tout pâlissant, la Mole appuya ses lèvres sur le front de la reine.

— La question! s'écria Coconas, mais, moi aussi, je l'ai subie; mais le bourreau n'a-t-il donc pas fait pour toi ce qu'il a fait pour moi?

Et Coconas raconta tout.

— Ah! dit la Mole, cela se comprend : tu lui as donné la main le jour de notre visite; moi, j'ai oublié que tous les hommes sont frères, j'ai fait le dédaigneux. Dieu me punit de mon orgueil, merci à Dieu!

La Mole joignit les mains.

Coconas et les deux femmes échangèrent un regard d'indicible terreur.

— Allons, allons, dit le geôlier, qui avait été jusqu'à la porte pour écouter et qui était revenu, allons, ne perdez pas de temps, cher monsieur de Co-

La duchesse de Nevers.

conas; mon coup de dague, et arrangez-moi cela en digne gentilhomme, car ils vont venir.

Marguerite s'était agenouillée près de la Mole pareille à ces figures de marbre courbées sur un tombeau, près du simulacre de celui qu'il renferme.

— Allons, ami, dit Coconas, du courage! je suis fort, je t'emporterai, je te placerai sur ton cheval, je te tiendrai même devant moi si tu ne peux te soutenir sur la selle, mais partons, partons; tu entends bien ce que nous dit ce brave homme, il s'agit de la vie.

La Mole fit un effort surhumain, un effort sublime.

— C'est vrai, il s'agit de ta vie, dit-il.

Et il essaya de se soulever.

Annibal le prit sous les bras et le dressa debout. La Mole, pendant ce temps, n'avait fait entendre qu'une espèce de rugissement sourd; mais au moment où Coconas le lâchait pour aller au guichetier, et lorsque le patient ne fut plus soutenu que par le bras des deux femmes, ses jambes plièrent, et, malgré les efforts de Marguerite en larmes, il tomba comme une masse, et le cri déchirant qu'il ne put retenir fit retentir la chapelle d'un écho lugubre qui vibra longtemps sous ses voûtes.

— Vous voyez, dit la Mole avec un accent de détresse, vous voyez, ma reine, laissez-moi donc, abandonnez-moi donc avec un dernier adieu de vous. Je n'ai point parlé, Marguerite, votre secret est donc demeuré enveloppé dans mon amour, et mourra tout entier avec moi. Adieu, ma reine, adieu...

Marguerite, presque inanimée elle-même, entoura de ses bras cette tête charmante, et y imprima un baiser presque religieux.

— Toi, Annibal, dit la Mole, toi que les douleurs ont épargné, toi qui es jeune encore et qui peux vivre, fuis, fuis, mon ami, donne-moi cette consolation suprême de te savoir en liberté.

— L'heure passe, cria le geôlier, allons, hâtez-vous.

Henriette essayait d'entraîner doucement Annibal, tandis que Marguerite à genoux devant la Mole, les cheveux épars et les yeux ruisselants, semblait une Madeleine.

— Fuis, Annibal, reprit la Mole, fuis, ne donne pas à nos ennemis le joyeux spectacle de la mort de deux innocents.

Coconas repoussa doucement Henriette qui l'attirait vers la porte, et d'un geste si solennel qu'il en était devenu majestueux :

— Madame, dit-il, donnez d'abord les cinq cents écus que nous avons promis à cet homme.

— Les voici, dit Henriette.

Alors, se retournant vers la Mole et secouant tristement la tête :

— Quant à toi, bon la Mole, dit-il, tu me fais injure en pensant un instant que je puisse te quitter. N'ai-je pas juré de vivre et de mourir avec toi! Mais tu souffres tant, pauvre ami, que je te pardonne.

Et il se recoucha résolûment près de son ami, vers lequel il pencha sa tête et dont il effleura le front avec ses lèvres.

Puis il attira doucement, doucement, comme une mère ferait pour son enfant, la tête de son ami, qui glissa contre la muraille et vint se reposer sur sa poitrine.

Marguerite était sombre. Elle avait ramassé le poignard que venait de laisser tomber Coconas.

— O ma reine! dit en étendant les bras vers elle la Mole, qui comprenait sa pensée, ô ma reine! n'oubliez pas que je meurs pour éteindre jusqu'au moindre soupçon de notre amour!

— Mais que puis-je donc faire pour toi, s'écria Marguerite désespérée, si je ne puis pas même mourir avec toi?

— Tu peux faire, dit la Mole, tu peux faire que la mort me sera douce, et viendra en quelque sorte à moi avec un visage souriant.

Marguerite se rapprocha de lui en joignant les mains comme pour lui dire de parler.

— Te rappelles-tu ce soir, Marguerite, où, en échange de ma vie que je t'offrais alors, et que je te donne aujourd'hui, tu me fis une promesse sacrée?...

Marguerite tressaillit.

— Ah! tu te la rappelles, dit la Mole, car tu frissonnes.

— Oui, oui, je me la rappelle, dit Marguerite, et, sur mon âme, Hyacinthe, cette promesse, je la tiendrai.

Marguerite étendit de sa place la main vers l'autel, comme pour prendre une seconde fois Dieu à témoin de son serment.

Le visage de la Mole s'éclaira comme si la voûte de la chapelle se fût ouverte, et qu'un rayon céleste eût descendu jusqu'à lui.

— On vient, on vient, dit le geôlier.

Marguerite poussa un cri et se précipita vers la Mole; mais la crainte de redoubler ses douleurs l'arrêta tremblante devant lui.

Henriette posa ses lèvres sur le front de Coconas et lui dit :

— Je te comprends, mon Annibal, et je suis fière de toi. Je sais bien que ton héroïsme te fait mourir, mais je t'aime pour ton héroïsme. Devant Dieu, je t'aimerai toujours avant et plus que toutes choses, et ce que Marguerite a juré de faire pour la Mole, sans savoir quelle chose cela est, je te jure que pour toi aussi je le ferai.

Et elle tendit sa main à Marguerite.

— C'est bien parler cela, merci, dit Coconas.

— Avant de me quitter, ma reine, dit la Mole, une dernière grâce : donnez-moi un souvenir quelconque de vous, que je puisse baiser en montant à l'échafaud.

— Oh! oui, s'écria Marguerite, tiens!...

Et elle détacha de son cou un petit reliquaire d'or soutenu par une chaîne du même métal.

— Tiens, dit-elle, voici une relique sainte que je porte depuis mon enfance; ma mère me la passa au cou quand j'étais toute petite et qu'elle m'aimait encore; elle vient d'un oncle le pape Clément; je ne l'ai jamais quittée. Tiens, prends-la.

La Mole la prit et la baisa avidement.

— On ouvre la porte, dit le geôlier, fuyez, mesdames, fuyez!

Les deux femmes s'élancèrent derrière l'autel, où elles disparurent.

Au même moment le prêtre entrait.

XXXI

LA PLACE SAINT-JEAN-EN-GRÈVE.

I est sept heures du matin ; la foule attendait bruyante sur les places, dans les rues et sur les quais.

A dix heures du matin, un tombereau, le même dans lequel les deux amis, après leur duel, avaient été ramenés évanouis au Louvre, était parti de Vincennes, traversait lentement la rue Saint-Antoine ; et, sur son passage, les spectateurs, si pressés qu'ils s'écrasaient les uns les autres, semblaient des statues aux yeux fixes et à la bouche glacée.

C'est qu'en effet il y avait ce jour-là un spectacle déchirant, offert par la reine mère à tout le peuple de Paris.

Dans ce tombereau, dont nous avons parlé, et qui s'acheminait à travers les rues, couchés sur quelques brins de paille, deux jeunes gens, la tête nue, et complétement vêtus de noir, s'appuyaient l'un contre l'autre. Coconnas portait sur ses genoux la Mole, dont la tête dépassait les traverses du tombereau, et dont les yeux vagues erraient çà et là.

Et cependant la foule, pour plonger son regard avide jusqu'au fond de la voiture, se pressait, se levait, se haussait, montant sur les bornes, s'accrochant aux anfractuosités des murailles, et paraissait satisfaite lorsqu'elle était parvenue à ne pas laisser vierge de son regard un seul point des deux corps qui sortaient de la souffrance pour aller à la destruction.

Il avait été dit que la Mole mourait sans avoir avoué un seul des faits qui lui étaient imputés, tandis qu'au contraire, assurait-on, Coconnas n'avait pu supporter la douleur et avait tout révélé.

Aussi criait-on de tous côtés :

— Voyez, voyez le rouge ! c'est lui qui a parlé, c'est lui qui a tout dit ; c'est un lâche qui est cause de la mort de l'autre. L'autre, au contraire, est un brave et n'a rien avoué.

Les deux jeunes gens entendaient bien, l'un les louanges, l'autre les injures, qui accompagnaient leur marche funèbre ; et, tandis que la Mole serrait les mains de son ami, un sublime dédain éclatait sur la figure du Piémontais, qui, du haut du tombereau immonde, regardait la foule stupide comme il l'eût regardée du haut d'un char triomphal.

L'infortune avait fait son œuvre céleste, elle avait ennobli la figure de Coconnas, comme la mort allait diviniser son âme.

— Sommes-nous bientôt arrivés ? demanda la Mole, je n'en puis plus, ami, et je crois que je vais m'évanouir.

— Attends, attends, la Mole, nous allons passer devant la rue Tizon et devant la rue Cloche-Percée ; regarde, regarde un peu.

— Oh ! soulève-moi, soulève-moi, que je voie encore une fois cette bienheureuse maison !

Coconnas étendit la main et toucha l'épaule du bourreau, il était assis sur le devant du tombereau et conduisait le cheval.

— Maître, lui dit-il, rends-nous ce service de t'arrêter un instant en face de la rue Tizon.

Caboche fit de la tête un mouvement d'adhésion, et, arrivé en face de la rue Tizon, il s'arrêta.

La Mole se souleva avec effort, aidé par Coconnas ; regarda, l'œil voilé par une larme, cette petite maison silencieuse, muette et close comme un tombeau ; un soupir gonfla sa poitrine ; et, à voix basse :

— Adieu, murmura-t-il, adieu, la jeunesse, l'amour, la vie !

Et il laissa retomber sa tête sur sa poitrine.

— Courage ! dit Coconnas, nous retrouverons peut-être tout cela là-haut.

— Crois-tu ? murmura la Mole.

— Je le crois parce que le prêtre me l'a dit, et surtout parce que je l'espère. Mais ne t'évanouis pas, mon ami ! ces misérables qui nous regardent riraient de nous.

Caboche entendit ces derniers mots ; et, fouettant son cheval d'une main, il tendit de l'autre à Coconnas, et sans que personne le pût voir, une petite éponge imprégnée d'un révulsif si violent, que la Mole, après l'avoir respiré et s'en être frotté les tempes, s'en trouva rafraîchi et ranimé.

— Ah ! dit la Mole, je renais.

Et il baisa le reliquaire suspendu à son cou par la chaîne d'or.

En arrivant à l'angle du quai et en tournant le charmant petit édifice bâti par Henri II, on aperçut

Caboche entendit ces derniers mots — Page 159.

l'échafaud se dressant comme une plate-forme nue et sanglante : cette plate-forme dominait toutes les têtes.

— Ami, dit la Mole, je voudrais bien mourir le premier.

Coconas toucha une seconde fois de sa main l'épaule du bourreau.

— Qu'y a-t-il, mon gentilhomme? demanda celui-ci en se retournant.

— Brave homme, dit Coconas, tu tiens à me faire plaisir, n'est-ce pas? tu me l'as dit, du moins.

— Oui, je vous le répète.

— Voilà mon ami qui a plus souffert que moi, et qui, par conséquent, a moins de force...

— Eh bien?

— Eh bien! il me dit qu'il souffrirait trop de me voir mourir le premier. D'ailleurs, si je mourais le premier, il n'aurait personne pour le porter sur l'échafaud.

— C'est bien, c'est bien, dit Caboche en essuyant une larme avec le dos de sa main, soyez tranquille, on fera ce que vous désirez.

— Et d'un seul coup, n'est-ce pas? dit à voix basse le Piémontais.

Il prit la Mole dans ses bras. — PAGE 162.

— D'un seul.

— C'est bien... si vous avez à vous reprendre, reprenez-vous sur moi.

Le tombereau s'arrêta, on était arrivé. Coconas mit son chapeau sur sa tête.

Une rumeur semblable à celle des flots de la mer bruit aux oreilles de la Mole. Il voulut se lever, mais les forces lui manquèrent; et il fallut que Caboche et Coconas le soutinssent sous les bras.

La place était pavée de têtes, les marches de l'Hôtel de Ville semblaient un amphithéâtre peuplé de spectateurs. Chaque fenêtre donnait passage à des visages animés dont les regards semblaient flamboyer.

Quand on vit le beau jeune homme qui ne pouvait plus se soutenir sur ses jambes brisées faire un effort suprême pour aller de lui-même à l'échafaud, une clameur immense s'éleva comme un cri de désolation universelle. Les hommes rugissaient, les femmes poussaient des gémissements plaintifs.

— C'était un des premiers raffinés de la cour, disaient les hommes, et ce n'était pas à Saint-Jean-en-Grève qu'il devait mourir c'était au Pré-aux-Clercs.

— Qu'il est beau! qu'il est pâle! disaient les femmes : c'est celui qui n'a point parlé.

— Ami, dit la Mole, je ne puis me soutenir! Porte-moi.

— Attends, dit Coconas.

Il fit un signe au bourreau, qui s'écarta; puis, se baissant, il prit la Mole dans ses bras comme il eût fait d'un enfant, et monta sans chanceler, chargé de son fardeau, l'escalier de la plate-forme, où il déposa la Mole, au milieu des cris frénétiques et des applaudissements de la foule.

Coconas leva son chapeau de dessus sa tête et salua.

Puis il jeta son chapeau près de lui sur l'échafaud.

— Regarde autour de nous, dit la Mole, ne les aperçois-tu pas quelque part?

Coconas jeta lentement un regard circulaire tout autour de la place, et, arrivé sur un point, il s'arrêta, étendant, sans détourner les yeux, sa main, qui toucha l'épaule de son ami.

— Regarde, dit-il, regarde la fenêtre de cette petite tourelle.

Et de son autre main il montrait à la Mole le petit monument qui existe encore aujourd'hui entre la rue de la Vannerie et la rue du Mouton, un débris des siècles passés.

Deux femmes vêtues de noir se tenaient appuyées l'une à l'autre, non pas à la fenêtre, mais un peu en arrière.

— Ah! fit la Mole, je ne craignais qu'une chose, c'était de mourir sans la revoir. Je l'ai revue, je puis mourir.

Et, les yeux avidement fixés sur la petite fenêtre, il porta le reliquaire à sa bouche et le couvrit de baisers.

Coconas saluait les deux femmes avec toutes les grâces qu'il se fût données dans un salon.

En réponse à ce signe, elles agitèrent leurs mouchoirs tout trempés de larmes.

Caboche, à son tour, toucha du doigt l'épaule de Coconas, et lui fit des yeux un signe significatif.

— Oui, oui, dit le Piémontais.

Alors, se retournant vers la Mole :

— Embrasse-moi, lui dit-il, et meurs bien. Cela ne sera point difficile, ami, tu es si brave.

— Ah! dit la Mole, il n'y aura pas de mérite à moi de mourir bien, je souffre tant!

Le prêtre s'approcha et tendit un crucifix à la Mole, qui lui montra en souriant le reliquaire qu'il tenait à la main.

— N'importe, dit le prêtre, demandez toujours la force à celui qui a souffert ce que vous allez souffrir.

La Mole baisa les pieds du christ.

— Recommandez-moi, dit-il, aux prières des Dames de la benoîte sainte Vierge.

— Hâte-toi, hâte-toi, la Mole! dit Coconas, tu me fais tant de mal que je sens que je faiblis.

— Je suis prêt, dit la Mole.

— Pourrez-vous tenir votre tête bien droite? dit Caboche apprêtant son épée derrière la Mole agenouillé.

— Je l'espère, dit celui-ci.

— Alors tout ira bien.

— Mais vous, dit la Mole, vous n'oublierez pas ce que je vous ai demandé; ce reliquaire vous ouvrira les portes.

— Soyez tranquille. Mais essayez un peu à tenir la tête droite.

La Mole redressa le cou, et tournant les yeux vers la petite tourelle :

— Adieu, Marguerite, dit-il, sois bé...

Il n'acheva pas. D'un revers de son glaive, rapide et flamboyant comme un éclair, Caboche fit tomber d'un seul coup la tête, qui alla rouler aux pieds de Coconas.

Le corps s'étendit doucement comme s'il se couchait.

Un cri immense retentit formé de mille cris, et, dans toutes ces voix de femmes, il sembla à Coconas qu'il avait entendu un accent plus douloureux que tous les autres.

— Merci, mon digne ami, merci, dit Coconas, qui tendit une troisième fois la main au bourreau.

— Mon fils, dit le prêtre à Coconas, n'avez-vous rien à confier à Dieu?

— Ma foi non, mon père, dit le Piémontais : tout ce que j'aurais à lui dire, je vous l'ai dit à vous-même hier.

Puis, se retournant vers Caboche :

— Allons, bourreau, mon dernier ami, dit-il, encore un service.

Et, avant de s'agenouiller, il promena sur la foule un regard si calme et si serein, qu'un murmure d'admiration vint caresser son oreille et faire sourire son orgueil. Alors, pressant la tête de son ami, et déposant un baiser sur ses lèvres violettes, il jeta un dernier regard sur la tourelle; et, s'agenouillant, tout en conservant cette tête bien-aimée entre ses mains :

— A moi! dit-il.

Il n'avait pas achevé ces mots, que Caboche avait fait voler sa tête.

Ce coup fait, un tremblement convulsif s'empara du digne homme.

— Il était temps que cela finît, murmura-t-il, pauvre enfant!

Et il tira avec peine des mains crispées de la Mole le reliquaire d'or; il jeta son manteau sur les tristes dépouilles que le tombereau devait ramener chez lui.

Le spectacle étant fini, la foule s'écoula.

XXXII

LA TOUR DU PILORI.

L a nuit venait de descendre sur la ville frémissante encore du bruit de ce supplice, dont les détails couraient de bouche en bouche assombrir dans chaque maison l'heure joyeuse du souper de famille.

Cependant, tout au contraire de la ville, qui était silencieuse et lugubre, le Louvre était bruyant, joyeux et illuminé. C'est qu'il y avait grande fête au palais : une fête commandée par Charles IX, une fête qu'il avait indiquée pour le soir, en même temps qu'il indiquait le supplice pour le matin.

La reine de Navarre avait reçu, dès la veille au soir, l'ordre de s'y trouver, et, dans l'espérance que la Mole et Coconas seraient sauvés dans la nuit, dans la conviction que toutes les mesures étaient bien prises pour leur salut, elle avait répondu à son frère qu'elle ferait selon ses désirs.

Mais, depuis qu'elle avait perdu tout espoir par la scène de la chapelle; depuis qu'elle avait — dans un dernier mouvement de piété pour cet amour, le plus grand et le plus profond qu'elle avait éprouvé de sa vie — assisté à l'exécution, elle s'était bien promis que ni prières, ni menaces, ne la feraient assister à une fête joyeuse au Louvre le même jour où elle avait vu une fête si lugubre en Grève.

Le roi Charles IX avait donné ce jour-là une nouvelle preuve de cette puissance de volonté que personne peut-être ne poussa au même degré que lui : alité depuis quinze jours, frêle comme un moribond, livide comme un cadavre, il se leva vers cinq heures et revêtit ses plus beaux habits. Il est vrai que, pendant la toilette, il s'évanouit trois fois.

Vers huit heures, il s'informa de ce qu'était devenue sa sœur, et demanda si on l'avait vue et si l'on savait ce qu'elle faisait. Personne ne lui répondit; car la reine était rentrée chez elle vers les onze heures, et s'y était renfermée en défendant absolument sa porte.

Mais il n'y avait pas de porte fermée pour Charles. Appuyé sur le bras de M. de Nancey, il s'achemina vers l'appartement de la reine de Navarre, et entra tout à coup par la porte du corridor secret.

Quoiqu'il s'attendît à un triste spectacle, et qu'il y eût d'avance préparé son cœur, celui qu'il vit était plus déplorable encore que celui qu'il avait rêvé.

Marguerite, à demi morte, couchée sur une chaise longue, la tête ensevelie dans des coussins, ne pleurait pas, ne priait pas; mais, depuis son retour, elle râlait comme une agonisante.

A l'autre coin de la chambre, Henriette de Nevers, cette femme intrépide, gisait, sans connaissance, étendue sur le tapis. En revenant de la Grève, comme à Marguerite, les forces lui avaient manqué, et la pauvre Gillonne allait de l'une à l'autre, n'osant pas essayer de leur adresser une parole de consolation.

Dans les crises qui suivent ces grandes catastrophes, on est avare de sa douleur comme d'un trésor, et l'on tient pour ennemi quiconque tente de nous en distraire la moindre partie.

Charles IX poussa donc la porte, et, laissant Nancey dans le corridor, il entra pâle et tremblant.

Ni l'une ni l'autre des deux femmes ne l'avait vu. Gillonne seule, qui dans ce moment portait secours à Henriette, se releva sur un genou, et, tout effrayée, regarda le roi.

Le roi fit un geste de la main; elle se releva, fit la révérence, et sortit.

Alors Charles se dirigea vers Marguerite, la regarda un instant en silence; puis, avec une intonation dont on eût cru cette voix rude incapable :

— Margot! dit-il, ma sœur!

La jeune femme tressaillit et se redressa.

— Votre Majesté! dit-elle.

— Allons, ma sœur, du courage!

Marguerite leva les yeux au ciel.

— Oui, dit Charles, je sais bien, mais écoute-moi.

La reine de Navarre fit signe qu'elle écoutait.

— Tu m'as promis de venir au bal, dit Charles.

— Moi? s'écria Marguerite.

— Oui; et, d'après ta promesse, on t'attend, de sorte que, si tu ne venais pas, on serait étonné de ne pas t'y voir.

— Excusez-moi, mon frère, dit Marguerite ; vous le voyez, je suis bien souffrante.

— Faites un effort sur vous-même.

Marguerite parut un instant tenter de rappeler son courage ; puis, tout à coup, s'abandonnant et laissant retomber sa tête sur ses coussins :

— Non, non, je n'irai pas, dit-elle.

Charles lui prit la main, s'assit sur sa chaise longue, et lui dit :

— Tu viens de perdre un ami, je le sais, Margot ; mais, regarde-moi, n'ai-je pas perdu tous mes amis, moi ? et, de plus, ma mère ! Toi, tu as toujours pu pleurer à l'aise comme tu pleures en ce moment ; moi, à l'heure de mes plus fortes douleurs, j'ai toujours été forcé de sourire. Tu souffres, regarde-moi ! moi, je meurs. Eh bien ! Margot, voyons, du courage ! Je te le demande, ma sœur, au nom de notre gloire ! Nous portons comme une croix d'angoisses la renommée de notre maison, portons-la, comme le Seigneur, jusqu'au Calvaire ; et, si, sur la route, comme lui, nous trébuchons, relevons-nous courageux et résignés comme lui.

— Oh ! mon Dieu ! mon Dieu ! s'écria Marguerite.

— Oui, dit Charles, répondant à sa pensée ; oui, le sacrifice est rude, ma sœur ; mais chacun fait le sien ; les uns de leur honneur, les autres de leur vie. Crois-tu qu'avec mes vingt-cinq ans et le plus beau trône du monde je ne regrette pas de mourir ? Eh bien ! regarde-moi... mes yeux, mon teint, mes lèvres, sont d'un mourant, c'est vrai ; mais mon sourire... est-ce que mon sourire ne ferait pas croire que j'espère ? Et cependant, dans huit jours, quinze jours, un mois tout au plus, tu me pleureras, ma sœur, comme celui qui est mort aujourd'hui.

— Mon frère !... s'écria Margot en jetant ses deux bras autour du cou de Charles.

— Allons, habillez-vous, chère Marguerite, dit le roi ; cachez votre pâleur et paraissez au bal. Je viens de donner ordre qu'on vous apporte des pierreries nouvelles et des ajustements dignes de votre beauté.

— Oh ! des diamants, des robes, dit Marguerite, que m'importe tout cela, maintenant !

— La vie est longue, Marguerite, dit en souriant Charles, pour toi, du moins.

— Jamais ! jamais !...

— Ma sœur, souviens-toi d'une chose : quelquefois c'est en étouffant, ou plutôt en dissimulant la souffrance, que l'on honore le mieux les morts.

— Eh bien ! sire, dit Marguerite frissonnante, j'irai.

Une larme, qui fut bue aussitôt par sa paupière aride, mouilla l'œil de Charles.

Il s'inclina vers sa sœur, la baisa au front, s'arrêta un instant devant Henriette, qui ne l'avait ni vu ni entendu, et dit :

— Pauvre femme !

Puis il sortit silencieusement.

Derrière le roi, plusieurs pages entrèrent, apportant des coffres et des écrins.

Marguerite fit signe de la main que l'on déposât tout cela à terre.

Les pages sortirent. Gillonne resta seule.

— Prépare-moi tout ce qu'il me faut pour m'habiller, Gillonne, dit Marguerite.

La jeune fille regarda sa maîtresse d'un œil étonné.

— Oui, dit Marguerite avec un accent dont il serait impossible de rendre l'amertume. Oui, je m'habille, je vais au bal... on m'attend là-bas. Dépêche-toi donc ! la journée aura été complète : fête à la Grève ce matin, fête au Louvre ce soir.

— Et madame la duchesse ? dit Gillonne.

— Oh ! elle, elle est bien heureuse ; elle peut rester ici ; elle peut pleurer, elle peut souffrir tout à son aise. Elle n'est pas fille de roi, femme de roi, sœur de roi. Elle n'est pas reine. Aide-moi à m'habiller, Gillonne.

La jeune fille obéit. Les parures étaient magnifiques, la robe splendide. Jamais Marguerite n'avait été si belle.

Elle se regarda dans une glace.

— Mon frère a bien raison, dit-elle, et c'est une bien misérable chose que la créature humaine.

En ce moment, Gillonne revint.

— Madame, dit-elle, un homme est là qui vous demande.

— Moi ?

— Oui, vous.

— Quel est cet homme ?

— Je ne sais, mais son aspect est terrible et sa seule vue m'a fait frissonner.

— Va lui demander son nom, dit Marguerite en pâlissant.

Gillonne sortit, et, quelques secondes après, elle rentra.

— Il n'a pas voulu me dire son nom, madame, mais il m'a priée de vous remettre ceci.

Gillonne tendit à Marguerite le reliquaire qu'elle avait donné la veille au soir à la Mole.

— Oh ! fais entrer, fais entrer ! dit vivement la reine.

Et elle devint plus pâle et plus glacée encore qu'elle n'était.

Un pas lourd ébranla le parquet. L'écho, indigné sans doute de répéter un pareil bruit, gronda sous le lambris, et un homme parut sur le seuil.

— Vous êtes ?... dit la reine.

— Celui que vous rencontrâtes un jour près de Montfaucon, madame, et qui ramena au Louvre, dans son tombereau, deux gentilshommes blessés.

— Oui, oui, je vous reconnais, vous êtes maître Caboche.

— Bourreau de la prévôté de Paris madame.

— Bourreau de la prévôté de Paris, madame.

C'étaient les seuls mots qu'Henriette avait entendus de tous ceux que, depuis une heure, on prononçait autour d'elle. Elle dégagea sa tête pâle de ses deux mains et regarda le bourreau avec ses yeux d'émeraude, d'où semblait sortir un double jet de flammes.

— Et vous venez?... dit Marguerite tremblante.

— Vous rappeler la promesse faite au plus jeune des deux gentilshommes, à celui qui m'a chargé de vous rendre ce reliquaire. Vous la rappelez-vous, madame?

— Ah! oui, oui! s'écria la reine, et jamais ombre plus généreuse n'aura plus noble satisfaction; mais où est-*elle*?

— Elle est chez moi avec le corps.

— Chez vous? pourquoi ne l'avez-vous pas apportée?

— Je pouvais être arrêté au guichet du Louvre, on pouvait me forcer de lever mon manteau; qu'aurait-on dit, si, sous ce manteau, on avait vu une tête?

— C'est bien, gardez-la chez vous; j'irai la chercher demain.

— Demain, madame, demain, dit maître Caboche, il sera peut-être trop tard.

— Pourquoi cela?

— Parce que la reine mère m'a fait retenir, pour ses expériences cabalistiques, les têtes des deux premiers condamnés que je décapiterais.

— Oh! profanation! les têtes de nos bien-aimés! Henriette! s'écria Marguerite en courant à son amie, qu'elle retrouva debout, comme si un ressort venait de la remettre sur ses pieds; Henriette, mon ange, entends-tu ce qu'il dit, cet homme?

— Oui. Eh bien! que faut-il faire?

— Il faut aller avec lui.

Puis, poussant ce cri de douleur avec lequel les grandes infortunes se reprennent à la vie :

— Ah! j'étais cependant si bien! dit-elle : j'étais presque morte.

Pendant ce temps, Marguerite jetait sur ses épaules nues un manteau de velours.

— Viens, viens, dit-elle, nous allons les revoir encore une fois.

Marguerite fit fermer toutes les portes, ordonna que l'on amenât la litière à la petite porte dérobée, puis, prenant Henriette sous le bras, descendit par le passage secret, faisant signe à Caboche de les suivre.

A la porte d'en bas était la litière, au guichet était le valet de Caboche avec une lanterne.

Les porteurs de Marguerite étaient des hommes de confiance, muets et sourds, plus sûrs que ne l'eussent été des bêtes de somme.

La litière marcha pendant dix minutes à peu près, précédée de maître Caboche et de son valet portant la lanterne; puis elle s'arrêta.

Le bourreau ouvrit la portière, tandis que le valet courait devant.

Marguerite descendit, aida la duchesse de Nevers à descendre. Dans cette grande douleur qui les étreignait toutes deux, c'était cette organisation nerveuse qui se trouvait être la plus forte.

La tour du Pilori se dressait devant les deux femmes comme un géant sombre et informe, envoyant une lumière rougeâtre par deux barbacanes qui flamboyaient à son sommet.

Le valet reparut sur la porte.

— Vous pouvez entrer, mesdames, dit Caboche, tout le monde est couché dans la tour.

Au même moment, la lumière des deux meurtrières s'éteignit.

Les deux femmes, serrées l'une contre l'autre, passèrent sous la petite porte en ogive et foulèrent dans l'ombre une dalle humide et raboteuse. Elles aperçurent une lumière au fond d'un corridor tournant, et, guidées par le maître hideux du logis, elles se dirigèrent de ce côté. La porte se referma derrière elles.

Caboche, un flambeau de cire à la main, les introduisit dans une salle basse et enfumée. Au milieu de cette salle était une table dressée avec les restes d'un souper et trois couverts. Ces trois couverts étaient sans doute pour le bourreau, sa femme et son aide principal.

Dans l'endroit le plus apparent était cloué à la muraille un parchemin scellé du sceau du roi. C'était le brevet patibulaire..

Dans un coin était une grande épée, à poignée longue. C'était l'épée flamboyante de la justice.

Çà et là, on voyait encore quelques images grossières, représentant des saints martyrisés par tous les supplices.

Arrivé là, Caboche s'inclina profondément.

— Votre Majesté m'excusera, dit-il, si j'ai osé pénétrer dans le Louvre et vous amener ici. Mais c'était la volonté expresse et suprême du gentilhomme, de sorte que j'ai dû...

— Vous avez bien fait, maître, vous avez bien fait, dit Marguerite, et voici pour récompenser votre zèle.

Caboche regarda tristement la bourse gonflée d'or que Marguerite venait de déposer sur la table.

— De l'or! toujours de l'or! murmura-t-il. Hélas! madame, que ne puis-je racheter moi-même à prix d'or le sang que j'ai été obligé de répandre aujourd'hui!.

— Maître, dit Marguerite avec une hésitation douloureuse et en regardant autour d'elle, maître, maître, nous faudrait-il encore aller ailleurs? je ne vois pas!...

— Non, madame, non, ils sont ici; mais c'est un triste spectacle et que je pourrais vous épargner en vous apportant caché dans un manteau ce que vous venez chercher.

Marguerite et Henriette se regardèrent simultanément.

— Non, dit Marguerite, qui avait lu dans le regard de son amie la même résolution qu'elle venait de prendre, non, montrez-nous le chemin et nous vous suivrons.

Caboche prit le flambeau, ouvrit une porte de chêne qui donnait sur un escalier de quelques marches et qui s'enfonçait en plongeant sous la terre. Au même instant un courant d'air passa, faisant voler quelques étincelles de la torche et jetant au visage des princesses l'odeur nauséabonde de la moisissure et du sang.

Henriette s'appuya, blanche comme une statue d'albâtre, sur le bras de son amie à la marche plus assurée; mais, au premier degré, elle chancela.

— Oh! je ne pourrai jamais, dit-elle.

— Quand on aime bien, Henriette, répliqua la reine, on doit aimer jusque dans la mort.

C'était un spectacle horrible et touchant à la fois que celui que présentaient ces deux femmes resplendissantes de jeunesse, de beauté, de parure, se courbant sous la voûte ignoble et crayeuse, la plus faible s'appuyant à la plus forte, et la plus forte s'appuyant au bras du bourreau.

On arriva à la dernière marche.

Au fond du caveau gisaient deux formes humaines recouvertes par un large drap de serge noire.

Caboche leva un coin de ce voile, approcha son flambeau et dit :

— Regardez, madame la reine.

Dans leurs habits noirs, les deux jeunes gens étaient couchés côte à côte avec l'effrayante symétrie de la mort. Leurs têtes, inclinées et rapprochées du tronc, semblaient séparées seulement au milieu du cou par un cercle de rouge vif. La mort n'avait pas désuni leurs mains, car, soit hasard, soit pieuse attention du bourreau, la main droite de la Mole reposait dans la main gauche de Coconas.

Il y avait un regard d'amour sous les paupières de la Mole, il y avait un sourire de dédain sous celles de Coconas.

Marguerite s'agenouilla près de son amant, et de ses mains éblouissantes de pierreries leva doucement cette tête qu'elle avait tant aimée.

Quant à la duchesse de Nevers, appuyée à la muraille, elle ne pouvait détacher son regard de ce pâle visage sur lequel tant de fois elle avait cherché la joie et l'amour.

— La Mole! cher la Mole! murmura Marguerite.

— Annibal! Annibal! s'écria la duchesse de Nevers, si beau, si fier, si brave, tu ne réponds plus!...

Et un torrent de larmes s'échappa de ses yeux.

Cette femme si dédaigneuse, si intrépide, si insolente dans le bonheur; cette femme qui poussait le scepticisme jusqu'au doute suprême, la passion jusqu'à la cruauté, cette femme n'avait jamais pensé à la mort.

Marguerite lui en donna l'exemple.

Elle enferma dans un sac brodé de perles et parfumé des plus fines essences la tête de la Mole, plus belle encore puisqu'elle se rapprochait du velours et de l'or, et à laquelle une préparation particulière, employée à cette époque dans les embaumements royaux, devait conserver sa beauté.

Henriette s'approcha à son tour, enveloppant la tête de Coconas dans un pan de son manteau.

Et toutes deux, courbées sous leur douleur plus que sous leur fardeau, montèrent l'escalier avec un dernier regard pour les restes qu'elles laissaient à la merci du bourreau, dans ce sombre réduit des criminels vulgaires.

— Ne craignez rien, madame, dit Caboche, qui comprit ce regard, les gentilshommes seront ensevelis, enterrés saintement, je vous le jure.

— Et tu leur feras dire des messes avec ceci, dit Henriette arrachant de son cou un magnifique collier de rubis et le présentant au bourreau.

On revint au Louvre comme on en était sorti. Au guichet, la reine se fit reconnaître; au bas de son escalier particulier elle descendit, rentra chez elle, déposa sa triste relique dans le cabinet de la chambre à coucher, destinée dès ce moment à devenir un oratoire, laissa Henriette en garde de sa chambre, et, plus pâle et plus belle que jamais, entra vers dix heures dans la grande salle de bal, la même où nous avons vu, il y a tantôt deux ans et demi, s'ouvrir le premier chapitre de notre histoire.

Tous les yeux se tournèrent vers elle, et elle supporta ce regard universel d'un air fier et presque joyeux.

C'est qu'elle avait religieusement accompli le dernier vœu de son ami.

Charles, en l'apercevant, traversa, chancelant, le flot doré qui l'entourait.

— Ma sœur, dit-il tout haut, je vous remercie.

Puis, tout bas :

— Prenez garde! dit-il, vous avez au bras une tache de sang.

— Ah! qu'importe, sire, dit Marguerite, pourvu que j'aie le sourire sur les lèvres!

— Regardez, madame la reine. — Page 167.

XXXIII

LA SUEUR DE SANG.

uelques jours après la scène terrible que nous venons de raconter, c'est-à-dire le 30 mai 1574, la cour étant à Vincennes, on entendit tout à coup un grand bruit dans la chambre du roi, lequel, étant retombé plus malade que jamais au milieu du bal qu'il avait voulu donner le jour même de la mort des deux jeunes gens, était, par ordre des médecins, venu chercher à la campagne un air plus pur.

Il était huit heures du matin. Un petit groupe de courtisans causait avec feu dans l'antichambre quand tout à coup retentit le cri, et parut au seuil de l'appartement la nourrice de Charles, les yeux baignés de larmes et criant d'une voix désespérée :

— Secours au roi! secours au roi!

— Secours au roi ! — PAGE 168.

— Sa Majesté est-elle donc plus mal? demanda le capitaine de Nancey, que le roi avait, comme nous l'avons vu, dégagé de toute obéissance à la reine Catherine pour l'attacher à sa personne.

— Oh! que de sang! que de sang! dit la nourrice. Les médecins! appelez les médecins!

Mazille et Ambroise Paré se relayaient tour à tour auprès de l'auguste malade, et Ambroise Paré, qui était de garde, ayant vu s'endormir le roi, avait profité de cet assoupissement pour s'éloigner quelques instants.

Pendant ce temps, une sueur abondante avait pris le roi; et, comme Charles était atteint d'un relâchement des vaisseaux capillaires, et que ce relâchement amenait une hémorragie de la peau, cette sueur sanglante avait épouvanté la nourrice, qui ne pouvait s'habituer à cet étrange phénomène, et qui, protestante, on se le rappelle, lui disait sans cesse que c'était le sang huguenot versé le jour de la Saint-Barthélemy qui appelait son sang.

On s'élança dans toutes les directions; le docteur ne devait pas être loin, et l'on ne pouvait manquer de le rencontrer.

L'antichambre resta donc vide, chacun étant désireux de montrer son zèle en ramenant le médecin demandé.

Alors une porte s'ouvrit, et l'on vit apparaître Catherine. Elle traversa rapidement l'antichambre et entra vivement dans l'appartement de son fils.

Charles était renversé sur son lit, l'œil éteint, la poitrine haletante; de tout son corps découlait une sueur rougeâtre; sa main, écartée, pendait hors de son lit, et au bout de chacun de ses doigts pendait un rubis liquide.

C'était un horrible spectacle.

Cependant, au bruit des pas de sa mère, et comme s'il les eût reconnus, Charles se redressa.

— Pardon, madame, dit-il en regardant sa mère, je voudrais bien mourir en paix.

— Mourir, mon fils, dit Catherine, pour une crise passagère de ce vilain mal! voudriez-vous donc désespérer ainsi?

— Je vous dis, madame, que je sens mon âme qui s'en va. Je vous dis, madame, que c'est la mort qui arrive, mort de tous les diables!... Je sens ce que je sens, et je sais ce que je dis.

— Sire, dit la reine, votre imagination est votre plus grave maladie; depuis le supplice si mérité de ces deux sorciers, de ces deux assassins qu'on appelait la Mole et Coconas, vos souffrances physiques doivent avoir diminué. Le mal moral persévère seul, et, si je pouvais causer avec vous dix minutes seulement, je vous prouverais...

— Nourrice, dit Charles, veille à la porte, et que personne n'entre : la reine Catherine de Médicis veut causer avec son fils bien-aimé Charles IX.

La nourrice obéit.

— Au fait, continua Charles, cet entretien devait avoir lieu un jour ou l'autre, mieux vaut donc aujourd'hui que demain. Demain, d'ailleurs, il serait peut-être trop tard. Seulement, une troisième personne doit assister à notre entretien.

— Et pourquoi?

— Parce que, je vous le répète, la mort est en route, reprit Charles avec une effrayante solennité; parce que, d'un moment à l'autre, elle entrera dans cette chambre, comme vous, pâle et muette, et sans se faire annoncer. Il est donc temps, puisque j'ai mis cette nuit ordre à mes affaires, de mettre ordre ce matin à celles du royaume.

— Et quelle est cette personne que vous désirez voir? demanda Catherine.

— Mon frère, madame. Faites-le appeler.

— Sire, dit la reine, je vois avec plaisir que ces dénonciations, dictées par la haine bien plus qu'arrachées à la douleur, s'effacent de votre esprit et vont bientôt s'effacer de votre cœur. — Nourrice! cria Catherine, nourrice!

La bonne femme, qui veillait au dehors, ouvrit la porte.

— Nourrice, dit Catherine; par ordre de mon fils, quand M. de Nancey viendra, vous lui direz d'aller querir le duc d'Alençon.

Charles fit un signe qui retint la bonne femme prête à obéir.

— J'ai dit mon frère, madame, reprit Charles.

Les yeux de Catherine se dilatèrent comme ceux de la tigresse qui va se mettre en colère. Mais Charles leva impérativement la main.

— Je veux parler à mon frère Henri, dit-il. Henri seul est mon frère; non pas celui qui est roi là-bas, mais celui qui est prisonnier ici. Henri saura mes dernières volontés.

— Et moi! s'écria la Florentine avec une audace inaccoutumée en face de la terrible volonté de son fils, tant la haine qu'elle portait au Béarnais la jetait hors de sa dissimulation habituelle, si vous êtes, comme vous le dites, si près de la tombe, croyez-vous que je céderai à personne, surtout à un étranger, mon droit de vous assister à votre heure suprême, mon droit de reine, mon droit de mère?

— Madame, dit Charles, je suis roi encore; je commande encore, madame; je vous dis que je veux parler à mon frère Henri, et vous n'appelez pas mon capitaine des gardes:... Mille diables! je vous en préviens, j'ai encore assez de force pour l'aller chercher moi-même.

Et il fit un mouvement pour sauter à bas du lit, qui mit au jour son corps pareil à celui du Christ après la flagellation.

— Sire, s'écria Catherine en le retenant, vous nous faites injure à tous; vous oubliez les affronts faits à notre famille, vous répudiez notre sang; un fils de France doit seul s'agenouiller près du lit de mort d'un roi de France. Quant à moi, ma place est marquée ici par les lois de la nature et de l'étiquette; j'y reste donc.

— Et à quel titre, madame, y restez-vous? demanda Charles IX.

— A titre de mère.

— Vous n'êtes pas plus ma mère, madame, que le duc d'Alençon n'est mon frère.

— Vous délirez, monsieur, dit Catherine; depuis quand celle qui donne le jour n'est-elle plus la mère de celui qui l'a reçu?

— Du moment, madame, où cette mère dénaturée ôte ce qu'elle donna, répondit Charles en essuyant une écume sanglante qui montait à ses lèvres.

— Que voulez-vous dire, Charles? je ne vous comprends pas, murmura Catherine regardant son fils d'un œil dilaté par l'étonnement.

— Vous allez me comprendre, madame.

Charles fouilla sous son traversin et en tira une petite clef d'argent.

— Prenez cette clef, madame, et ouvrez mon coffre de voyage, il contient certains papiers qui parleront pour moi.

Et Charles étendit la main vers un coffre magnifiquement sculpté, fermé d'une serrure d'argent comme la clef qui l'ouvrait, et qui tenait la place la plus apparente de la chambre.

Catherine, dominée par la position suprême que Charles prenait sur elle, obéit, s'avança à pas lents vers le coffre, l'ouvrit, plongea ses regards vers l'intérieur, et, tout à coup, recula, comme si elle avait vu dans les flancs du meuble quelque reptile endormi.

— Eh bien! dit Charles, qui ne perdait pas sa mère de vue, qu'y a-t-il donc dans ce coffre qui vous effraye, madame?

— Rien, dit Catherine.

— En ce cas, plongez-y la main, madame, et prenez-y un livre; il doit y avoir un livre, n'est-ce pas? ajouta Charles avec ce sourire blêmissant, plus terrible chez lui que n'avait jamais été la menace chez un autre.

— Oui, balbutia Catherine.

— Un livre de chasse?

— Oui.

— Prenez-le, et apportez-le-moi.

Catherine, malgré son assurance, pâlit, trembla de tous ses membres, et allongeant la main dans l'intérieur du coffre :

— Fatalité! murmura-t-elle en prenant le livre.

— Bien, dit Charles. Écoutez maintenant : ce livre de chasse... j'étais insensé... j'aimais la chasse, au-dessus de toutes choses... ce livre de chasse, je l'ai trop lu; comprenez-vous, madame?...

Catherine poussa un gémissement sourd.

— C'était une faiblesse, continua Charles; brû-

lez-le, madame! Il ne faut pas qu'on sache les faiblesses des rois!

Catherine s'approcha de la cheminée ardente, laissa tomber le livre au milieu du foyer, et demeura debout, immobile et muette, regardant d'un œil atone les flammes bleuissantes qui rongeaient les feuilles empoisonnées.

A mesure que le livre brûlait, une forte odeur d'ail se répandait dans toute la chambre.

Bientôt il fut entièrement dévoré.

— Et, maintenant, madame, appelez mon frère, dit Charles avec une irrésistible majesté.

Catherine, frappée de stupeur, écrasée sous une émotion multiple que sa profonde sagacité ne pouvait analyser, et que sa force presque surhumaine ne pouvait combattre, fit un pas en avant et voulut parler.

La mère avait un remords; la reine avait une terreur; l'empoisonneuse avait un retour de haine.

Ce dernier sentiment domina tous les autres.

— Maudit soit-il! s'écria-t-elle en s'élançant hors de la chambre; il triomphe, il touche au but; oui, maudit, qu'il soit maudit!

— Vous entendez, mon frère, mon frère Henri! cria Charles poursuivant sa mère de la voix; mon frère Henri, à qui je veux parler à l'instant même au sujet de la régence du royaume!

Presque au même instant maître Ambroise Paré entra par la porte opposée à celle qui venait de donner passage à Catherine; et, s'arrêtant sur le seuil pour humer l'atmosphère alliacée de la chambre :

— Qui donc a brûlé de l'arsenic? dit-il.

— Moi! répondit Charles.

XXXIV

LA PLATE-FORME DU DONJON DE VINCENNES.

ependant, Henri de Navarre se promenait seul et rêveur sur la terrasse du donjon; il savait la cour au château, qu'il voyait à cent pas de lui, et, à travers les murailles, son œil perçant devinait Charles moribond.

Il faisait un temps d'azur et d'or : un large rayon de soleil miroitait dans les plaines éloignées, tandis qu'il baignait d'un or fluide la cime des arbres de la forêt, fiers de la richesse de leur premier feuillage. Les pierres grises du donjon elles-mêmes semblaient s'imprégner de la douce chaleur du ciel, et des ravenelles, apportées par le souffle du vent d'est dans les fentes de la muraille, ouvraient leurs disques de velours rouge et jaune aux baisers d'une brise attiédie.

Mais le regard de Henri ne se fixait ni sur ces plaines verdoyantes, ni sur ces cimes chenues et dorées : son regard franchissait les espaces intermédiaires et allait au delà se fixer ardent d'ambition sur cette capitale de la France, destinée à devenir un jour la capitale du monde.

— Paris, murmurait le roi de Navarre, voilà Paris ; c'est-à-dire la joie, le triomphe, la gloire, le pouvoir et le bonheur; Paris, où est le Louvre, et le Louvre, où est le trône; et dire qu'une seule chose me sépare de ce Paris tant désiré, ce sont les pierres qui rampent à mes pieds et qui renferment avec moi mon ennemie !

Et, en ramenant son regard de Paris à Vincennes, il aperçut à sa gauche, dans un vallon voilé par des amandiers en fleurs, un homme sur la cuirasse duquel se jouait obstinément un rayon de soleil, point enflammé qui voltigeait dans l'espace à chaque mouvement de cet homme.

Cet homme était sur un cheval plein d'ardeur, et tenait en main un cheval qui paraissait non moins impatient.

Le roi de Navarre arrêta ses yeux sur le cavalier et le vit tirer son épée hors du fourreau, passer la pointe dans son mouchoir, et agiter ce mouchoir en façon de signal.

Au même instant, sur la colline en face, un signal pareil se répéta, puis tout autour du château voltigea comme une ceinture de mouchoirs.

C'était de Mouy et ses huguenots, qui, sachant le roi mourant, et qui, craignant qu'on ne tentât quelque chose contre Henri, s'étaient réunis et se tenaient prêts à défendre ou à attaquer.

Henri reporta ses yeux sur le cavalier qu'il avait vu le premier, se courba hors de la balustrade, couvrit ses yeux de sa main, et, brisant ainsi les rayons du soleil qui l'éblouissaient, reconnut le jeune huguenot.

— De Mouy ! s'écria-t-il comme si celui-ci eût pu l'entendre.

Et, dans sa joie de se voir ainsi environné d'amis, il leva lui-même son chapeau et fit voltiger son écharpe.

Toutes les banderoles blanches s'agitèrent de nouveau avec une vivacité qui témoignait de leur joie.

— Hélas ! ils m'attendent, dit-il, et je ne puis les rejoindre... Que ne l'ai-je fait quand je le pouvais peut-être?... Maintenant j'ai trop tardé.

Et il leur fit un geste de désespoir, auquel de Mouy répondit par un signe qui voulait dire *j'attendrai*.

En ce moment, Henri entendit des pas qui retentissaient dans l'escalier de pierre. Il se retira vivement. Les huguenots comprirent la cause de cette retraite. Les épées rentrèrent au fourreau, et les mouchoirs disparurent.

Henri vit déboucher de l'escalier une femme dont la respiration haletante dénonçait une marche rapide, et reconnut, non sans cette secrète terreur qu'il éprouvait toujours en l'apercevant, Catherine de Médicis.

Derrière elle étaient deux gardes qui s'arrêtèrent au haut de l'escalier.

— Oh ! oh ! murmura Henri, il faut qu'il y ait quelque chose de nouveau et de grave pour que la reine mère vienne ainsi me chercher sur la plate-forme du donjon de Vincennes.

Catherine s'assit sur un banc de pierre adossé aux créneaux pour reprendre haleine.

Henri s'approcha d'elle, et, avec son plus gracieux sourire :

— Serait-ce moi que vous cherchez, ma bonne mère? dit-il.

— Oui, monsieur, répondit Catherine; j'ai voulu vous donner une dernière preuve de mon attachement. Nous touchons à un moment suprême; le roi se meurt et veut vous entretenir.

— Moi ! dit Henri tressaillant de joie.

— Oui, vous. On lui a dit, j'en suis certaine, que non-seulement vous regrettez le trône de Navarre, mais encore que vous ambitionnez le trône de France.

— Oh ! fit Henri.

— Ce n'est pas, je le sais bien, mais il le croit, lui, et nul doute que cet entretien qu'il veut avoir avec vous n'ait pour but de vous tendre un piége.

— A moi ?

— Oui, Charles, avant de mourir, veut savoir ce qu'il y a à craindre ou à espérer de vous; et de votre réponse à ses offres, faites-y attention, dépendront les derniers ordres qu'il donnera, c'est-à-dire votre mort ou votre vie.

— Mais que doit-il donc m'offrir?

— Que sais-je, moi? des choses impossibles probablement.

— Enfin, ne devinez-vous pas, ma mère?

— Non ; mais je suppose, par exemple...

Catherine s'arrêta.

— Quoi?

— Je suppose que, vous croyant ces vues ambitieuses qu'on lui a dites, il veuille acquérir de votre bouche même la preuve de cette ambition. Supposez qu'il vous tente comme autrefois on tentait les coupables, pour provoquer un aveu sans torture, supposez, continua Catherine en regardant fixement Henri, qu'il vous propose un gouvernement, la régence même...

Une joie indicible s'épandit dans le cœur oppressé de Henri; mais il devina le coup, et cette âme vigoureuse et souple rebondit sous l'attaque.

— A moi? dit-il, le piége serait trop grossier ; à moi la régence quand il y a vous, quand il y a mon frère d'Alençon?

Catherine se pinça les lèvres pour cacher sa satisfaction.

— Alors, dit-elle vivement, vous renoncerez à la régence?

— Le roi est mort, pensa Henri, et c'est elle qui me tend un piége.

— Alors, dit-elle vivement, vous renoncerez à la régence ? — Page 172.

Puis, tout haut :

— Il faut d'abord que j'entende le roi de France, répondit-il, car, de votre aveu même, madame, tout ce que nous avons dit là n'est que supposition.

— Sans doute, dit Catherine ; mais vous pouvez toujours répondre de vos intentions.

— Eh ! mon Dieu ! dit innocemment Henri, n'ayant pas de prétentions, je n'ai pas d'intentions.

— Ce n'est point répondre, cela, dit Catherine, sentant que le temps pressait.

Et, se laissant emporter à sa colère :

— D'une façon ou de l'autre, prononcez-vous.

— Je ne puis me prononcer sur des suppositions, madame ; une résolution positive est chose si difficile et surtout si grave à prendre, qu'il faut attendre les réalités.

— Écoutez, monsieur, dit Catherine, il n'y a pas de temps à perdre, et nous le perdons en discussions vaines, en finesses réciproques. Jouons notre jeu en roi et en reine. Si vous acceptez la régence, vous êtes mort.

— Le roi vit, pensa Henri.

Puis, tout haut

— Madame, dit-il avec fermeté, Dieu tient la vie des hommes et des rois entre ses mains : il m'inspirera. Qu'on dise à Sa Majesté que je suis prêt à me présenter devant elle.

— Réfléchissez, monsieur.

— Depuis deux ans que je suis proscrit, depuis un mois que je suis prisonnier, répondit Henri gravement, j'ai eu le temps de réfléchir, madame, et j'ai réfléchi. Ayez donc la bonté de descendre la première près du roi et de lui dire que je vous suis. Ces deux braves, ajouta Henri en montrant les deux soldats, veilleront à ce que je ne m'échappe point. D'ailleurs, ce n'est point mon intention.

Il y avait un tel accent de fermeté dans les paroles de Henri, que Catherine vit bien que toutes ses tentatives, sous quelques formes qu'elles fussent déguisées, ne gagneraient rien sur lui ; elle descendit précipitamment.

Aussitôt qu'elle eut disparu, Henri courut au parapet et fit à de Mouy un signe qui voulait dire : Approchez-vous, et tenez-vous prêt à tout événement.

De Mouy, qui était descendu de cheval, sauta en selle, et, avec le second cheval de main, vint au galop prendre position à deux portées de mousquet du donjon.

Henri le remercia du geste et descendit.

Sur le premier palier, il trouva les deux soldats qui l'attendaient.

Un double poste de Suisses et de chevau-légers gardait l'entrée des cours, il fallait traverser une double haie de pertuisanes pour entrer au château et pour en sortir.

Catherine s'était arrêtée là et attendait.

Elle fit signe aux deux soldats qui suivaient Henri de s'écarter, et, posant une de ses mains sur son bras :

— Cette cour a deux portes, dit-elle ; à celle-ci que vous voyez derrière les appartements du roi, s vous refusez la régence, un bon cheval et la liberté vous attendent ; à celle-là, sous laquelle vous venez de passer, si vous écoutez l'ambition,... Que dites-vous ?

— Je dis que, si le roi me fait régent, madame, c'est moi qui donnerai des ordres aux soldats, et non pas vous. Je dis que, si je sors du château à la nuit, toutes ces piques, toutes ces hallebardes, tous ces mousquets, s'abaisseront devant moi.

— Insensé ! murmura Catherine exaspérée, crois-moi, ne joue pas avec Catherine ce terrible jeu de la vie et de la mort.

— Pourquoi pas ? dit Henri en regardant fixement Catherine ; pourquoi pas avec vous aussi bien qu'avec un autre, puisque j'y ai gagné jusqu'à présent ?

— Montez donc chez le roi, monsieur, puisque vous ne voulez rien croire et rien entendre, dit Catherine en lui montrant l'escalier d'une main et en jouant avec un des deux couteaux empoisonnés qu'elle portait dans cette gaîne de chagrin noir devenue historique.

— Passez la première, madame, dit Henri ; tant que je ne serai pas régent, l'honneur du pas vous appartient.

Catherine, devinée dans toutes ses intentions, n'essaya point de lutter, et passa la première.

XXXV

LA RÉGENCE.

L e roi commençait à s'impatienter. Il avait fait appeler M. de Nancey dans sa chambre, et venait de lui donner l'ordre d'aller chercher Henri lorsque celui-ci parut.

En voyant son beau-frère apparaître sur le seuil de la porte, Charles poussa un cri de joie, et Henri demeura épouvanté comme s'il se fût trouvé en face d'un cadavre.

Les deux médecins qui étaient à ses côtés s'éloignèrent ; le prêtre, qui venait d'exhorter le malheureux prince à une fin chrétienne, se retira également.

Charles IX n'était pas aimé, et cependant on pleurait beaucoup dans les antichambres. A la mort des rois, quels qu'ils aient été, il y a toujours des gens qui perdent quelque chose et qui craignent de ne pas retrouver ce quelque chose sous leur successeur.

Ce deuil, ces sanglots, les paroles de Catherine.

l'appareil sinistre et majestueux des derniers moments d'un roi ; enfin, la vue de ce roi lui-même, atteint d'une maladie qui s'est reproduite depuis, mais dont la science n'avait pas encore eu d'exemple, produisirent sur l'esprit encore jeune et, par conséquent, encore impressionnable de Henri un effet si terrible, que, malgré sa résolution de ne point donner de nouvelles inquiétudes à Charles sur son état, il ne put, comme nous l'avons dit, réprimer le sentiment de terreur qui se peignit sur son visage en apercevant ce moribond tout ruisselant de sang.

Charles sourit avec tristesse. Rien n'échappe aux mourants des impressions de ceux qui les entourent.

— Venez, Henriot, dit-il en tendant la main à son beau-frère avec une douceur de voix que Henri n'avait jamais remarquée en lui jusque-là. Venez, car je souffrais de ne pas vous voir ; je vous ai bien tourmenté dans ma vie, mon pauvre ami, et parfois, je me le reproche maintenant, croyez-moi ! parfois j'ai prêté les mains à ceux qui vous tourmentaient ; mais un roi n'est pas maître des événements, et, outre ma mère Catherine, outre mon frère d'Anjou, outre mon frère d'Alençon, j'avais au-dessus de moi, pendant ma vie, quelque chose de gênant, qui cesse du jour où je touche à la mort : la raison d'État.

— Sire, balbutia Henri, je ne me souviens plus de rien que de l'amour que j'ai toujours eu pour mon frère, que du respect que j'ai toujours porté à mon roi.

— Oui, oui, tu as raison, dit Charles, et je te suis reconnaissant de parler ainsi, Henriot ; car, en vérité, tu as beaucoup souffert sous mon règne, sans compter que c'est pendant mon règne que ta pauvre mère est morte. Mais tu as dû voir que l'on me poussait souvent. Parfois j'ai résisté, mais parfois aussi j'ai cédé de fatigue. Mais, tu l'as dit, ne parlons plus du passé ; maintenant, c'est le présent qui me pousse, c'est l'avenir qui m'effraye.

Et, en disant ces mots, le pauvre roi cacha son visage livide dans ses mains décharnées.

Puis, après un instant de silence, secouant son front pour en chasser ces sombres idées et faisant pleuvoir autour de lui une rosée de sang :

— Il faut sauver l'État, continua-t-il à voix basse et en s'inclinant vers Henri, il faut l'empêcher de tomber entre les mains des fanatiques ou des femmes.

Charles, comme nous venons de le dire, prononça ces paroles à voix basse, et cependant Henri crut entendre derrière la coulisse du lit comme une sourde exclamation de colère. Peut-être quelque ouverture, pratiquée dans la muraille, à l'insu de Charles lui-même, permettait-elle à Catherine d'entendre cette suprême conversation.

— Des femmes ? reprit le roi de Navarre pour provoquer une explication.

— Oui, Henri, dit Charles, ma mère veut la régence en attendant que mon frère de Pologne revienne. Mais, écoute ce que je te dis, il ne reviendra pas.

— Comment ! il ne reviendra pas ? s'écria Henri, dont le cœur bondissait sourdement de joie.

— Non, il ne reviendra pas, continua Charles, ses sujets ne le laisseront pas partir.

— Mais, dit Henri, croyez-vous, mon frère, que la reine mère ne lui aura pas écrit à l'avance ?

— Si fait, mais Nancey a surpris le courrier à Château-Thierry et m'a rapporté la lettre ; dans cette lettre, j'allais mourir, disait-elle. Mais, moi aussi j'ai écrit à Varsovie, ma lettre y arrivera, j'en suis sûr, et mon frère sera surveillé. Donc, selon toute probabilité, Henri, le trône va être vacant.

Un second frémissement, plus sensible encore que le premier, se fit entendre dans l'alcôve.

— Décidément, se dit Henri, elle est là ; elle écoute, elle attend !

Charles n'entendit rien.

— Or, poursuivit-il, je meurs sans héritier mâle.

Puis il s'arrêta : une douce pensée parut éclairer son visage, et, posant sa main sur l'épaule du roi de Navarre :

— Hélas ! te souviens-tu, Henriot, continua-t-il, te souviens-tu de ce pauvre petit enfant que je t'ai montré un soir dormant dans son berceau de soie, et veillé par un ange ? Hélas ! Henriot, ils me le tueront !!...

— O sire ! s'écria Henri, dont les yeux se mouillèrent de larmes, je vous jure devant Dieu que mes jours et mes nuits se passeront à veiller sur sa vie. Ordonnez, mon roi.

— Merci, Henriot, merci ! dit le roi avec une effusion qui était bien loin de son caractère, mais que cependant lui donnait la situation. J'accepte ta parole. N'en fais pas un roi... heureusement il n'est pas né pour le trône ; mais un homme heureux. Je lui laisse une fortune indépendante ; qu'il ait la noblesse de sa mère, celle du cœur. Peut-être vaudrait-il mieux pour lui qu'on le destinât à l'Église, il inspirerait moins de crainte. Oh ! il me semble que je mourrais, sinon heureux, du moins tranquille, si j'avais là, pour me consoler, les caresses de l'enfant et le doux visage de la mère.

— Sire, ne pouvez-vous les faire venir ?

— Eh ! malheureux ! ils ne sortiraient pas d'ici. Voilà la condition des rois, Henriot : ils ne peuvent ni vivre, ni mourir à leur guise. Mais, depuis ta promesse, je suis plus tranquille.

Henri réfléchit.

— Oui, sans doute, mon roi, j'ai promis, mais pourrai-je tenir ?

— Oui, la Régence à toi.

— Que veux-tu dire?

— Moi-même, ne serai-je pas proscrit, menacé comme lui, plus que lui, même? Car, moi, je suis un homme, et lui n'est qu'un enfant.

— Tu te trompes, répondit Charles; moi mort, tu seras fort et puissant, et voilà qui te donnera la force et la puissance.

A ces mots, le moribond tira un parchemin de son chevet.

— Tiens, lui dit-il.

Henri parcourut la feuille revêtue du sceau royal

— La régence à moi, sire! dit-il en pâlissant de joie.

— Oui, la régence à toi, en attendant le retour du duc d'Anjou, et comme, selon toute probabilité, le duc d'Anjou ne reviendra point, ce n'est pas la régence que te donne ce papier, c'est le trône.

— Le trône, à moi! murmura Henri.

— Oui, dit Charles, à toi, seul digne et surtout seul capable de gouverner ces galants débauchés, ces filles perdues qui vivent de sang et de larmes. Mon frère d'Alençon est un traître, il sera traître envers tous. Laisse-le dans le donjon où je l'ai mis.

Entre eux deux était couché le corps du roi moribond. — Page 179.

Ma mère voudra te tuer, exile-la. Mon frère d'Anjou, dans trois mois, dans quatre mois, dans un an peut-être, quittera Varsovie et viendra te disputer la puissance, réponds à Henri par un bref du pape. J'ai négocié cette affaire par mon ambassadeur le duc de Nevers, et tu recevras incessamment le bref.

— O mon roi !

— Ne crains qu'une chose, Henri, la guerre civile. Mais, en restant converti, tu l'évites; car le parti huguenot n'a de consistance qu'à la condition

que tu te mettras à sa tête, et M. de Condé n'est pas de force à lutter contre toi. La France est un pays de plaine, Henri, par conséquent, un pays catholique. Le roi de France doit être le roi des catholiques et non le roi des huguenots; car le roi de France doit être le roi de la majorité. On dit que j'ai des remords d'avoir fait la Saint-Barthélemy; — des doutes, oui; — des remords, — non. On dit que je rends le sang des huguenots par tous les pores. Je sais ce que je rends, de l'arsenic et non du sang.

2

— Oh ! sire, que dites-vous?

— Rien. Si ma mort doit être vengée, Henriot, elle doit être vengée par Dieu seul. N'en parlons plus que pour prévoir les événements qui en seront la suite. Je te lègue un bon parlement, une armée éprouvée. Appuie-toi sur le parlement et sur l'armée pour résister.à tes seuls ennemis : ma mère et le duc d'Alençon.

En ce moment, on entendit dans le vestibule un bruit sourd d'armes et de commandements militaires.

— Je suis mort, murmura Henri.

— Tu crains, tu hésites? dit Charles avec inquiétude.

— Moi ! sire, répliqua Henri ; non, je ne crains pas; non, je n'hésite pas; j'accepte.

Charles lui serra la main. Et comme, en ce moment, sa nourrice s'approchait de lui, tenant une potion qu'elle venait de préparer dans la chambre voisine, sans faire attention que le sort de la France se décidait à trois pas d'elle :

— Appelle ma mère, bonne nourrice, et dis aussi qu'on fasse venir M. d'Alençon.

XXXVI

LE ROI EST MORT · VIVE LE ROI !

atherine et le duc d'Alençon, livides d'effroi et tremblants de fureur tout ensemble, entrèrent quelques minutes après. Comme Henri l'avait deviné, Catherine savait tout et avait tout dit, en peu de mots, à François. Ils firent quelques pas et s'arrêtèrent attendant.

Henri était debout au chevet du lit de Charles.

Le roi leur déclara sa volonté.

— Madame, dit-il à sa mère, si j'avais un fils, vous seriez régente, ou, à défaut de vous, ce serait le roi de Pologne, ou, à défaut du roi de Pologne enfin, ce serait mon frère François; mais je n'ai pas de fils, et, après moi, le trône appartient à mon frère le duc d'Anjou, qui est absent. Comme, un jour ou l'autre, il viendra réclamer ce trône, je ne veux pas qu'il trouve à sa place un homme qui puisse, par des droits presque égaux, lui disputer ses droits, et qui expose par conséquent le royaume à des guerres de prétendants. Voilà pourquoi je ne vous prends pas pour régente, madame, car vous auriez à choisir entre vos deux fils, ce qui serait pénible pour le cœur d'une mère. Voilà pourquoi je ne choisis pas mon frère François, car mon frère François pourrait dire à son aîné : « Vous aviez un trône, pourquoi l'avez-vous quitté? » Non, je choisis donc un régent qui puisse prendre en dépôt la couronne et qui la garde sous sa main et non sur sa

tête. Ce régent, saluez-le, madame; saluez-le, mon frère ; ce régent, c'est le roi de Navarre.

Et, avec un geste de suprême commandement, il salua Henri de la main.

Catherine et d'Alençon firent un mouvement qui tenait le milieu entre un tressaillement nerveux et un salut.

— Tenez, monseigneur le régent, dit Charles au roi de Navarre, voici le parchemin qui, jusqu'au retour du roi de Pologne, vous donne le commandement des armées, les clefs du trésor, le droit et le pouvoir royal.

Catherine dévorait Henri du regard, François était si chancelant, qu'il pouvait à peine se soutenir; mais cette faiblesse de l'un et cette fermeté de l'autre, au lieu de rassurer Henri, lui montraient le danger présent, debout, menaçant.

Henri n'en fit pas moins un effort violent, et, surmontant toutes ses craintes, il prit le rouleau des mains du roi, et, se redressant de toute sa hauteur, il fixa sur Catherine et François un regard qui voulait dire :

— Prenez garde, je suis votre maître.

Catherine comprit ce regard.

— Non, non, jamais, dit-elle, jamais ma race ne pliera la tête sous une race étrangère; jamais un Bourbon ne régnera en France tant qu'il restera un Valois.

— Ma mère, ma mère ! s'écria Charles IX en se redressant dans son lit aux draps rougis, plus effrayant que jamais, prenez garde, je suis roi encore:

pas pour longtemps, je le sais bien ; mais il ne faut pas longtemps pour donner un ordre, il ne faut pas longtemps pour punir les meurtriers et les empoisonneurs.

— Eh bien ! donnez-le donc, cet ordre, si vous l'osez. Moi, je vais donner les miens. Venez, François, venez.

Et elle sortit rapidement, entraînant avec elle le duc d'Alençon.

— Nancey ! cria Charles; Nancey, à moi, à moi ! je l'ordonne, je le veux, Nancey, arrêtez ma mère, arrêtez mon frère, arrêtez...

Une gorgée de sang coupa la parole à Charles au moment où le capitaine des gardes ouvrit la porte, et le roi suffoqué râla sur son lit.

Nancey n'avait entendu que son nom ; les ordres qui l'avaient suivi, prononcés d'une voix moins distincte, s'étaient perdus dans l'espace.

— Gardez la porte, dit Henri, et ne laissez entrer personne.

Nancey salua et sortit.

Henri reporta ses yeux sur ce corps inanimé et qu'on eût pu prendre pour un cadavre si un léger souffle n'eût agité la frange d'écume qui bordait ses lèvres.

Il regarda longtemps; puis, se parlant à lui-même :

— Voici l'instant suprême, dit-il, faut-il régner, faut-il vivre?

Au même instant, la tapisserie de l'alcôve se souleva, une tête pâlie apparut derrière, et une voix vibra au milieu du silence de mort qui régnait dans la chambre royale :

— Vivez ! dit cette voix.

— René ! s'écria Henri.

— Oui, sire.

— Ta prédiction était donc fausse : je ne serai donc pas roi? s'écria Henri.

— Vous le serez, sire, mais l'heure n'est pas encore venue.

— Comment le sais-tu? parle, que je sache si je dois te croire.

— Écoutez.

— J'écoute.

— Baissez-vous.

Henri s'inclina au-dessus du corps de Charles. René se pencha de son côté. La largeur du lit les séparait seule, et encore la distance était-elle diminuée par leur double mouvement.

Entre eux deux était couché, et toujours sans voix et sans mouvement, le corps du roi moribond.

— Écoutez, dit René : placé ici par la reine mère pour vous perdre, j'aime mieux vous servir, moi, car j'ai confiance en votre horoscope; en vous servant, je trouve à la fois, dans ce que je fais, l'intérêt de mon corps et de mon âme.

— Est-ce la reine mère aussi qui t'a ordonné de me dire cela? demanda Henri plein de doute et d'angoisses.

— Non, dit René; mais écoutez un secret.

Et il se pencha encore davantage. Henri l'imita, de sorte que les deux têtes se touchaient presque.

Cet entretien de deux hommes, courbés sur le corps d'un roi mourant, avait quelque chose de si sombre, que les cheveux du superstitieux Florentin se dressaient sur sa tête et qu'une sueur abondante perlait sur le visage de Henri.

— Écoutez, continua René, écoutez un secret que je sais seul, et que je vous révèle si vous me jurez, sur ce mourant, de me pardonner la mort de votre mère.

— Je vous l'ai déjà promis une fois, dit Henri, dont le visage s'assombrit.

— Promis, mais non juré, dit René en faisant un mouvement en arrière.

— Je le jure, dit Henri étendant la main droite sur la tête du roi.

— Eh bien! sire, dit précipitamment le Florentin, le roi de Pologne arrive!

— Non, dit Henri, le courrier a été arrêté par le roi Charles.

— Le roi Charles n'en a arrêté qu'un sur la route de Château-Thierry; mais la reine mère, dans sa prévoyance, en avait envoyé trois par trois routes.

— Oh ! malheur à moi ! dit Henri.

— Un messager est arrivé ce matin de Varsovie. Le roi partait derrière lui sans que personne songeât à s'y opposer, car, à Varsovie, on ignorait encore la maladie du roi. Il ne précède Henri d'Anjou que de quelques heures.

— Oh ! si j'avais seulement huit jours, dit Henri.

— Oui, mais vous n'avez pas huit heures. Avez-vous entendu le bruit des armes que l'on préparait?

— Oui.

— Ces armes, on les préparait à votre intention. Ils viendront vous tuer jusqu'ici, jusque dans la chambre du roi. *

— Le roi n'est pas mort encore.

René regarda fixement Charles :

— Dans dix minutes il le sera. Vous avez donc dix minutes à vivre, peut-être moins.

— Que faire alors?

— Fuir sans perdre une minute, sans perdre une seconde.

— Mais par où? s'ils attendent dans l'antichambre, ils me tueront quand je sortirai.

— Écoutez : je risque tout pour vous, ne l'oubliez jamais.

— Sois tranquille.

— Suivez-moi par ce passage secret, je vous conduirai jusqu'à la poterne. Puis, pour vous donner du temps, j'irai dire à la reine mère que vous descendez; vous serez censé avoir découvert ce passage secret et en avoir profité pour fuir : venez, venez.

Henri se baissa vers Charles et l'embrassa au front.

— Adieu, mon frère, dit-il, je n'oublierai point que ton dernier désir fut de me voir te succéder. Je n'oublierai pas que ta dernière volonté fut de me faire roi. Meurs en paix. Au nom de nos frères, je te pardonne le sang versé.

— Alerte! alerte! dit René, il revient à lui; fuyez avant qu'il ne rouvre les yeux, fuyez.

— Nourrice! murmura Charles, nourrice!

Henri saisit au chevet de Charles l'épée désormais inutile du roi mourant, mit le parchemin qui le faisait régent dans sa poitrine, baisa une dernière fois le front de Charles, tourna autour du lit, et s'élança par l'ouverture qui se referma derrière lui.

— Nourrice! cria le roi d'une voix plus forte, nourrice!

La bonne femme accourut.

— Eh bien! qu'y a-t-il, mon Charlot? demanda-t-elle.

— Nourrice, dit le roi la paupière ouverte et l'œil dilaté par la fixité terrible de la mort, il faut qu'il se soit passé quelque chose pendant que je dormais; je vois une grande lumière, je vois Dieu notre maître; je vois monseigneur Jésus, je vois la benoîte vierge Marie. Ils le prient, ils le supplient pour moi: le Seigneur tout-puissant me pardonne... il m'appelle... Mon Dieu! mon Dieu! recevez-moi dans votre miséricorde... Mon Dieu! oubliez que j'étais roi, car je viens à vous sans sceptre et sans couronne... Mon Dieu! oubliez les crimes du roi pour ne vous rappeler que les souffrances de l'homme... Mon Dieu! me voilà.

Et Charles, qui, à mesure qu'il prononçait ces paroles, s'était soulevé de plus en plus comme pour aller au-devant de la voix qui l'appelait, Charles, après ces derniers mots, poussa un soupir et retomba immobile et glacé entre les bras de sa nourrice.

Pendant ce temps, et tandis que les soldats, commandés par Catherine, se portaient sur le passage connu de tous par lequel Henri devait sortir, Henri, guidé par René, suivait le couloir secret, et gagnait la poterne, sautait sur le cheval qui l'attendait, et piquait vers l'endroit où il savait retrouver de Mouy.

Tout à coup, au bruit de son cheval, dont le galop faisait retentir le pavé sonore, quelques sentinelles se retournèrent en criant:

— Il fuit! il fuit!

— Qui cela? s'écria la reine mère en s'approchant d'une fenêtre.

— Le roi Henri, le roi de Navarre! crièrent les sentinelles.

— Feu, dit Catherine, feu sur lui!

Les sentinelles ajustèrent, mais Henri était déjà trop loin.

— Il fuit, s'écria la reine mère, donc, il est vaincu.

— Il fuit, murmura le duc d'Alençon, donc, je suis roi.

Mais, au même instant, et tandis que François et sa mère étaient encore à la fenêtre, le pont-levis craqua sous les pas des chevaux, et, précédé par un cliquetis d'armes et par une grande rumeur, un jeune homme, lancé au galop, son chapeau à la main, entra dans la cour en criant: *France!* suivi de quatre gentilshommes, couverts comme lui de sueur, de poussière et d'écume.

— Mon fils! s'écria Catherine en étendant les deux bras par la fenêtre.

— Ma mère! répondit le jeune homme en sautant à bas du cheval.

— Mon frère d'Anjou, s'écria avec épouvante François en se rejetant en arrière.

— Est-il trop tard? demanda Henri d'Anjou à sa mère.

— Non, au contraire, il est temps, et Dieu t'eût conduit par la main qu'il ne t'eût pas amené plus à propos; regarde et écoute.

En effet, M. de Nancey, capitaine des gardes, s'avançait sur le balcon de la chambre du roi.

Tous les regards se tournèrent vers lui.

Il brisa une baguette en deux morceaux, et, les bras étendus, tenant les deux morceaux de chaque main:

— Le roi Charles IX est mort! le roi Charles IX est mort! le roi Charles IX est mort! cria-t-il trois fois.

Et il laissa tomber les deux morceaux de la baguette.

— Vive le roi Henri III! cria alors Catherine en se signant avec une pieuse reconnaissance. Vive le roi Henri III!

Toutes les voix répétèrent ce cri, excepté celle du duc François.

— Ah! elle m'a joué, dit-il en déchirant sa poitrine avec ses ongles.

— Je l'emporte, s'écria Catherine, et cet odieux Béarnais ne régnera pas!

XXXVII

ÉPILOGUE.

n an s'était écoulé depuis la mort du roi Charles IX et l'avénement au trône de son successeur.

Le roi Henri III, heureusement régnant par la grâce de Dieu et de sa mère Catherine, était allé à une belle procession faite en l'honneur de Notre-Dame de Cléry.

Il était parti à pied avec la reine sa femme et toute la cour.

Le roi Henri III pouvait bien se donner ce petit passe-temps; nul souci sérieux ne l'occupait à cette heure. Le roi de Navarre était en Navarre, où il avait si longtemps désiré être, et s'occupait fort, disait-on, d'une belle fille du sang des Montmorency, et qu'il appelait la Fosseuse. Marguerite était près de lui, triste et sombre, et ne trouvant que dans ses belles montagnes, non pas une distraction, mais un adoucissement aux deux grandes douleurs de la vie: l'absence et la mort.

Paris était fort tranquille, et la reine mère, véritablement régente depuis que son cher fils Henri était roi, y faisait séjour tantôt au Louvre, tantôt à l'hôtel de Soissons, qui était situé sur l'emplacement que couvre aujourd'hui la halle au blé, et dont il ne reste que l'élégante colonne qu'on peut voir encore aujourd'hui.

Elle était un soir fort occupée à étudier les astres avec René, dont elle avait toujours ignoré les petites trahisons, et qui était rentré en grâce auprès d'elle pour le faux témoignage qu'il avait si à point porté dans l'affaire de Coconnas et la Mole, lorsqu'on vint lui dire qu'un homme qui disait avoir une chose de la plus haute importance à lui communiquer, l'attendait dans son oratoire.

Elle descendit précipitamment et trouva le sire de Maurevel.

— *Il* est ici, s'écria l'ancien capitaine des pétardiers, ne laissant point, contre l'étiquette royale, le temps à Catherine de lui adresser la parole.

— Qui, *il?* demanda Catherine.

— Qui voulez-vous que ce soit, madame, sinon le roi de Navarre?

— Ici! dit Catherine, ici... lui... Henri!... et qu'y vient-il faire, l'imprudent?

— Si l'on en croit les apparences, il vient voir madame de Sauve; voilà tout. Si l'on en croit les probabilités, il vient conspirer contre le roi.

— Et comment savez-vous qu'il est ici?

— Hier, je l'ai vu entrer dans une maison, et, un instant après, madame de Sauve est venue l'y joindre.

— Êtes-vous sûr que ce soit lui?

— Je l'ai attendu jusqu'à sa sortie, c'est-à-dire une partie de la nuit. A trois heures, les deux amants se sont remis en chemin. Le roi a conduit madame de Sauve jusqu'au guichet du Louvre; là, grâce au concierge, qui est dans ses intérêts sans doute, elle est rentrée sans être inquiétée, et le roi s'en est revenu tout en chantonnant un petit air et d'un pas aussi dégagé que s'il était au milieu de ses montagnes.

— Et où est-il allé ainsi?

— Rue de l'Arbre-Sec, hôtel de la Belle-Étoile, chez ce même aubergiste où logeaient les deux sorciers que Votre Majesté a fait exécuter l'an passé.

— Pourquoi n'êtes-vous pas venu me dire la chose aussitôt?

— Parce que je n'étais pas encore assez sûr de mon fait.

— Tandis que maintenant?

— Maintenant, je le suis.

— Tu l'as vu?

— Parfaitement. J'étais embusqué chez un marchand de vin en face; je l'ai vu entrer d'abord dans la même maison que la veille; puis, comme madame de Sauve tardait, il a mis imprudemment son visage au carreau d'une fenêtre du premier, et, cette fois, je n'ai plus conservé aucun doute. D'ailleurs, un instant après, madame de Sauve l'est venue rejoindre de nouveau.

— Et tu crois qu'ils resteront, comme la nuit passée, jusqu'à trois heures du matin?

— C'est probable.

— Où est donc cette maison?

— Près de la Croix-des-Petits-Champs, vers Saint-Honoré.

— Je suis prêt, madame.

— Bien, dit Catherine. M. de Sauve ne connaît point votre écriture?

— Non.

— Asseyez-vous là et écrivez.

Maurevel obéit, et prenant la plume :

— Je suis prêt, madame, dit-il.

Catherine dicta :

« Pendant que le baron de Sauve fait son service « au Louvre, la baronne est avec un muguet de ses « amis, dans une maison proche de la Croix-des- « Petits-Champs, vers Saint-Honoré : le baron de

« Sauve reconnaîtra la maison à une croix rouge « qui sera faite sur la muraille. »

— Eh bien? demanda Maurevel.

— Faites une seconde copie de cette lettre, dit Catherine.

Maurevel obéit passivement.

— Maintenant, dit la reine, faites remettre une de ces lettres par un homme adroit au baron de Sauve, et que cet homme laisse tomber l'autre dans les corridors du Louvre.

— Je ne comprends pas, dit Maurevel.

— Vous n'avez pas été suivie? dit-il. — Page 184.

Catherine haussa les épaules.

— Vous ne comprenez pas qu'un mari qui reçoit une pareille lettre se fâche?

— Mais il me semble, madame, que du temps du roi de Navarre il ne se fâchait pas.

— Tel qui passe des choses à un roi ne les passe peut-être pas à un simple galant. D'ailleurs, s'il ne se fâche pas, vous vous fâcherez pour lui, vous.

— Moi?

— Sans doute. Vous prenez quatre hommes, six hommes s'il le faut, vous vous masquez, vous en-foncez la porte, comme si vous étiez les envoyés du baron, vous surprenez les amants au milieu de leur tête-à-tête, vous frappez au nom du mari, et, le len-demain, le billet perdu dans le corridor du Lou-vre, et trouvé par quelque âme charitable qui l'a déjà fait circuler, atteste que c'est le mari qui s'est vengé. Seulement, le hasard a fait que le galant était le roi de Navarre; mais qui pouvait deviner cela, quand chacun le croyait à Pau?

Maurevel regarda avec admiration Catherine, s'inclina et sortit.

En même temps que Maurevel sortait de l'hôtel

de Soissons, madame de Sauve entrait dans la petite maison de la Croix-des-Petits-Champs.

Henri l'attendait la porte entr'ouverte.

Dès qu'il l'aperçut dans l'escalier :

— Vous n'avez pas été suivie? dit-il.

— Mais non, dit Charlotte, que je sache, du moins.

— C'est que je crois l'avoir été, dit Henri, non-seulement cette nuit, mais encore ce soir.

— Oh! mon Dieu! dit Charlotte, vous m'effrayez, sire; si un bon souvenir donné par vous à une ancienne amie allait tourner à mal pour vous, je ne m'en consolerais pas.

— Soyez tranquille, ma mie, dit le Béarnais, nous avons trois épées qui veillent dans l'ombre.

— Trois, c'est bien peu, sire.

— C'est assez quand ces épées s'appellent de Mouy, Saucourt et Barthélemy.

— De Mouy est donc avec vous à Paris?

— Sans doute.

— Il a osé revenir dans la capitale! Il a donc, comme vous, quelque pauvre femme folle de lui?

— Non, mais il a un ennemi dont il a juré la mort. Il n'y a que la haine, ma chère, qui fasse faire autant de sottises que l'amour.

— Merci, sire.

— Oh! dit Henri, je ne dis pas cela pour les sottises présentes, je dis cela pour les sottises passées et à venir. Mais ne discutons pas là-dessus, nous n'avons pas de temps à perdre.

— Vous partez donc toujours?

— Cette nuit.

— Les affaires pour lesquelles vous étiez revenu à Paris sont donc terminées?

— Je n'y suis revenu que pour vous.

— Gascon!

— Ventre-saint-gris! ma mie, je dis la vérité; mais écartons ces souvenirs : j'ai encore deux ou trois heures à être heureux, et puis, une séparation éternelle.

— Ah! sire, dit madame de Sauve, il n'y a d'éternel que mon amour.

Henri venait de dire qu'il n'avait pas le temps de discuter, il ne discuta donc point; il crut, ou, le sceptique qu'il était, il fit semblant de croire.

Cependant, comme l'avait dit le roi de Navarre, de Mouy et ses deux compagnons étaient cachés aux environs de la maison. Il était convenu que Henri sortirait à minuit de la petite maison au lieu d'en sortir à trois heures, qu'on irait comme la veille reconduire madame de Sauve au Louvre, et que de là on irait rue de la Cerisaie, où demeurait Maurevel.

C'était seulement pendant la journée qui venait de s'écouler que de Mouy avait enfin eu notion certaine de la maison qu'habitait son ennemi.

Ils étaient là depuis une heure à peu près lorsqu'ils virent un homme, suivi à quelques pas de cinq autres, qui s'approchait de la porte de la petite maison, et qui, l'une après l'autre, essayait plusieurs clefs.

A cette vue, de Mouy, caché dans l'enfoncement d'une porte voisine, ne fit qu'un bond de sa cachette à cet homme, et le saisit par le bras.

— Un instant, dit-il, on n'entre pas là.

L'homme fit un bond en arrière, et, en bondissant, son chapeau tomba.

— De Mouy de Saint-Phale! s'écria-t-il.

— Maurevel! hurla le huguenot en levant son épée. Je te cherchais; tu viens au-devant de moi merci!

Mais la colère ne lui fit pas oublier Henri, et, se retournant vers la fenêtre, il siffla à la manière des pâtres béarnais.

— Cela suffira, dit-il à Saucourt. Maintenant, à moi, assassin! à moi!

Et il s'élança vers Maurevel.

Celui-ci avait eu le temps de tirer de sa ceinture un pistolet.

— Ah! cette fois, dit le tueur du roi en ajustant le jeune homme, je crois que tu es mort.

Et il lâcha le coup. Mais de Mouy se jeta à droite, et la balle passa sans l'atteindre.

— A mon tour maintenant, s'écria le jeune homme.

Et il fournit à Maurevel un si rude coup d'épée, que, quoique ce coup atteignît sa ceinture de cuir, la pointe acérée traversa l'obstacle et s'enfonça dans les chairs.

L'assassin poussa un cri sauvage qui accusait une si profonde douleur, que les sbires qui l'accompagnaient le crurent frappé à mort et s'enfuirent épouvantés du côté de la rue Saint-Honoré.

Maurevel n'était point brave. Se voyant abandonné par ses gens et ayant devant lui un adversaire comme de Mouy, il essaya à son tour de prendre la fuite et se sauva par le même chemin qu'ils avaient pris en criant : A l'aide!

De Mouy, Saucourt et Barthélemy, emportés par leur ardeur, les poursuivirent.

Comme ils entraient dans la rue de Grenelle, qu'ils avaient prise pour leur couper le chemin, une fenêtre s'ouvrait, et un homme sautait du premier étage sur la terre fraîchement arrosée par la pluie.

C'était Henri.

Le sifflement de de Mouy l'avait averti d'un danger quelconque, et ce coup de pistolet, en lui indiquant que le danger était grave, l'avait attiré au secours de ses amis.

Ardent, vigoureux, il s'élança sur leurs traces l'épée à la main.

Un cri le guida : il venait de la barrière des Sergents. C'était Maurevel, qui, se sentant pressé par de Mouy, appelait une seconde fois à son secours ses hommes emportés par la terreur.

Il fallait se retourner ou être poignardé par derrière. Maurevel se retourna, rencontra le fer de son ennemi, et, presque aussitôt, lui porta un coup si habile, que son écharpe en fut traversée. Mais de Mouy riposta aussitôt. L'épée s'enfonça de nouveau dans la chair qu'elle avait déjà entamée, et un double jet de sang s'élança par une double plaie.

— Il en tient! cria Henri, qui arrivait. Sus! sus! de Mouy!

De Mouy n'avait pas besoin d'être encouragé. Il chargea de nouveau Maurevel; mais celui-ci ne l'attendit point. Appuyant sa main gauche sur sa blessure, il reprit une course désespérée.

— Tue-le vite! tue-le! cria le roi; voici ses soldats qui s'arrêtent, et le désespoir des lâches ne vaut rien pour les braves.

Maurevel, dont les poumons éclataient, dont la respiration sifflait, dont chaque haleine chassait une sueur sanglante, tomba tout à coup d'épuisement; mais aussitôt il se releva, et, se retournant sur un genou, il présenta la pointe de son épée à de Mouy.

— Amis! amis! cria Maurevel, ils ne sont que deux. Feu, feu sur eux!

En effet, Saucourt et Barthélemy s'étaient égarés à la poursuite de deux sbires qui avaient pris par la rue des Poulies, et le roi et de Mouy se trouvaient seuls en présence de quatre hommes.

— Feu! continuait de hurler Maurevel, tandis qu'un de ses soldats apprêtait effectivement son poitrinal.

— Oui, mais auparavant, dit de Mouy, meurs, traître, meurs, misérable, meurs damné comme un assassin.

Et, saisissant d'une main l'épée tranchante de Maurevel, de l'autre il plongea la sienne du haut en bas dans la poitrine de son ennemi, et cela avec tant de force, qu'il le cloua contre terre.

— Prends garde, prends garde! cria Henri.

De Mouy fit un bond en arrière, laissant son épée dans le corps de Maurevel, car un soldat l'ajustait et allait le tuer à bout portant.

En même temps, Henri passait son épée au travers du corps du soldat, qui tomba près de Maurevel en jetant un cri.

Les deux autres soldats prirent la fuite.

— Viens! de Mouy, viens! cria Henri. Ne perdons pas un instant, si nous étions reconnus, ce serait fait de nous.

— Attendez, sire; et mon épée, croyez-vous que je veuille la laisser dans le corps de ce misérable?

Et il s'approcha de Maurevel gisant et en apparence sans mouvement; mais, au moment où de Mouy mettait la main à la garde de cette épée qui, effectivement, était restée dans le corps de Maurevel, celui-ci se releva armé du poitrinal que le soldat avait lâché en tombant, et, à bout portant, il lâcha le coup au milieu de la poitrine de de Mouy.

Le jeune homme tomba sans même pousser un cri : il était tué roide.

Henri s'élança sur Maurevel; mais il était tombé à son tour, et son épée ne perça plus qu'un cadavre.

Il fallait fuir; le bruit avait attiré un grand nombre de personnes, la garde de nuit pouvait venir. Henri chercha, parmi les curieux attirés par le bruit, une figure de connaissance, et, tout à coup, poussa un cri de joie.

Il venait de reconnaître maître la Hurière.

Comme la scène se passait au pied de la croix du Trahoir, c'est-à-dire en face de la rue de l'Arbre-Sec, notre ancienne connaissance, dont l'humeur naturellement sombre s'était encore singulièrement attristée depuis la mort de la Mole et de Coconas, ses deux hôtes bien-aimés, avait quitté ses fourneaux et ses casseroles au moment où justement il apprêtait le souper du roi de Navarre et était accouru.

— Mon cher la Hurière, je vous recommande de Mouy, quoique j'aie bien peur qu'il n'y ait plus rien à faire. Emportez-le chez vous, et, s'il vit encore, n'épargnez rien, voilà ma bourse. Quant à l'autre, laissez-le dans le ruisseau, et qu'il y pourrisse comme un chien.

— Mais vous? dit la Hurière.

— Moi, j'ai un adieu à dire. Je cours, et, dans dix minutes, je suis chez vous. Tenez mes chevaux prêts.

Et Henri se mit effectivement à courir dans la direction de la petite maison de la Croix-des-Petits-Champs; mais, en débouchant de la rue de Grenelle, il s'arrêta plein de terreur.

Un groupe nombreux était amassé devant la porte.

— Qu'y a-t-il dans cette maison, demanda Henri, et qu'est-il arrivé?

— Oh! répondit celui auquel il s'adressait, un grand malheur, monsieur. C'est une belle jeune femme qui vient d'être poignardée par son mari, à qui l'on avait remis un billet pour le prévenir que sa femme était avec un amant.

— Et le mari? s'écria Henri.

— Il est sauvé.

— La femme?

— Elle est là.

— Morte?

— Pas encore; mais, Dieu merci, elle n'en vaut guère mieux.

— Oh! s'écria Henri, je suis donc maudit?

Et il s'élança dans la maison.

La chambre était pleine de monde, tout ce monde entourait un lit sur lequel était couchée la pauvre Charlotte, percée de deux coups de poignard.

Son mari, qui pendant deux ans avait dissimulé sa jalousie contre Henri, avait saisi cette occasion de se venger d'elle.

— Charlotte! Charlotte! cria Henri fendant la foule et tombant à genoux devant le lit.

Charlotte rouvrit ses beaux yeux déjà voilés pra

la mort; elle jeta un cri qui fit jaillir le sang de ses deux blessures, et, faisant un effort pour se soulever :

— Oh! je savais bien, dit-elle, que je ne pouvais pas mourir sans le revoir!

Et, en effet, comme si elle n'eût attendu que ce moment pour rendre à Henri cette âme qui l'avait tant aimée, elle appuya ses lèvres sur le front du roi de Navarre, murmura encore une dernière fois : « Je t'aime, » et retomba expirée.

Henri ne pouvait rester plus longtemps sans se perdre. Il tira son poignard, coupa une boucle de ses beaux cheveux blonds qu'il avait si souvent dénoués pour en admirer la longueur, et sortit en sanglotant au milieu des sanglots des assistants, qui ne se doutaient pas qu'ils pleuraient sur de si hautes infortunes.

— Ami, amour, s'écria Henri éperdu, tout m'abandonne, tout me quitte, tout me manque à la fois!

— Oui, sire, lui dit tout bas un homme qui s'était détaché du groupe de curieux amassé devant la petite maison et qui l'avait suivi, mais vous avez toujours le trône.

— René! s'écria Henri.

— Oui, sire, René qui veille sur vous : ce misérable en expirant vous a nommé; on sait que vous êtes à Paris, les archers vous cherchent, fuyez, fuyez!

— Et tu dis que je serai roi, René, un fugitif?

— Regardez, sire, dit le Florentin en montrant au roi une étoile qui se dégageait, brillante des plis d'un nuage noir, ce n'est pas moi qui le dis, c'est elle.

Henri poussa un soupir et disparut dans l'obscurité.

FIN.

TABLE DES MATIÈRES

DE LA DEUXIÈME PARTIE.

—◦0◦—

www.ingramcontent.com/pod-product-compliance
Lightning Source LLC
Chambersburg PA
CBHW072037090426
42733CB00032B/1836